ACCESO GRATIS *a la Lectura en la Nube*

Para visualizar el libro electrónico en la nube de lectura envíe junto a su nombre y apellidos una fotografía del código de barras situado en la contraportada del libro y otra del ticket de compra a la dirección:

ebooktirant@tirant.com

En un máximo de 72 horas laborables le enviaremos el código de acceso con sus instrucciones.

La visualización del libro en **NUBE DE LECTURA** excluye los usos bibliotecarios y públicos que puedan poner el archivo electrónico a disposición de una comunidad de lectores. Se permite tan solo un uso individual y privado.

LA SOSTENIBILIDAD FINANCIERA DEL SISTEMA PÚBLICO DE PENSIONES DE JUBILACIÓN

LA SOSTENIBILIDAD FINANCIERA DEL SISTEMA PÚBLICO DE PENSIONES DE JUBILACIÓN

ELIZABETH GIL GARCÍA

tirant lo blanch
Valencia, 2025

En caso de erratas y actualizaciones, la Editorial Tirant lo Blanch publicará la pertinente corrección en la página web www.tirant.com incorporada a la ficha del libro. En www.tirant.com dispondrá de un servicio con los textos legales básicos y sectoriales actualizados como complemento de su libro.

EDITA: TIRANT LO BLANCH
C/ Artes Gráficas, 14 - 46010 - Valencia
TELFS.: 96/361 00 48 - 50
FAX: 96/369 41 51
Email: tlb@tirant.com
www.tirant.com
Librería virtual: www.tirant.es
DEPÓSITO LEGAL: V-4366-2025
ISBN: 979-13-7021-200-1

Si tiene alguna queja o sugerencia, envíenos un mail a: atencioncliente@tirant.com. En caso de no ser atendida su sugerencia, por favor, lea en www.tirant.net/index.php/empresa/politicas-de-empresa nuestro procedimiento de quejas.

Responsabilidad Social Corporativa: http://www.tirant.net/Docs/RSCTirant.pdf

Índice

A mis padres, mi guía siempre.

A Eiden, nuestro nuevo rayo de luz.

Nota De La Autora

La presente obra constituye un resultado de investigación del proyecto público «La digitalización de las Administraciones Públicas responsables ante los retos del envejecimiento» (CIGE/2022/55), de la Conselleria de Innovación, Universidades, Ciencia y Sociedad Digital de la Generalitat Valenciana, y cuyo investigador principal es el profesor José Miguel Beltrán Castellanos, a quien agradezco todo el apoyo que me ha brindado para que este trabajo se materialice.

Mi más sincero agradecimiento también a la profesora María Teresa Soler Roch, no sólo por aceptar la invitación para prologar esta obra, sino especialmente por el magisterio que junto con la profesora Amparo Navarro Faure ha venido ejerciendo a lo largo de mi trayectoria académica.

Prólogo

Una vez más debo agradecer a la profesora Elizabeth Gil su invitación a prologar el resultado de su nueva monografía sobre "La sostenibilidad financiera del Sistema Público de Pensiones de Jubilación". Una ocasión para mí especial, no tanto por mi condición de jubilada, sino más bien por la de profesora emérita, por el aliciente que supone la bienvenida de esta monografía al estudio del Derecho del gasto público, una circunstancia que confirma la aportación de su autora a una línea de investigación mantenida en la Universidad de Alicante, empezando por el pionero y excelente estudio del maestro Juan José Bayona sobre el Derecho de los Gastos Públicos y continuada en posteriores trabajos de los profesores Amparo Navarro y Luis Martínez Giner. Un objeto de conocimiento y un ámbito del Derecho Financiero, también abordado por profesores de nuestra disciplina en otras Universidades, pero siempre con alcance singular y minoritario.

Precisamente a la situación asimétrica del estudio del Derecho Financiero motivada por el relativo abandono del Derecho del gasto público, oscurecido por el protagonismo del Derecho Tributario, tuve ocasión de referirme este mismo año, con ocasión de mi investidura como Doctora Honoris Causa por la Universidad de Santiago de Compostela, [1] en la que me refería en especial al escaso tratamiento doctrinal y también por parte de la jurisprudencia constitucional, que ha merecido el principio constitucional de justicia en el gasto público, la "asignación equitativa de los recursos públicos" proclamado en el artículo 31.2, sin duda una singularidad y un valor añadido de la Constitución española de 1978. Apuntaba también, como posible causa del

[1] Publicación Universidade de Santiago de Compostela, 2025.

abandono del Derecho del gasto público su inserción en la función de promoción del Derecho, un ámbito al parecer menos atractivo para los juristas, frente a la función de conservación y defensa característica del Derecho Tributario.

Centrándome ahora en el contenido de la monografía de la profesora Elizabeth Gil y retomando conceptos acuñados por la mejor doctrina, entiendo que la normativa de las pensiones públicas podría considerarse como un ejemplo de lo que el profesor Bayona identificó como "ley de gasto", cuyo contenido deseable, en palabras de este autor, debería referirse a "las cuestiones relativas a la determinación de los costes de satisfacción de sus necesidades, el volumen del beneficio alcanzable así como la determinación de los beneficiarios allí donde lo permita la índole de las necesidades a satisfacer". [2] En este sentido, el de las pensiones públicas es, sin duda, un ámbito normativo específico y singular, presidido por principios constitucionales, con carácter general, los de asignación equitativa de los recursos públicos, eficiencia y economía proclamados en el artículo 31.2 y con carácter específico y más relevante, el de suficiencia de las pensiones públicas en el artículo 50. Un sistema cuyo eje se articula en un mecanismo contributivo, que implica valorar la equidad y el peculiar equilibrio ingreso-gasto característico de las pensiones contributivas, compatible con un mecanismo de reparto que lo aleja de un sistema de capitalización y que, como señala la autora, permite calificar la regulación de las pensiones públicas en España como un sistema especialmente generoso.

La lectura de la obra demuestra que el estudio de este tema obliga a tener en cuenta todos los factores que condicionan un difícil equilibrio entre distintos objetivos, sobre todo los que exigen la adecuación al principio contributivo, al de suficien-

---

2 Bayona de Perogordo, J.J. "El Derecho de los gastos públicos" Instituto de Estudios Fiscales, 1991, pág.327.

cia y a la equidad, pero atendiendo a la sostenibilidad del sistema, sin la cual éste puede resultar en última instancia inviable, un horizonte no deseable si el objetivo es mantener el Estado del bienestar, pero tampoco imposible.

En definitiva, la aproximación al tema que certeramente analiza la autora, pone de manifiesto un escenario de equilibrio inestable, en la medida en que depende de la evolución de distintos factores, tales como la evolución demográfica y la del mercado laboral, sin olvidar, en cuanto a la financiación, la relación con mecanismos alternativos y complementarios y con el sistema impositivo, todos ellos cambiantes en el tiempo, sobre todo en el medio y largo plazo. Ante este tipo de escenario y siendo relativamente previsible la deriva del sistema, se impone analizar al menos dos aspectos: las reformas planteadas y aplicadas, sobre todo a raíz del Pacto de Toledo y los mecanismos de impacto y control de las medidas adoptadas, ambos reflejados en el contenido de esta obra.

Sin pretensión de resumir o adelantar contenidos, sólo me referiré como ejemplo, al análisis relativo a dos mecanismos recientemente implantados como el mecanismo de equidad intergeneracional y la cotización adicional de solidaridad, por su especial relación como concreción específica del principio constitucional de asignación equitativa de los recursos ya que, aunque se proyecten directamente en la vertiente del ingreso (las cotizaciones), la especial conexión ingreso-gasto que caracteriza las pensiones públicas, considero que inciden indirectamente, en el cumplimiento del artículo 31.2 de la Constitución. En cuanto al problema de la equidad intergeneracional, desde hace unos años en el primer plano del debate sobre el sistema de pensiones públicas, la autora desmonta determinados tópicos, tales como que el demográfico es el único factor que incide en el gasto público de pensiones, entendiendo que deben analizarse otros factores, como la situación y evolución del mercado laboral y la sustitución.

La autora analiza también acertadamente, las reformas que inciden en la combinación de incentivos (como la jubilación activa) y desincentivos (en este caso, de la jubilación anticipada) que puede mejorar la sostenibilidad del sistema, aunque por ahora, según los datos disponibles, sólo en cierta medida. La referencia a los datos no es sólo puntual, sino una constante en el contenido de la obra y un elemento necesario en el método de análisis para el conocimiento del objeto de estudio que, en este caso, se sitúa en un escenario dinámico de evolución en el tiempo en una situación de equilibrio inestable a la que antes me he referido, lo que convierte la disponibilidad de datos en una prioridad inexcusable.

No me queda sino felicitar a la profesora Elizabeth Gil por esta nueva publicación, con especial satisfacción, en este caso, por ofrecernos una valiosa aportación al estudio del gasto público y con ello, su plena capacidad para abordar con solvencia la investigación en los distintos ámbitos del Derecho Financiero.

MARÍA TERESA SOLER ROCH
Valencia, julio de 2025

Abreviaturas

AIReF	Autoridad Independiente de Responsabilidad Fiscal
CE	Constitución Española
DOUE	Diario Oficial de la Unión Europea
EPA	Encuesta de Población Activa
FdEA	Factor de Equidad Actuarial
FIAP	Federación Internacional de Administradoras de Fondos de Pensiones
FMI	Fondo Monetario Internacional
FPEPP	Fondos de Pensiones de Empleo de Promoción Pública
IAE	Instituto de Actuarios Españoles
IEE	Instituto de Estudios Económicos
I+D+i	Investigación, desarrollo e innovación
INE	Instituto Nacional de Estadística
INP	Instituto Nacional de Previsión
INSALUD	Instituto Nacional de la Salud
INSS	Instituto Nacional de la Seguridad Social
IPC	Índice de Precios al Consumo
IRP	Índice de Revalorización de las Pensiones
IRPF	Impuesto sobre la Renta de las Personas Físicas
IS	Impuesto sobre Sociedades
IVA	Impuesto sobre el Valor Añadido

LIRPF	Ley Impuesto sobre la Renta de las Personas Físicas
LIS	Ley del Impuesto sobre Sociedades
MEI	Mecanismo de equidad intergeneracional
MRR	Mecanismo de Recuperación y Resiliencia
OCDE	Organización para la Cooperación y el Desarrollo Económico
ODS	Objetivos de Desarrollo Sostenible
PIB	Producto Interior Bruto
PPES	Planes de Pensiones de Empleo Simplificados
RETA	Régimen Especial de Trabajadores Autónomos
RGSS	Régimen General de la Seguridad Social
SOVI	Seguro Obligatorio de Vejez e Invalidez
TC	Tribunal Constitucional
TIC	Tecnologías de la Información y las Comunicaciones
TJUE	Tribunal de Justicia de la Unión Europea
TRLGSS	Texto Refundido de la Ley General de la Seguridad Social
TRLRPFP	Texto Refundido de la Ley de Regulación de los Planes y Fondos de Pensiones
UE	Unión Europea

Introducción

El cambio demográfico que supone el envejecimiento de la población debido al aumento de la esperanza de vida y al descenso de los niveles tanto de natalidad como de mortalidad constituye uno de los grandes retos sociales (a nivel mundial) del siglo XXI. De hecho, el programa "Horizonte Europa" para el período 2021-2027 identifica como un desafío mundial la salud y el bienestar de los ciudadanos de todas las edades. De esta forma, se pretende garantizar la salud y bienestar a lo largo de la vida, asegurando sistemas sanitarios de alta calidad y económicamente sostenibles que permitan, de un lado, una población que envejece y, de otro, una vida cotidiana activa, autónoma y asistida para las personas dependientes. Al mismo tiempo, no debe olvidarse que el actual proceso demográfico al que estamos asistiendo, donde no sólo cada vez se vive más, sino que cada vez se vive mejor, es un logro colectivo fruto de los avances sociales, económicos y científicos. En definitiva, un logro del Estado de Bienestar que para su mantenimiento en las próximas décadas requiere de la reflexión sobre qué medidas, tanto de la perspectiva del gasto como del ingreso, son necesarias para asegurar la sostenibilidad del sistema al mismo tiempo que se asegura la suficiencia económica y la equidad de las pensiones.

El acusado proceso de envejecimiento de la población en el *viejo continente* lo convierte en una de las grandes preocupaciones de la Unión Europea, donde se prevé que la población mayor de 65 años aumente significativamente, pasando de los noventa millones que había a comienzos de 2019 hasta alcanzar los casi ciento treinta millones en el año 2050. El grupo de edad que más rápido está aumentando es el integrado por las personas de 85 años o más, proyectándose para el año 2050 que este grupo crezca más del doble (hasta un 113,9%)[3]. Al mismo tiempo que aumenta la población mayor y, por tanto, la población dependiente, la previsión es que la población en edad laboral (es decir, las personas de entre 16 y 64 años[4]) disminuya de manera significativa, pasando de 333 millones en 2016 a 292 millones en el año 2070[5]. Por consiguiente, se espera que la *ratio* entre la población mayor y la población en edad de trabajar vaya aumentando en las próximas décadas. Así, mientras que en el año 2001 esta *ratio* se situaba en el 25,9%, lo que significaba algo más de cuatro personas en edad de trabajar por cada persona de 65 años o más, en el año 2019 esa *ratio* alcanzaba ya el 34,1%, habiendo menos de tres personas en edad laboral respecto de cada persona mayor. La proyección es que esa *ratio* siga creciendo hasta alcanzar el 56,7% en el año 2050, donde habrá menos de dos adultos en edad de trabajar por cada persona mayor[6]. Y, precisamente, una de las preocupaciones que tienen los ciudadanos de la UE-27 es si sus ingresos en la vejez serán suficientes, habiendo aumentado la

---

[3] Datos extraídos de Eurostat, «Population structure and ageing», los cuales se encuentran disponibles en: https://ec.europa.eu/eurostat/statistics-explained/index.php?title=Ageing_Europe_-_statistics_on_population_developments (acceso: 15 abril 2025).

[4] En algunos estudios se toma la horquilla comprendida entre 20 y 64 años para hacer referencia al grupo de población en edad de trabajar.

[5] Informe del Parlamento Europeo sobre el envejecimiento del viejo continente: posibilidades y desafíos relacionados con la política de envejecimiento después de 2020. Este informe se publicó en 2021 y se encuentra disponible en: https://www.europarl.europa.eu/doceo/document/A-9-2021-0194_ES.html#_section1 (acceso: 15 abril 2025).

[6] Datos extraídos de Eurostat, «Population structure and ageing».

proporción de pensionistas mayores de 65 años en riesgo de pobreza en la última década[7].

En España, este cambio demográfico tiene especial incidencia, habiéndose acentuado con la crisis sanitaria derivada de la COVID-19 la necesidad de abordar los retos asociados al envejecimiento, como pone de manifiesto el Plan de Recuperación y las reformas efectuadas en los últimos años. Este envejecimiento poblacional presenta implicaciones significativas para la política fiscal, de forma que en los próximos años tanto los gastos como los ingresos públicos se verán afectados. España es uno de los Estados Miembros de la UE-27 con la tasa de dependencia más alta, lo que pone a prueba el Sistema Público de Pensiones, pero también la sostenibilidad del Sistema Público de Salud[8]. Conforme a los datos del Instituto Nacional de Estadística (INE), en la actualidad, en España, la tasa de dependencia de la población mayor de 64 años se sitúa en el 31%, lo que significa que hay unos tres adultos en edad laboral por cada persona mayor. La previsión es que para el año 2050 esta tasa alcance el 54%, lo que implicará menos de dos adultos

---

7 Informe del Parlamento Europeo sobre el envejecimiento del viejo continente: posibilidades y desafíos relacionados con la política de envejecimiento después de 2020.

8 Como señala Martínez Giner, el conjunto de necesidades que configuran el Estado de Bienestar se concreta en esencia en el sistema de protección social, que incluye las necesidades en pensiones, sanidad, educación y servicios sociales, encontrándose las tres últimas en el ámbito autonómico. Pues bien, el gasto público autonómico relativo a estas necesidades «conforma un núcleo en el que inciden de manera indudable, por el elevado volumen que se genera, aspectos derivados de la propia demografía y aspectos derivados de la crisis económica y sostenibilidad financiera» (MARTÍNEZ GINER, L.A., «Estado de bienestar y sostenibilidad financiera en las Comunidades Autónomas», *Revista valenciana d'estudis autonòmics*, núm. 62, 2017, p. 57).

en edad de trabajar por cada persona mayor[9]. Ahora bien, en la actualidad, ya hay provincias con una tasa de dependencia de población mayor de 64 años que roza el 50% e incluso lo supera: Lugo (49,88%), Ourense (55,01%) y Zamora (53,42%). Por otro lado, conforme a los datos publicados el 1 de febrero de 2025, en España hay casi 10,3 millones de pensiones de naturaleza contributiva (jubilación, viudedad, orfandad, incapacidad permanente), habiéndose abonado ese mismo mes a 9,3 millones de personas por un importe mensual que alcanzó los 13.455,6 millones de euros[10].

En definitiva, la sostenibilidad del Sistema Público de Pensiones constituye uno de los principales retos asociados al envejecimiento de la población (aunque –como se ha dicho– no es el único). En efecto, la brecha entre la población dependiente y la población activa –de la cual depende aquélla– implica replantearse no sólo cómo han de financiarse las pensiones sino cómo ha de diseñarse el sistema en su conjunto. En otras palabras, se hace necesario reforzar la sostenibilidad financiera del Sistema Público de Pensiones, lo que incluye reflexionar sobre la contención del gasto del sistema, el aumento de los recursos

---

9 Por su parte, la tasa de dependencia (por razón de edad total) en la actualidad se encuentra alrededor del 54% (es decir, dos personas en edad laboral por cada persona dependiente), y en caso de mantenerse las tendencias actuales alcanzaría un máximo en torno al año 2050 del 76,8%. La tasa de dependencia (total) se refiere al cociente, expresado en tanto por ciento, entre la población menor de 16 años o mayor de 64 y la población de 16 a 64 años. En otras palabras, es la tasa de personas dependientes, jóvenes y mayores, en relación con la población considerada en edad laboral (de 16 a 64 años).

10 Estos datos se han obtenido de *La Revista de la Seguridad Social* de la Secretaria de Estado de la Seguridad Social y Pensiones: https://revista.seg-social.es/-/la-seguridad-social-abona-10.3-millones-de-pensiones-en-febrero (acceso: 19 abril 2025).

del sistema e incluso el desarrollo de mecanismos privados que permitan incrementar el ahorro previsional.

En este escenario, la presente obra tiene como finalidad el estudio de la sostenibilidad financiera del Sistema Público de Pensiones de Jubilación, lo que supone no solo un estudio desde la perspectiva del gasto (en cuanto a su contención) sino también desde la perspectiva del ingreso (a efectos de ampliar las fuentes de financiación). Es importante recalcar que, dentro del Sistema Público de Pensiones de Jubilación, este trabajo se circunscribe al sistema de pensiones de jubilación de naturaleza contributiva por su importante incidencia en el gasto público. Así, con datos a 1 de enero de 2024, el gasto en pensiones contributivas supone el 11,5% del PIB y dentro de las distintas pensiones contributivas (jubilación, incapacidad permanente, viudedad...), las de jubilación representan, a 1 de marzo de 2025, el 73,2% (9.870,4 millones de euros) de todas las pensiones contributivas[11]. No obstante, esto no impide que en el trabajo se aborden cuestiones conexas, o las interrelaciones entre unas y otras pensiones, pues, aunque esta monografía se centre en una parcela concreta del sistema de previsión social, el continuado incremento del gasto en pensiones de jubilación no puede abordarse de manera aislada.

La obra se ha organizado en torno a cuatro capítulos. En primer lugar, se analiza la evolución del Sistema Público de

---

11 Datos extraídos de las estadísticas de *La Revista de la Seguridad Social*, Ministerio de Inclusión, Seguridad Social y Migraciones. Disponible en: https://revista.seg-social.es/-/gasto-en-pensiones-enero-2024#:~:text=El%20gasto%20en%20pensiones%20contributivas%20se%20sit%C3%BAa%20en%20el%2011,el%20primer%20mes%20de%202024.&text=La%20n%C3%B3mina%20mensual%20de%20las,pago%20de%20la%20mensualidad%20ordinaria y en: https://revista.seg-social.es/-/la-pension-media-de-la-seguridad-social-se-situa-en-marzo-en-1.308-euros?redirect=%2F (acceso: 15 abril 2025).

Pensiones, desde la institucionalización de la previsión social en España a comienzos del siglo XX hasta la actualidad a propósito de las últimas reformas y del Plan de Recuperación, Transformación y Resiliencia, refiriéndose el componente 30 de este Plan a la sostenibilidad a largo plazo del Sistema Público de Pensiones en el marco del Pacto de Toledo. Así, el segundo capítulo de la obra se refiere a cómo está actualmente configurado el sistema, habiendo identificado los que se consideran los tres pilares principales sobre los que se asienta el mismo: la sostenibilidad financiera (esto es, que exista un equilibrio financiero entre los ingresos y gastos del sistema), la suficiencia económica y la equidad de las pensiones. Además, este capítulo cierra con una referencia a la previsión social complementaria en tanto en cuanto su revisión puede coadyuvar a fortalecer estos tres pilares.

En tercer lugar, se analiza cuál es el estado actual y las tendencias en la proyección del gasto público en pensiones, donde se abordan los tres (principales) factores o elementos que influyen en el incremento del gasto en pensiones. Así, y como se verá más adelante, el primero de los factores se refiere a la evolución demográfica, esto es, a la inversión de la pirámide poblacional. Pero también impactan en el aumento del gasto público en pensiones la situación del mercado laboral y la relación entre la pensión media y la productividad media de la economía española. De esta forma, en el cuarto y último capítulo de esta obra la pregunta que surge es cómo diseñar el Sistema Público de Pensiones de Jubilación para asegurar su sostenibilidad financiera a largo plazo al mismo tiempo que se garantiza la suficiencia de las pensiones y se observan los principios de equidad intergeneracional y equidad intrageneracional. Dicho de otra forma, el objetivo último de este trabajo es pues analizar desde el Derecho Financiero y Tributario las opciones que contribuirían a diseñar un Sistema Público de Pensiones de Jubilación en el que su sostenibilidad pueda mantenerse en el tiempo a la vez que se garantiza la suficiencia de las pensiones, así como la equidad intra e intergeneracional.

Capítulo 1.

Evolución del sistema de previsión social en España

En este capítulo se estudia la evolución del Sistema Público de Pensiones en España, como parte del sistema de previsión social de nuestro país, lo que va a permitir conocer y comprender la actual situación en la que se encuentra el sistema y, más particularmente, el sistema de pensiones de jubilación. En este sentido, si bien esta obra se circunscribe al sistema de pensiones de vejez o por jubilación (de naturaleza contributiva), dadas las reformas que pueden precisarse para garantizar su estabilidad financiera, el estudio de su evolución no puede desligarse del sistema de la previsión social en su conjunto. Además, va poder verse como muchos de los retos que se plantean en la actualidad con respecto a la sostenibilidad de las pensiones no son nuevos, sino que desde los inicios de la previsión social en España y durante su evolución ha habido dos máximas: por un lado, garantizar la protección social de los ciudadanos, evolucionando de un sistema meramente contributivo a un sistema en el que se universalizan las prestaciones económicas; por otro lado, asegurar la sostenibilidad del sistema de forma que puedan cubrirse las necesidades sociales.

I. PRIMERA MITAD DEL SIGLO XX: LA INSTITUCIONALIZACIÓN DE LA PREVISIÓN SOCIAL EN ESPAÑA

El primer hito que puede destacarse en la institucionalización de la previsión social en España es la promulgación de la Ley de 30 de enero de 1900 acerca de los accidentes del trabajo[12]. La aprobación de esta Ley viene a ser una respuesta del ordenamiento jurídico ante el aumento de accidentes laborales como consecuencia del desarrollo industrial, la mecanización de los procesos productivos, etc. En otras palabras, conforme el desarrollo industrial era mayor, mayor era el número de trabajadores que sufrían accidentes laborales, quedando tanto ellos como sus familias en una situación de indefensión, pues tampoco recibían una indemnización o compensación económica. Así, esta Ley se erige como la primea norma relevante en materia de protección social, estableciéndose la doctrina del riesgo profesional[13] y constituyendo la primera experiencia de seguro obrero –pero sin ser un seguro social en sentido estricto–[14]. De esta forma, se establece la responsabilidad del patrono ante los accidentes ocurridos a sus operarios durante el desarrollo de su actividad laboral, permitiendo que la misma se cubra directamente o por una póliza de seguros con una compañía autorizada[15].

Ahora bien, aunque con esta ley se muestra la preocupación del Estado por la prevención de accidentes, su eficacia real resultaba limitada porque la responsabilidad patronal venía de-

---

12 El texto de esta Ley se encuentra disponible en: https://repositoriodocumental.mites.gob.es/jspui/bitstream/123456789/432/1/1_069612_1.pdf (acceso: 19 abril 2025).

13 Esto significa que aquel que pone en marcha fábricas o medios mecánicos potencialmente peligrosos debe hacer frente a los siniestros producidos por los mismos, aunque no exista culpa o negligencia (GARCÍA GONZÁLEZ, G., «Los inicios de la previsión social en España: responsabilidad patronal y seguro de accidentes en la Ley de Accidentes de Trabajo de 1900», *Revista Jurídica de los Derechos Sociales*, vol. 5, núm. 2, 2015, p. 8)

14 REGA RODRÍGUEZ, A.L., «Accidentes de trabajo», en GARCÍA MURCIA, J. y CASTRO AGÜELLES, M.A. (dirs.): *La Previsión Social en España: Del Instituto Nacional de Previsión al Instituto Nacional de Seguridad Social*, Ministerio de Trabajo e Inmigración, 2007, pp. 219-220.

15 Ídem, p. 220.

limitada por las actividades a las que resultaba aplicable (por ejemplo, la agricultura quedaba excluida del ámbito de aplicación de la ley, a excepción de obreros agrícolas que empleasen motores accionados por fuerza distinta de la del hombre) y por el concepto de operario (por ejemplo, los trabajadores intelectuales quedaban excluidos del ámbito de aplicación de la ley)[16].

Pocos años después, se crea por la Ley de 27 de febrero de 1908 el Instituto Nacional de Previsión (INP), que constituye el antecedente más inmediato del actual Instituto Nacional de la Seguridad Social (INSS). El INP fue concebido como un organismo público con personalidad jurídica propia, adscrito al Ministerio de Gobernación, y al que se le encomendaba el desarrollo de tres tareas. En primer lugar, la tarea de difundir e inculcar la previsión popular, de forma que la población tomase conciencia sobre la necesidad de asegurarse frente a contingencias futuras y, especialmente, anticiparse a través de mecanismos aseguradores a los problemas propios de la vejez, esto es, la concertación previa de operaciones que a cambio de la correspondiente prima reportasen pensiones de retiro. En segundo lugar, el encargo de administrar la mutualidad de asociados, es decir, el INP como instrumento de gestión de aquellos posibles seguros. La tercera tarea encomendada al INP es la de estimular y favorecer la pretendida práctica de pensiones de retiro, surgiendo el llamado régimen de "libertad subsidiada" dado que la concertación de seguros se contemplaba como una opción libre de los interesados[17]. Esto implicaba que se

---

16 Véase GARCÍA GONZÁLEZ, G., «Los inicios de la previsión social en España: responsabilidad patronal y seguro de accidentes en la Ley de Accidentes de Trabajo de 1900», *op. cit.*, pp. 9-11.

17 GARCÍA MURCIA, J., «El Instituto Nacional de Previsión: estructura, competencias y organización interna», en GARCÍA MURCIA, J. y CASTRO AGÜELLES, M.A. (dirs.): *La Previsión Social en España: Del*

contrataba voluntariamente con el INP mediante la apertura de una libreta de pensión en la que se iban acumulando las prestaciones que hacían los trabajadores, basándose este sistema, desde el punto de vista financiero, en la capitalización[18].

Son dos los tipos de operaciones de previsión social que podían contratarse con el INP. Por un lado, las operaciones genéricas de "renta vitalicia" y, por otro, las operaciones peculiares encomendadas al INP: las pensiones de retiro de las clases trabajadoras, configuradas como una prestación subvencionada (o bonificada) parcialmente por el Estado. En el primer caso, la edad pensionable se fijaba libremente por el asegurado, mientras que para acceder a las subvenciones estatales se establecía una edad "de retiro", pudiendo elegir entre 55, 60 ó 65 años[19]. Ahora bien, este régimen de libertad subsidiada no puede verse como una auténtica jubilación laboral, pues a pesar del carácter público de la pensión y de que se estableciera una edad pensionable, no se contemplaba el cese laboral al alcanzar dicha edad pensionable[20].

No es hasta el año 1919 que puede hablarse del primer sistema público de pensiones de jubilación al implementarse el llamado "retiro obrero obligatorio" mediante el Real Decreto-ley de 11 de marzo de 1919 sobre intensificación de retiros

---

Instituto Nacional de Previsión al Instituto Nacional de Seguridad Social, Ministerio de Trabajo e Inmigración, 2007, pp. 22-23.

18 CEINOS SUÁREZ, A.., «Seguro Obligatorio de Vejez e Invalidez (SOVI)», en GARCÍA MURCIA, J. y CASTRO AGÜELLES, M.A. (dirs.): *La Previsión Social en España: Del Instituto Nacional de Previsión al Instituto Nacional de Seguridad Social*, Ministerio de Trabajo e Inmigración, 2007, p. 145.

19 SALVADOR PÉREZ, F., «El régimen de retiro obrero», en GARCÍA MURCIA, J. y CASTRO AGÜELLES, M.A. (dirs.): *La Previsión Social en España: Del Instituto Nacional de Previsión al Instituto Nacional de Seguridad Social*, Ministerio de Trabajo e Inmigración, 2007, pp. 47-48.

20 Ídem, p. 49.

obreros. Esto es, un seguro social obligatorio que exigía a los patronos a afiliar a todos los trabajadores asalariados de edad comprendida entre los 16 y los 65 años[21]. La Exposición del meritado Real Decreto-ley señala que el régimen de intensificación de retiros obreros supone ampliar el sistema de la libertad subsidiada establecida por la Ley de 27 de febrero de 1908 en el que era «*obligatoria la bonificación del Estado para la formación de las pensiones de vejez que libremente contratan los obreros*» en el INP[22].

Con este Real Decreto-ley, se introduce por primera vez una edad pensionable con carácter general para todos los sujetos protegidos, situándose en los 65 años –edad que se ha mantenido de forma inalterada hasta los últimos años–[23]. Es importante señalar que, si bien al cumplir la edad de 65 años el asegurado causaba baja en el régimen protector y comenzaba a percibir la pensión, no se exigía el retiro profesional. No obstante, al obtener la prestación sin tener que seguir trabajan-

---

21 Cabe apuntar que la jubilación laboral ha sido importada de la previsión social de los funcionarios públicos, siendo durante el reinado de Carlos III que se crean los *Montepíos de funcionarios* y durante el siglo XIX que se establecen auténticas pensiones de jubilación para los funcionarios. En efecto, en 1835 la Ley de Presupuestos regula las pensiones de jubilación de los funcionarios, antecedente de las Clases Pasivas. Véase el documento elaborado por el Ministerio de Política Territorial y Función Pública sobre los antecedentes históricos del Mutualismo Administrativo y su relación con la protección social en España (disponible en el sitio *web* de MUFACE).

22 El texto de este Real Decreto-ley de 1919 puede consultarse en: http://bvingesa.msc.es/bvingesa/es/catalogo_imagenes/grupo.cmd?path=1001309&responsabilidad_civil=on (acceso: 19 abril 2025).

23 Con efectos de 1 de enero de 2013, la edad de jubilación se sitúa en 67 años, aplicándose de forma gradual hasta el año 2027. No obstante, se mantiene la edad de jubilación en los 65 años si el período de cotización es de 38 años y 6 meses.

do, en la práctica, suponía un incentivo al retiro voluntario. Pero, como apunta SALVADOR PÉREZ, la reducida cuantía de la pensión y la cesación de la cotización patronal podría haber provocado que el trabajador decidiera mantener su empleo al cumplir los 65 años –no habiendo incompatibilidad entre el salario y la pensión–[24].

Por tanto, el avance que se produce entre el régimen de la libertad subsidiada de 1908 y el retiro obrero obligatorio de 1919 está en la obligatoriedad, de modo que todo trabajador que alcanzase la edad de 65 años comenzaba a percibir la pensión de vejez. También en el Real Decreto-ley de 1919 pueden encontrarse los primeros esbozos de requerir una relación laboral previa al momento de percibir la pensión, esto es, la idea de exigir un período de cotización. Así, en el tercer apartado de la primera base de la citada norma, se fija una pensión inicial «*supuesta la continuidad del trabajo, en 365 pesetas anuales desde la edad de sesenta y cinco años*».

En el año 1939 el retiro obrero obligatorio se transforma en subsidio de vejez, donde el sistema de capitalización queda sustituido por el pago de pensiones fijas en concepto de subsidio de vejez. Con el fin de perfeccionar aún más este sistema, se crea mediante el Decreto de 18 de abril de 1947 la Caja Nacional del Seguro de Vejez e Invalidez[25]. Es decir, el subsidio de vejez quedó integrado en el SOVI. Ahora bien, como apunta CEINOS SUÁREZ, el SOVI no introdujo cambios significativos en la protección de la vejez, pero sí que lo hizo en materia de invalidez, al implantar por primera vez en España la cobertura

---

[24] SALVADOR PÉREZ, F., «El régimen de retiro obrero», *op. cit.*, p. 53.

[25] Este Decreto se encuentra disponible en: https://www.seg-social.es/wps/wcm/connect/wss/6e420a6b-492d-48dc-b4a5-689e148724ed/113237.pdf?MOD=AJPERES&CVID= (acceso: 19 abril 2025).

de ese riesgo para aquellos casos que no tuvieran su origen en un accidente laboral o en una enfermedad profesional[26].

II. DESDE LA LEY DE BASES DE LA SEGURIDAD SOCIAL DE 1963 HASTA LA CONSTITUCIÓN ESPAÑOLA DE 1978

La Ley 193/1963, de 28 de diciembre, sobre Bases de la Seguridad Social[27] unifica e integra los distintos seguros sociales[28], emergiendo un nuevo sistema de Seguridad Social que reordena la acción protectora. Su artículo segundo confiere al Gobierno un plazo de dos años para aprobar el texto articulado que desarrolle las Bases establecidas en esta Ley. Así, se aprueba la Ley de Seguridad Social de 1966 mediante el Decreto 907/1966[29]. No obstante, y a pesar del objetivo de implantar un modelo unitario e integrado de la protección social en España, pervivieron sistemas de cotización alejados de los salarios reales de trabajadores, no se contempló la revalorización periódica y se mantuvieron multitud de organismos superpuestos[30].

La experiencia de la Ley de Seguridad Social de 1966 llevó a aprobar la Ley 24/1972, de 21 de junio, de financiación y perfeccionamiento de la acción protectora del Régimen General de la

---

26 CEINOS SUÁREZ, A., «Seguro Obligatorio de Vejez e Invalidez (SOVI)», *op. cit.*, p. 146.

27 BOE núm. 312, de 30 de diciembre de 1963.

28 Aunque en el apartado anterior no se ha hecho referencia, cabe apuntar que en la primera mitad del siglo XX también se establecieron subsidios familiares, seguros de enfermedad, etc.

29 BOE núm. 96, de 22 de abril de 1966.

30 Información extraída del Ministerio de Inclusión, Seguridad Social y Migraciones: https://www.seg-social.es/wps/portal/wss/internet/Conocenos/HistoriaSeguridadSocial (acceso: 19 abril 2025).

Seguridad Social[31]. Como reza el propio título de la Ley, y así se expone en su preámbulo, se hace necesario un continuado perfeccionamiento del sistema de la Seguridad Social de forma que se garantice a las personas incluidas en su campo de aplicación, así como a los familiares a su cargo, una protección adecuada en las situaciones y contingencias legalmente establecidas. Si bien se incrementó la acción protectora, los problemas financieros existentes se agravaron al no establecer los correspondientes recursos que le dieran cobertura financiera[32].

Poco tiempo después, en 1974, se aprobó el Texto Refundido de la Ley General de la Seguridad Social (en adelante Ley General de la Seguridad Social de 1974), en el que se aglutinaban la Ley de la Seguridad Social de 1966, la Ley 24/1972 y preceptos en materia de Seguridad Social que estaban contenidos en otras disposiciones de igual rango. Conforme al art. 154.1 de la Ley General de la Seguridad Social de 1974, el derecho a la pensión de jubilación precisaba de la concurrencia de dos condiciones: (i) haber cumplido 65 años[33]; y, (ii) tener cubierto un período mínimo de cotización de 10 años, de los cuales al menos 700 días debían estar comprendidos dentro de los 7 años inmediatamente anteriores al momento de causar el derecho.

En 1978, se crea el Instituto Nacional de la Seguridad Social mediante Real Decreto-ley 36/1978, de 16 de noviembre, sobre gestión institucional de la Seguridad Social, la salud y el

---

31 BOE núm. 149, de 22 de junio de 1972.

32 Información extraída del Ministerio de Inclusión, Seguridad Social y Migraciones: https://www.seg-social.es/wps/portal/wss/internet/Conocenos/HistoriaSeguridadSocial (acceso: 19 abril 2025).

33 El art. 154.2 de la Ley General de la Seguridad Social de 1974 contemplaba la posibilidad de que la edad mínima de jubilación se pudiese rebajar por Decreto en aquellos grupos o actividades profesionales de naturaleza excepcionalmente penosa, tóxica, peligrosa o insalubre y que acusasen elevados índices de morbilidad o mortalidad.

empleo[34]. Este Real Decreto-ley, como señala su preámbulo, aborda los problemas detectados hasta la fecha. Primero, ordena las entidades gestoras, simplificando al máximo su número, racionalizando sus funciones, descentralizando sus tareas administrativas y facultando al Gobierno para regular en ellas la participación de sindicatos, organizaciones empresariales y Administración. Segundo, se reintegran en el Estado funciones que había asumido la Seguridad Social y que no son propias de la misma, tales como las relativas al empleo, la educación o los servicios sociales. Tercero, se establece el principio de caja única en todo el sistema de la Seguridad Social[35], el cual «sintetiza una de las ideas fuerzas principales que materializa la lógica de solidaridad intergeneracional e interterritorial propia de la Seguridad Social»[36]. Se configura, así, el modelo de gestión de Seguridad Social que, en sus pilares básicos, pervive hoy.

Con el meritado Real Decreto-ley no solo se crea el INSS para la gestión de las prestaciones económicas del sistema, sino que también se crean otros organismos como el Instituto Nacional de Salud, para las prestaciones sanitarias, o la Tesorería General de la Seguridad Social, como caja única del sistema actuando bajo el principio de solidaridad financiera. Asimismo, con este Real Decreto-ley se extinguen varios organismos, entre otros el Instituto Nacional de Previsión.

---

34 BOE núm. 276, de 18 de noviembre de 1978. Pueden verse como precedentes de este Real Decreto-ley los Pactos de la Moncloa y el Libro Blanco de la Seguridad Social de 1977.

35 Este principio implica que se centraliza en la Tesorería General de la Seguridad Social la gestión recaudatoria de los recursos y el pago de las obligaciones del sistema y la custodia de los fondos, valores y créditos (Glosario de la Seguridad Social, Ministerio de Inclusión, Seguridad Social y Migraciones).

36 CRUZ VILLALÓN, J., «Un doble aniversario», *La Revista de la Seguridad Social*, 2018. Disponible en: https://revista.seg-social.es/-/un-doble-aniversario (acceso: 19 abril 2025).

Ese mismo año, entra en vigor la Constitución Española (en adelante CE), que supone un punto de inflexión en el desarrollo de la previsión (o seguridad) social en nuestro país y sienta las bases del actual sistema de pensiones. El artículo 41 de la CE establece el mandato a los poderes públicos de mantener «*un régimen público de Seguridad Social para todos los ciudadanos, que garantice la asistencia y prestaciones sociales suficientes ante situaciones de necesidad*», mientras que el art. 50 de la CE encomienda a los poderes públicos garantizar «*mediante pensiones adecuadas y periódicamente actualizadas, la suficiencia económica a los ciudadanos durante la tercera edad*»[37].

Comienza así la etapa del Estado de Bienestar, en el que la previsión social se caracteriza por cuatro elementos[38]. Primero, por la reforma financiera, que implica la plena integración de los presupuestos de la Seguridad Social en los Presupuestos Generales del Estado, y un control parlamentario del gasto y de los ingresos, lo que se traduce en una mayor transparencia. En segundo lugar, por la participación y control de los interlocutores sociales, como sindicatos y organizaciones empresariales, en el funcionamiento del sistema de la Seguridad Social. Ter-

---

37 Siguiendo a BAYONA DE PEROGORDO, precisamente la inclusión de la previsión social en el texto constitucional hace que se considere justo el gasto efectuado para la satisfacción de dicha necesidad pública. En efecto, la Constitución refleja la expresión de la voluntad general entre las diversas convicciones del grupo social. De esta forma, los preceptos constitucionales se encuentran cuajados de referencias a gastos públicos cuya realización debe ser considerada justa por su inserción en la Carta Magna, considerada como norma básica de convivencia (BAYONA DE PEROGORDO, J.J., *El Derecho de los Gastos Públicos,* Ministerio de Hacienda, 1991, pp. 190-191).

38 Estos cuatro elementos que se detallan a continuación se han extraído del *Aula de la Seguridad Social* (*Unidad 1. El Sistema Español de Seguridad Social*), disponible en: https://www.seg-social.es/wps/portal/wss/internet/PortalEducativo/Profesores/Unidad1/PESS51/PESS54 (acceso: 19 abril 2025).

cero, por el incremento de los recursos financieros con el fin de alcanzar los niveles medios de gasto en protección social en relación con los países que tienen un nivel socioeconómico similar al nuestro. Por último, por la definición de las prestaciones. Así, por un lado, se establecen prestaciones no contributivas vinculadas a la condición de ciudadanía y financiadas con recursos procedentes de los impuestos (tales como la asistencia sanitaria, la dependencia o las pensiones no contributivas de vejez e invalidez, *inter alia*); por otro lado, las prestaciones contributivas, que son las propias de los trabajadores cotizantes y sus familias (por ejemplo, las prestaciones económicas por accidente de trabajo, las prestaciones contributivas de jubilación o las prestaciones por desempleo para trabajadores por cuenta ajena, entre otras).

III. DEL AUMENTO DEL GASTO EN PENSIONES EN LA DÉCADA DE LOS OCHENTA A LAS RECOMENDACIONES DEL PACTO DE TOLEDO

A finales de los años setenta se observa un incremento del gasto en pensiones como consecuencia de la maduración del pilar contributivo, la ampliación de la cobertura y la mejora de su intensidad protectora, así como por el hecho del aumento de la pensión media al calcularse las nuevas pensiones que se reconocen sobre salarios más elevados[39].

Una de las grandes reformas del sistema de pensiones de jubilación asentado en la década de los setenta se produce con la Ley 26/1985, de 31 de julio, de medidas urgentes para la

---

[39] MOTA LÓPEZ, R., «La política socialista de pensiones de jubilación (1982-1996): entre gradualismo y redistribución», *Panorama Social (dedicado a: Envejecimiento y pensiones: La reforma permanente)*, núm. 4, 2006, p. 33.

racionalización de la estructura y de la acción protectora de la Seguridad Social[40]. Las medidas contenidas en esta Ley iban dirigidas principalmente a reducir el gasto mediante el reforzamiento tanto del carácter profesional de las prestaciones como de su contributividad, pero también se contemplaba alguna medida destinada a mejorar la protección social dispensada por el sistema[41], siendo prácticamente inexistentes las medidas dirigidas a fortalecer la estructura y racionalidad del sistema[42]. Así, su artículo segundo establece que el período mínimo de cotización que se requiere para causar derecho a pensión de jubilación será de 15 años, de los cuales, al menos 2 años deberán comprenderse dentro de los 8 años inmediatamente anteriores al momento de causar el derecho. Por tanto, el período mínimo de cotización se incrementa de 10 a 15 años.

Aunque dicha reforma confirió cierto alivio al sistema, como se irá viendo, no fue suficiente porque el número de pensiones y la cuantía de la pensión media continuó incrementándose, uniéndose a ello otros problemas estructurales del sistema de la Seguridad Social. Considera Mota López que la finalidad última de la reforma de 1985 no sería la de recortar el gasto reduciendo la protección, sino la de contenerlo; y añade que, de hecho, el gasto en pensiones de jubilación en el período

---

40 BOE núm. 183, de 1 de agosto de 1985 (disposición actualmente derogada).

41 Básicamente la mejora de la protección no contributiva, señalando el preámbulo de la Ley que con ella se «*dispone un incremento adicional en la cuantía de las pensiones asistenciales para personas sin recursos que, al tiempo que mejora en general la condición de sus beneficiarios, intensifica su carácter de protección supletoria para aquellas personas que sean declaradas incapacitadas permanentes o lleguen a la vejez sin reunir los períodos mínimos de cotización exigidos para el acceso a las pensiones contributivas*».

42 TORTUERO PLAZA, J.L. (dir.), *La reforma de la jubilación; políticas de pensiones y políticas de empleo*, Ministerio de Trabajo e Inmigración, 2009, p. 129

1985-1990 creció prácticamente igual a como lo había hecho entre 1980 y 1985[43].

Por otra parte, la Ley 26/1985 estableció, por primera vez, la revalorización automática de las pensiones conforme al Índice de Precios al Consumo (IPC),[44] al inicio de cada año (art. 4 Ley 26/1985). Aunque esta fue la primera vez que se estableció la revalorización automática, no era la primera vez que las normas en materia de Seguridad Social contemplaban la revalorización (de alguna forma) de las pensiones. Así, ya la Ley de Bases de la Seguridad Social de 1963 y la Ley de Seguridad Social de 1966 preveían que pudieran aprobarse cotizaciones adicionales para la revalorización de las pensiones. Por su parte, la Ley 24/1972 y posteriormente la Ley General de la Seguridad Social de 1974 contemplaban que las pensiones de jubilación fuesen revalorizadas periódicamente teniendo en cuenta la elevación del nivel medio de los salarios, el índice del coste de la vida y la evolución general de la economía, o las posibilidades económicas del sistema de la Seguridad Social, entre otros factores indicativos.

Otras reformas de calado en la década de los ochenta en relación con la configuración del sistema de previsión social en España son, por un lado, la extensión de la asistencia sanitaria pública a toda la población española (art. 3 de la Ley 14/1986, de 25 de abril, General de Sanidad), estableciendo su carácter no contributivo. Por otro lado, los complementos de mínimos

---

43 MOTA LÓPEZ, R., «La política socialista de pensiones de jubilación (1982-1996): entre gradualismo y redistribución», *op. cit.* p. 33.

44 El IPC es un indicador coyuntural que mide la evolución de los precios de los bienes y servicios de consumo adquiridos por los hogares residentes en España. Conforme a los datos del INE de febrero de 2025, el indicador adelantado del IPC sitúa su variación anual en el 3% en febrero, una décima por encima de la registrada en enero. Disponible en: https://www.ine.es/dyngs/Prensa/adIPC0225.htm (acceso: 19 abril 2025).

de las pensiones, cubriendo la Seguridad Social la diferencia entre la pensión mínima y la que correspondería por la aplicación de la normativa reguladora del cálculo de la pensión.

En el año 1989, se operó una reforma en la estructura financiera de la Seguridad Social para clarificar las fuentes de financiación. Así, y en atención al tipo de protección, las prestaciones de carácter contributivo se financiarían con cotizaciones sociales mientras que las de naturaleza no contributiva con cargo a la imposición general. En efecto, la Ley 37/1988, de 28 de diciembre, de Presupuestos Generales del Estado para 1989 destaca en su preámbulo «*el nuevo régimen de financiación de la asistencia sanitaria de la Seguridad Social*». Y, en particular, el primer apartado de su art. 9 señala que la asistencia sanitaria pasa a financiarse en 1989 «*con una aportación finalista del Estado..., con una aportación procedente de cotizaciones sociales..., y con los ingresos que se obtengan por los servicios prestados a terceros en gestión directa o por cualquier otro servicio que realice*» el Instituto Nacional de la Salud. Por su parte, en su segundo apartado determina la cuantía de la aportación que realizará el Estado «*para atender a la financiación de los complementos mínimos de las pensiones*».

Esta reforma de la estructura financiera de la Seguridad Social que se inicia en 1989 se debe a la asunción de las llamadas "cargas indebidas", esto es, la asunción del coste de protección social que no va asociado a las cotizaciones de los beneficiarios, y que tienen una importante incidencia en el gasto. Podría decirse que esta es la antesala del principio de separación de fuentes que, como se verá después, quedó consagrado en el llamado Pacto de Toledo de 1995 y en la Ley General de la Seguridad Social de 1994, modificada por la Ley 24/1997. No obstante, como también se verá, el proceso de separación de fuentes culminará varios años más tarde.

A principios de la década de los noventa, la Ley 26/1990, de 20 de diciembre, por la que se establecen en la Seguridad Social prestaciones no contributivas, trata de completar, como señala su exposición de motivos, la reforma operada por la Ley 26/1985. Así, pues, se configuraron pensiones no contributivas de vejez y de invalidez a favor de personas carentes de recursos que se encontrasen en situación de necesidad (con independencia de si habían cotizado previamente o no), se universalizaron las prestaciones de protección familiar y se extendieron los servicios sociales.

Con el fin de integrar y armonizar las distintas normas en materia de Seguridad Social dispersas por el ordenamiento jurídico, se aprueba el texto refundido de la Ley General de la Seguridad Social por el Real Decreto Legislativo 1/1994, de 20 de junio[45]. El primer apartado de su art. 86 enumera las fuentes o recursos para la financiación de los que se nutre la Seguridad Social, esto es, (i) aportaciones del Estado; (ii) cuotas de las personas obligadas; (iii) cantidades recaudadas en concepto de recargos, sanciones y otras de naturaleza análoga; (iv) frutos, rentas o intereses y cualquier otro producto de sus recursos patrimoniales; y, (v) cualesquiera otros ingresos[46]. Estos recursos podrían agruparse en tres: cotizaciones sociales, transferencias y otros ingresos. El segundo apartado del art. 86 de la Ley General de la Seguridad Social de 1994 especificaba (en su redacción original) que la acción protectora de la Seguridad Social, en su modalidad contributiva, se financiaría mediante el conjunto de los recursos enumerados, mientras que las pensiones de invalidez y jubilación y las asignaciones económicas por hijo a cargo, en sus modalidades no contribu-

45 Esta norma quedó derogada con efectos de 2 de enero de 2016, por la actual Ley General de la Seguridad Social, aprobada por Real Decreto Legislativo 8/2015, de 30 de octubre.

46 Estas son las mismas fuentes de financiación que aparecen recogidas en el art. 109.1 del actual Texto Refundido de la Ley General de la Seguridad Social (Real Decreto Legislativo 8/2015).

tivas se financiarían con cargo a las aportaciones del Estado al Presupuesto de la Seguridad Social.

El paulatino aumento de la protección social no fue acompañado de las reformas financieras necesarias[47], lo que sumado al continuo crecimiento del número de pensionistas y de la cuantía media de las pensiones (como se ha indicado antes), fue agravando los problemas de liquidez que ya se habían detectado a comienzos de los años ochenta. Así, entre 1980 y 1995 el gasto en pensiones contributivas pasó del 5,6% al 8,4% del PIB y la relación entre afiliados y pensionistas disminuyó desde el 2,7 hasta el 2,1[48].

Para superar la crisis de viabilidad, durante los ejercicios 1992 a 1999, el Estado otorgó hasta once préstamos por un importe de 17.169 millones de euros a la Tesorería General de la Seguridad Social. Tres de esos préstamos fueron para cancelar obligaciones pendientes de pago a 31 de diciembre de 1991 del extinto Instituto Nacional de la Salud (INSALUD), y que se derivaban del coste de la universalización de la asistencia sanitaria tras la Ley 14/1986. De los otros ocho préstamos, seis de ellos fueron destinados a la cobertura de las obligaciones de la Seguridad Social y a posibilitar el equilibrio presupuestario. Y los otros dos se usaron para atender desfases de tesorería[49]. Es importante señalar que, aunque a partir de la Ley de Presupuestos Generales del Estado para el año 1989, se preveía que el Estado asumiera, mediante aportaciones o transferen-

---

47 GÁLVEZ LINARES, B. y DÍAZ SÁNCHEZ DE LA NIETA, B., «La sostenibilidad del sistema de la Seguridad Social», *Revista Española de Control Externo,* vol. XXIII, núm. 67, 2021, p. 87.

48 BANCO DE ESPAÑA, *La Reforma del Sistema de Pensiones en España,* 2009, p. 2

49 TRIBUNAL DE CUENTAS, *Informe de fiscalización sobre la evolución económico-financiera, patrimonial y presupuestaria del sistema de la Seguridad Social y su situación a 31 de diciembre de 2018,* 2020, pp. 34-35

cias, la asistencia sanitaria y los complementos por mínimos de pensiones, prestaciones ambas de naturaleza no contributiva, la realidad es que los costes fueron asumidos por la Seguridad Social. A tales efectos, obtuvo financiación ajena en forma de préstamos otorgados por el Estado. Esto es, el Estado en lugar de asumir sus compromisos mediante transferencias, lo hizo a través de la concesión de préstamos a la Seguridad Social[50]. Como señala el Tribunal de Cuentas, si la financiación de esas prestaciones de carácter no contributivo hubiese sido asumida por el Estado a través de transferencias corrientes, los ocho préstamos antes mencionados hubieran sido innecesarios[51].

En este escenario en el que la viabilidad del sistema estaba en entredicho, el Pleno del Congreso de los Diputados aprobó la creación de una Ponencia en la Comisión de Presupuestos para la elaboración de un informe que abordase los problemas y las reformas del sistema. Este informe, conocido como el Pacto de Toledo, fue aprobado por el Pleno del Congreso de los Diputados en su sesión de 6 de abril de 1995, publicándose en el Boletín Oficial de las Cortes Generales unos días después[52].

En este informe se analizan tanto los recursos como los gastos de la Seguridad Social. En relación con los primeros, como se ha visto, las cotizaciones sociales y las aportaciones del Estado son los dos grandes bloques sobre los que se sustenta la financiación del sistema de Seguridad Social. Cuando

---

50 GÁLVEZ LINARES, B. y DÍAZ SÁNCHEZ DE LA NIETA, B., «La sostenibilidad del sistema de la Seguridad Social», *op. cit.*, p. 87

51 TRIBUNAL DE CUENTAS, *Informe de fiscalización sobre la evolución económico-financiera, patrimonial y presupuestaria del sistema de la Seguridad Social y su situación a 31 de diciembre de 2018, op. cit.*, p. 35.

52 Informe de la ponencia para el análisis de los problemas estructurales del sistema de la Seguridad Social y de las principales reformas que deberán acometerse (abril 1995), disponible en: https://www.congreso.es/public_oficiales/L5/CONG/BOCG/E/E_134.PDF (acceso: 19 abril 2025).

se aprueban las primeras leyes de Seguridad Social en los años sesenta y setenta, el sistema era marcadamente contributivo, es decir, los inicios de la previsión social en España van ligados al carácter profesional y contributivo de las prestaciones, refiriéndose principalmente a la vejez e invalidez. Sin embargo, poco a poco fue consolidándose el carácter universal de la protección social, extendiendo la misma a otras contingencias y también con independencia de si se había cotizado previamente o no (es decir, se implementan prestaciones no contributivas), destacando el establecimiento de la asistencia sanitaria universal o los complementos por mínimos de las pensiones.

Consecuencia de la universalización del sistema de prestaciones es que el peso que tenían las cotizaciones sociales en el sistema bajó ligeramente al incrementarse las aportaciones del Estado. En otras palabras, si conforme se había establecido en los años ochenta, el Estado debía asumir el coste de la asistencia sanitaria y los complementos por mínimos de las pensiones, parece lógico que las aportaciones estatales al sistema comenzasen a tener algo más de peso. Si bien esto es cierto, como ya se ha dicho, la asunción total por parte del Estado de tales costes tardó varios años en llegar. En efecto, no fue hasta el año 1999 que el Estado empezó a asumir la totalidad del coste de la asistencia sanitaria, y hasta el año 2014 que asumió los complementos por mínimos[53].

Así, en el año 1995, cuando se aprueba el Informe del Pacto de Toledo, las cotizaciones sociales suponían el 65,99% de todos los ingresos, mientras que las transferencias del Estado el 28,3% de los ingresos[54]. A pesar de esa progresiva pérdida de

---

53 TRIBUNAL DE CUENTAS, *Informe de fiscalización sobre la evolución económico-financiera, patrimonial y presupuestaria del sistema de la Seguridad Social y su situación a 31 de diciembre de 2018, op. cit.*, p. 40.

54 Informe de la ponencia para el análisis de los problemas estructurales del sistema de la Seguridad Social y de las principales reformas

peso de las cotizaciones sociales que se ha comentado, pueden señalarse dos cuestiones. La primera, que la financiación del sistema de la Seguridad Social seguía sustentándose en las cotizaciones sociales. La segunda, como señala el Pacto de Toledo, que el volumen de cotizaciones sociales era superior a los gastos derivados de las prestaciones contributivas efectuadas por la Seguridad Social[55].

En relación con los gastos de la Seguridad Social, el Informe del Pacto de Toledo pone de relieve el rápido ritmo con el que crecieron desde 1980, donde suponían un 11,44% del PIB, situándose en el año 1995 en el 15,95% del PIB[56]. El Informe analiza las causas del incremento continuado de los gastos del sistema[57]. En particular, en materia de pensiones, esa subida del gasto responde, en primer lugar, al envejecimiento de la población, pues el aumento de la esperanza de vida implica que son más los españoles y por más tiempo los que perciben pensiones del sistema. En segundo lugar, por el denominado efecto de sustitución, dado que el coste de las nuevas pensiones es superior al de las pensiones que dejan de ser satisfechas, es decir, los nuevos pensionistas perciben una prestación mayor con respecto a los pensionistas que causaron baja por muerte (concretamente, en 1994, la pensión media de las altas fue un 33% mayor que la pensión media de las bajas que se registraron ese mismo año). Asimismo, al modificarse en los años ochenta las cuantías y períodos de cotización, cuanto mejor se cumplen los requisitos para acceder a la pensión, mayor es la misma, aumentando en un 80% la pensión media en el período 1986-1993. Por último, el Informe señala como otra causa del incremento del gasto en pensiones su revaloriza-

---

que deberán acometerse (abril 1995), pp. 10-11.

[55] Ídem, p. 11.

[56] Ídem.

[57] Véase las páginas 11 y 12 de este Informe.

ción automática a partir de la Ley 26/1985, lo que se basa en una decisión política de incrementar las pensiones mínimas por encima del IPC. Esta revaloración automática supuso que mientras el IPC creció en un 53,4%, las pensiones mínimas se revalorización en un 68,7%. En el caso de las pensiones superiores a la media, aunque también se revalorizaron, la subida fue inferior con respecto al resto de pensiones.

Con el fin de garantizar un sistema público de pensiones justo, equilibrado y solidario, el Informe del Pacto de Toledo realiza quince recomendaciones[58]:

Tabla 1. Recomendaciones Informe Pacto Toledo 1995

1	Separación y clarificación de las fuentes de financiación
2	Constitución de reservas
3	Mejoras de las bases
4	Financiación de los Regímenes Especiales
5	Mejora de los mecanismos de recaudación y lucha contra la economía regular
6	Simplificación e integración de Regímenes Especiales
7	Integración de la gestión
8	Evolución de las cotizaciones
9	Sobre la equidad y el carácter contributivo del sistema
10	Edad de jubilación
11	Mantenimiento del poder adquisitivo de las pensiones
12	Reforzamiento del principio de solidaridad
13	Mejora de la gestión
14	Sistema complementario
15	Análisis y seguimiento de la evolución del sistema

La primera recomendación del Pacto de Toledo busca consolidar la separación de fuentes de financiación, proceso que

---

[58] Las 15 recomendaciones vienen detalladas en las páginas 15 a 17 de este Informe.

se había iniciado en 1989. De esta forma, la financiación de las prestaciones de naturaleza contributiva ha de depender de las cotizaciones sociales, mientras que las prestaciones no contributivas y universales, como la sanidad o los servicios sociales, deben depender exclusivamente de la imposición general. Señala el Informe que tanto las cotizaciones sociales como las aportaciones del presupuesto del Estado deben ser suficientes para garantizar las prestaciones correspondientes. Además, la Ponencia recomienda que sea la fiscalidad general la que haga frente a la bonificación en las cotizaciones de contratos dirigidos a grupos de especial dificultad en la búsqueda de empleo y aquellas actuaciones en las que se anticipe la edad ordinaria de jubilación o en la que se ayude a sectores productivos que pudieran distorsionar el normal equilibrio del sistema. En el caso de que se requiera una adecuación del sistema fiscal para cumplir con estos objetivos, se incidirá en las figuras impositivas que menor impacto tengan en la capacidad competitiva y de generación de empleo, pudiendo incluso aplicar una contribución universal sobre todas las rentas.

Este principio de separación de fuentes se articuló normativamente a través de la Ley 24/1997, de consolidación y racionalización del sistema de la Seguridad Social que dio una nueva redacción al art. 86.2 de la Ley General de la Seguridad Social de 1994, al que se ha hecho referencia anteriormente. Así, se establecía que la acción protectora de la Seguridad Social, en su modalidad no contributiva y universal, se financiaba mediante aportaciones del Estado al Presupuesto de la Seguridad Social. Y, las prestaciones contributivas, los gastos derivados de su gestión y los de funcionamiento de los servicios correspondientes a las funciones de afiliación, recaudación y gestión económico-financiera y patrimonial se financiaban mediante cuotas de las personas obligadas; cantidades recaudadas en concepto de recargos, sanciones o similares; frutos, rentas o intereses y cualquier otro producto de sus recursos patrimoniales; y, cualesquiera otros ingresos. La citada ley de

1997 introduce una disposición transitoria decimocuarta en la Ley General de la Seguridad Social de 1994 que fijaba un período transitorio («*antes del ejercicio económico del año 2000*») para la completa separación de fuentes, aunque ello no abarcaba los complementos a mínimos, que serían financiados según se determinase en la correspondiente Ley de Presupuestos Generales del Estado para cada ejercicio económico hasta que se estableciera definitivamente su naturaleza.

Esto último llama la atención, pues, el propio Informe del Pacto de Toledo había establecido la naturaleza de prestación no contributiva para los complementos por mínimos de pensiones, y así lo refleja la Ley 24/1997, que en su artículo primero clasifica como prestación de naturaleza no contributiva a estos complementos. Por ello, la Ley 24/2001, de 27 de diciembre, de Medidas Fiscales, Administrativas y del Orden Social modifica esa disposición transitoria, confiriendo un plazo máximo de 12 años contados desde enero de 2002 para que el Estado asuma, mediante aportaciones al Presupuesto de la Seguridad Social, el coste de tales prestaciones. De esta forma, hasta que no se produjo esta asunción total, la Seguridad Social soportó costes impropios con cargo a cotizaciones sociales y a las disponibilidades líquidas del sistema.

El Informe hace hincapié en que la parcela contributiva del sistema sea equilibrada, por lo que recomienda la constitución de fondos de equilibrio a partir de los excedentes que puedan existir en momentos de bonanza, para así poder actuar en momentos bajos del ciclo económico sin tener que incrementar las cotizaciones sociales. En este marco se crea el Fondo de Reserva de la Seguridad Social, conocido como la "*hucha de las pensiones*", que queda recogido normativamente por primera vez en el art. 91 de la Ley General de la Seguridad Social de

1994, modificada por la Ley 24/1997[59]. Posteriormente, la Ley 24/2001, de 27 de diciembre, de medidas fiscales, administrativas y del orden social, determinó que la llamada "*hucha de las pensiones*" quedase constituida en la Tesorería General de la Seguridad Social, regulándose su régimen jurídico por primera vez en la Ley 28/2003, de 29 de septiembre y actualmente en los arts. 117 a 127 del Real Decreto Legislativo 8/2015, de 30 de octubre, por el que se aprueba el Texto Refundido de la Ley General de la Seguridad Social (TRLGSS). A 31 de diciembre de 2023, el Fondo de Reserva asciende a 5.578,44 millones de euros[60]. En enero de 2025, el Comité de Gestión del Fondo de Reserva de la Seguridad Social comunicó que desde diciembre de 2023 hasta diciembre de 2024 las aportaciones realizadas a este fondo han sumado un total de 3.798,21 millones de euros[61], habiéndose incrementado considerablemente hasta algo más de 9.000 millones de euros y previéndose que el fondo alcance los 14.000 millones de euros cuando concluya el año 2025. Ante estas previsiones, el secretario de Estado de la Segu-

---

59 Bajo la rúbrica «*constitución de reservas*», el art. 2 de la Ley 24/1997, de 15 de julio, de consolidación y racionalización del sistema de la Seguridad Social da una nueva redacción al art. 91 de la Ley General de la Seguridad Social de 1994 para incorporar que los excedentes de cotizaciones sociales doten el Fondo de Reserva correspondiente, para así atender las futuras necesidades del sistema.

60 MINISTERIO DE INCLUSIÓN, SEGURIDAD SOCIAL Y MIGRACIONES, *Informe a las Cortes Generales sobre la evolución, actuaciones del año 2023 y situación a 31 de diciembre de 2023 del Fondo de Reserva de la Seguridad Social*, publicado el 6 de agosto de 2024, p. 11. Disponible en: https://www.seg-social.es/wps/wcm/connect/wss/a3835996-fc3c-4c3a-a972-a528d6438f15/FONDO+DE+RESERVA+2023_WEB.pdf?MOD=AJPERES (acceso: 19 abril 2025).

61 La mayor parte de estas aportaciones provienen del Mecanismo de Equidad Intergeneracional, que entró en vigor en 2023, y que se abordará más adelante en este trabajo.

ridad Social y Pensiones vaticina una sostenibilidad suficiente del sistema de Seguridad Social[62].

La Ponencia también consideró que el sistema de la Seguridad Social podía (y puede) complementarse con sistemas de ahorro y previsión social, tanto individuales como colectivos, para lo cual se proponía la actualización y mejora de los incentivos fiscales dirigidos a fomentarlos, especialmente los sistemas colectivos. La citada Ley 24/2001, en su art. 32, confería, al Gobierno el plazo de doce meses para elaborar y sistematizar las normas dispersas por el ordenamiento jurídico en esta materia en un Texto Refundido de la Ley de Regulación de los Planes y Fondos de Pensiones, el cual se aprobó mediante Real Decreto Legislativo 1/2002, de 29 de noviembre.

Para el análisis y seguimiento de la evolución del sistema, se propuso estudiar el presente y futuro del sistema de la Seguridad Social cada cinco años. Así, transcurridos los primeros cinco años, en mayo del año 2000, la Mesa de la Cámara del Congreso acordó crear una Comisión no permanente que valorase los resultados obtenidos por la aplicación de las recomendaciones del Pacto de Toledo. Esta Comisión realizó varias sesiones de trabajo, aprobándose su informe por el Congreso de los Diputados en octubre de 2003[63]. Esta segunda versión del Pacto de Toledo aumentó las recomendaciones hasta 23:

---

62 Estos datos se encuentran disponibles en el sitio *web* oficial de La Moncloa: https://www.lamoncloa.gob.es/serviciosdeprensa/notasprensa/inclusion/paginas/2025/220125-fondo-seguridad-social-2025.aspx (acceso: 19 abril 2025)

63 Informe de la Comisión no permanente para la valoración de los resultados obtenidos por la aplicación de las recomendaciones del Pacto de Toledo. Disponible en el Boletín de las Cortes Generales, Congreso de los Diputados, VII Legislatura, Serie D, núm. 596: https://www.congreso.es/es/publicaciones-organo?p_p_id=publicaciones&p_p_lifecycle=0&p_p_state=normal&p_p_mode=view&_publicaciones_mode=mostrarTextoIntegro&_publi-

(i) actualizó las quince recomendaciones originales; (ii) realizó cinco recomendaciones adicionales sobre las nuevas formas de trabajo y desarrollo profesional; la mujer y la protección social; la dependencia; la discapacidad; la inmigración; y, (iii) añadió tres recomendaciones en relación con el sistema de pensiones en el marco de la Unión Europea. En palabras de BARRIOS BAUDOR, esta revisión del Pacto de Toledo se limitó a constatar los logros alcanzados hasta ese momento, sin introducir grandes novedades, y obviando la necesaria reordenación normativa del sistema español de Seguridad Social en su conjunto[64].

Unos años más tarde, en mayo de 2008, se acordó la creación de una (nueva) Comisión no permanente de seguimiento y evaluación de los acuerdos del Pacto de Toledo, aprobándose por el Congreso de los Diputados el *Informe de evaluación y reforma del Pacto de Toledo* en enero de 2011[65]. En esta revisión, la Comisión incluyó 21 recomendaciones, algunas de las cuales ya estaban recogidas en el Informe de 1995, tales como la separación de las fuentes de financiación, el Fondo de Reserva o los sistemas complementarios, y se desarrollan recomendaciones que en 2003 se habían contemplado como adicionales. La cuarta y más reciente revisión de los Acuerdos del Pacto de Toledo se aprobó por el Pleno del Congreso de los Diputados

---

caciones_legislatura=VII&_publicaciones_texto=&_publicaciones_id_texto=CDD200310020596.CODI.#1 (acceso: 19 abril 2025)

64 BARRIOS BAUDOR, G.L., «La "revisión" del Pacto de Toledo», *Temas Laborales: revista andaluza de trabajo y bienestar social,* núm. 73, 2004, pp. 175-176.

65 Este *Informe de evaluación y reforma del Pacto de Toledo,* aprobado en 2011, puede consultarse en: https://www.seg-social.es/wps/wcm/connect/wss/837109f0-e8fa-47fb-b878-668afc1bca1e/Informe+Pacto+de+Toledo+2011..pdf?MOD=AJPERES (acceso: 19 abril 2025).

en noviembre de 2020[66], a cuyo contenido se hará referencia más adelante.

IV. TRAS LA CRISIS FINANCIERA DE 2008: UNA NUEVA EDAD DE JUBILACIÓN, EL FACTOR DE SOSTENIBILIDAD Y EL ÍNDICE DE REVALORIZACIÓN DE LAS PENSIONES

Como se ha visto, el final del siglo XX y los inicios del siglo XXI estuvieron marcados por varias disposiciones que implementaban las recomendaciones de los Acuerdos del Pacto de Toledo. En el marco de estas recomendaciones, el 9 de abril de 2001 el Gobierno suscribió, con sindicatos y asociaciones empresariales, el Acuerdo para la Mejora y el Desarrollo del Sistema de Protección Social, en el que se apuntaba la necesidad de adoptar medidas que permitieran la modernización del sistema y que incidieran en el crecimiento económico y la creación de empleo[67]. Fruto de este pacto, se acordó modificar la normativa vigente en ese momento para introducir la jubilación flexible. En este sentido, la Ley 35/2002, de 12 de julio, de medidas para el establecimiento de un sistema de jubilación gradual y flexible[68] introduce varias modificaciones en la Ley General de la Seguridad Social de 1994 para: (i) reformar la regulación de la jubilación parcial, de forma que se

---

66 Esta ulterior revisión del Informe del Pacto de Toledo aprobada en 2020 se encuentra disponible en https://www.congreso.es/public_oficiales/L14/CONG/BOCG/D/BOCG-14-D-187.PDF (acceso: 19 abril 2025).

67 Este Acuerdo se encuentra disponible en: https://sid-inico.usal.es/idocs/F8/8.4.1-2896/8.4.1-2896.pdf (acceso: 19 abril 2025).

68 Esta Ley sustituye y deroga el Real Decreto-ley 16/2001, de 12 de julio, de medidas para el establecimiento de un sistema de jubilación gradual y flexible.

compatibilice la percepción de una pensión de jubilación con el desarrollo de actividades laborales; (ii) exonerar del pago de cotizaciones sociales por contingencias comunes a los trabajadores de 65 años o más, que acreditando 35 años efectivos de cotización decidan voluntariamente continuar o reiniciar su actividad laboral; (iii) permitir que el porcentaje aplicable a la base reguladora de la pensión de jubilación pueda superar el 100% respecto de aquellos trabajadores que permanezcan en activo más allá de los 65 años de edad y que acrediten 35 años de cotización; y, (iv) reformular las condiciones de acceso a la jubilación anticipada.

En los siguientes años se suscribieron sendos acuerdos entre el Gobierno, las organizaciones sindicales y las organizaciones empresariales que resaltaban la importancia del diálogo social para afrontar las distintas reformas que permitieran seguir avanzando en el Estado de Bienestar. Así, la Declaración para el Diálogo Social de 8 de julio de 2004 y el Acuerdo sobre Medidas en materia de Seguridad Social de 13 de julio de 2006 son el germen de las medidas que en materia de Seguridad Social introdujo la Ley 40/2007, de 4 de diciembre[69].

Con el objetivo de garantizar la sostenibilidad financiera del sistema de pensiones, señala el Preámbulo de la Ley de diciembre de 2007 que se intensifica la contributividad del sistema, avanzando en una mayor proporcionalidad entre las cotizaciones realizadas y las prestaciones obtenidas. Para ello, se intro-

---

69 La Declaración para el Diálogo Social de julio de 2004 se encuentra disponible en: https://personal.us.es/jesuscruz/declaraciondsocial.pdf (acceso: 19 abril 2025). Por su parte, el texto del Acuerdo sobre Medidas en materia de Seguridad Social de julio de 2006 puede consultarse en: https://www.seg-social.es/wps/wcm/connect/wss/41df1495-bad0-4124-abe8-0db454d0c999/Acuerdo_medidas_Seguridad_Social%28Castellano%29.pdf?MOD=AJPERES (acceso: 19 abril 2025).

dujo en la Ley General de la Seguridad Social de 1994 que en el cómputo del período mínimo de cotización de 15 años no se tuviera en cuenta la parte proporcional correspondiente por pagas extraordinarias, es decir, que solamente se consideraran los días efectivos de cotización. Por otro lado, en relación con los que voluntariamente prolongasen su vida laboral más allá de la edad ordinaria de jubilación y cumplieran con el período mínimo de cotización, se preveía el reconocimiento de un 2% adicional por cada año completo que transcurriera entre el momento en que se cumplió dicha edad y la del hecho causante de la pensión.

A mediados de ese mismo año, empezaron a observarse ciertas turbulencias en los mercados financieros internacionales, entrando en recensión la economía española a partir de la segunda mitad de 2008, situación que tuvo una especial incidencia en el empleo. Conforme a los datos del Banco de España, entre 2008 y 2009 se perdieron más de 1,5 millones de puestos de trabajo y la tasa de paro se elevó hasta el 18,75%, la cual siguió aumentando hasta alcanzar un 23% a finales del año 2011[70]. Para ZUBIRI la crisis del 2008 supuso un cambio radical que devolvió el sistema de pensiones al primer plano por dos razones. Primero, por la situación de déficit de la Seguridad Social. Consecuencia de la pérdida de empleo fue la significativa bajada que se produjo, entre 2008 y 2013, de cotizantes (15%) y de cotizaciones (casi el 10%), al mismo tiempo que el gasto en pensiones aumentó en alrededor de un 30%. Por tanto, en un breve período de tiempo, las cuentas de la Seguridad Social pasaron de tener superávit a un escenario de déficit sustantivo. Segundo, por las presiones de la Comisión Europea para realizar, dentro del marco del Pacto Europeo de

70 BANCO DE ESPAÑA, *Informe sobre la crisis financiera y bancaria en España, 2008-2014*, 2017, pp.79 y 85.

Estabilidad, reformas en diversos ámbitos, incluido el de las pensiones[71].

En estos años marcados por la crisis económica se adoptaron medidas coyunturales, como "congelar" las pensiones o limitar su aumento. En enero del año 2010 con el objetivo de reducir el déficit público al 3% en 2013, el Consejo de Ministros aprobó, entre otros, el Plan de Austeridad 2011-2013, que preveía un recorte generalizado del gasto que afectaría a todas las partidas, excepto a pensiones, prestaciones por desempleo, ayudas a la dependencia, educación e I+D+i. Sin embargo, se decidió excepcionalmente acordar la suspensión de la revalorización de las pensiones de carácter contributivo para el año 2011 mediante el Real Decreto-ley 8/2010, de 20 de mayo, por el que se adoptan medidas extraordinarias para la reducción del déficit público. Esta disposición reconoce la importancia de la revalorización de las pensiones como fórmula que permite mantener su poder adquisitivo, pero también destaca que en el año 2009 todas las pensiones aumentaron sus cuantías por encima de la inflación producida, siendo por ello que se decidió articular esta medida excepcional. Al año siguiente, el Real Decreto-ley 20/2011, de 30 de diciembre[72], contempló un incremento del 1% de las pensiones para el ejercicio 2012. Sin embargo, y justificado en la necesidad de cumplir con el objetivo de déficit público, se dejó sin efecto dicha actualización de las pensiones en el ejercicio 2012 y se suspendió su revalorización para el ejercicio 2013[73]. Por consiguiente, durante

---

[71] ZUBIRI, I., «Las pensiones en España: situación y alternativas de reforma», *Papeles de Economía Española*, núm. 147, 2016, pp. 168-169.

[72] Véase el artículo 5 del Real Decreto-ley 20/2011, de 30 de diciembre, de medidas urgentes en materia presupuestaria, tributaria y financiera para la corrección de déficit público.

[73] Real Decreto-ley 28/2012, de 30 de noviembre, de medidas de consolidación y garantía del sistema de la Seguridad Social. Contra este Real Decreto-ley se presentó recurso de inconstitucionalidad por

los años 2011, 2012 y 2013 las pensiones no se revalorizaron, quedando "congeladas".

Junto a estas medidas coyunturales, se articularon también medidas estructurales. En particular, en los años 2011 y 2013 se realizaron reformas de calado en el sistema de pensiones, manteniéndose gran parte de las medidas en la actualidad.

En el año 2011 se procede a modificar el régimen jurídico de la pensión de jubilación en lo que respecta a la edad de acceso a la misma, el cálculo de la base reguladora y la escala que determina el número de años cotizados necesarios para alcanzar el 100% de la base reguladora, así como el acceso a las modalidades de jubilación anticipada y parcial. Esta reforma que se realiza en el sistema de pensiones por la Ley 27/2011, de 1 de agosto, sobre actualización, adecuación y modernización del sistema de Seguridad Social viene motivado por el factor demográfico o inversión de la pirámide de población, pero también por la necesidad de reforzar la contributividad del sistema.

En consecuencia, la Ley 27/2011 introdujo en la Ley General de la Seguridad Social de 1994 dos condiciones para tener derecho a la pensión contributiva de jubilación, las cuales se

---

considerar que la suspensión de la actualización de las pensiones contributivas para 2012 era contraria a la retroactividad de las disposiciones restrictivas de derechos individuales garantizada constitucionalmente en el art. 9.3 de la Carta Magna, así como al art. 33.3 CE por implicar una expropiación de derechos. El Tribunal Constitucional, en su sentencia 49/2015, de 5 de marzo, desestima este recurso de inconstitucionalidad, aunque cuenta con el voto particular de dos magistrados. Asimismo, por la posible vulneración de los arts. 9.3 y 33 CE por el Real Decreto-ley 28/2012, se interpuso cuestión de inconstitucionalidad, que fue desestimada por la STC 122/2015, de 8 de junio.

mantienen en el actual y vigente TRLGSS[74]. Por un lado, se exige haber cumplido 67 años, o bien 65 años si se acreditan 38 años y 6 meses de cotización (no teniendo en cuenta la parte proporcional correspondiente a las pagas extraordinarias). Por otro lado, se mantiene el período mínimo de cotización de 15 años, estableciendo que al menos 2 años estén comprendidos en los 15 años inmediatamente anteriores al momento de causar el derecho. Así, con efectos de 1 de enero de 2013, se modifica no sólo la edad de jubilación, que se había mantenido inalterada desde el Real Decreto-ley de 11 de marzo de 1919, sino que pasa a exigirse que al menos dos años efectivamente cotizados estén dentro de los últimos 15 años antes de la jubilación. Desde la reforma de 1985 se había mantenido la exigencia de que fuera dentro de los 8 años anteriores a la jubilación.

Ciertamente, aunque la edad de jubilación se eleva a los 67 años, se mantiene la jubilación a los 65 años si se acredita un determinado período de cotización. Por tanto, el primer requisito para acceder a la pensión contributiva de jubilación combina un criterio de edad con uno de tiempo cotizado. Como puede verse en la *Tabla 2,* la Ley 27/2011 estableció una implantación gradual y progresiva –vigente en la actualidad– para la aplicación de estos nuevos requisitos, de forma que no será hasta el año 2027 que se exija haber cumplido 67 años, o acreditar 38 años y 6 meses cotizados teniendo 65 años para acceder a la pensión contributiva de jubilación[75].

---

74 Concretamente, en el art. 205 del Real Decreto Legislativo 8/2015.

75 Esta aplicación paulatina también ha quedado recogida en el TRLGSS, en su disposición transitoria séptima.

Tabla 2. Aplicación paulatina de la edad de jubilación y de los años de cotización

Año	Períodos cotizados	Edad exigida
2013	35 años y 3 meses o más	65 años
	Menos de 35 años y 3 meses	65 años y 1 mes
2014	35 años y 6 meses o más	65 años
	Menos de 35 años y 6 meses	65 años y 2 meses
2015	35 años y 9 meses o más	65 años
	Menos de 35 años y 9 meses	65 años y 3 meses
2016	36 años o más	65 años
	Menos de 36 años	65 años y 4 meses
2017	36 años y 3 meses o más	65 años
	Menos de 36 años y 3 meses	65 años y 5 meses
2018	36 años y 6 meses o más	65 años
	Menos de 36 años y 6 meses	65 años y 6 meses
2019	36 años y 9 meses o más	65 años
	Menos de 36 años y 9 meses	65 años y 8 meses
2020	37 años o más	65 años
	Menos de 37 años	65 años y 10 meses
2021	37 años y 3 meses o más	65 años
	Menos de 37 años y 3 meses	66 años
2022	37 años y 6 meses o más	65 años
	Menos de 37 años y 6 meses	66 años y 2 meses
2023	37 años y 9 meses o más	65 años
	Menos de 37 años y 9 meses	66 años y 4 meses
2024	38 años o más	65 años
	Menos de 38 años	66 años y 6 meses
2025	38 años y 3 meses o más	65 años
	Menos de 38 años y 3 meses	66 años y 8 meses
2026	38 años y 3 meses o más	65 años
	Menos de 38 años y 3 meses	66 años y 10 meses
A partir de 2027	38 años y 6 meses o más	65 años
	Menos de 38 años y 6 meses	67 años

Sobre si esta reforma en el régimen jurídico de la pensión de jubilación puede suponer una pérdida para los futuros pensionistas, considera ZUBIRI que no hay un patrón uniforme de pérdidas. Pues, un trabajador que acceda a la jubilación con 65 años habiendo cotizado 38 años y 6 meses podría perder el 10% de su pensión como consecuencia del aumento de años en el cálculo de la base reguladora. La pérdida sería del 20% si a los 65 años ha cotizado entre 35 años y 38 años y 6 meses, pues en ese caso la edad de jubilación se retrasará dos años. Y, la pérdida podría ser del 25% si llegase a los 67 años con 25 años efectivamente cotizados por el efecto linealización[76].

La Ley 27/2011 también introduce modificaciones en el procedimiento de cálculo de la pensión de jubilación[77]. Concretamente, amplía el período de cómputo de 15 a 25 años, aunque lo hace con una aplicación paulatina hasta el año 2022, neutralizando, así, el posible impacto que pudiera tener en quienes se encuentren próximos a la edad de jubilación. En su preámbulo, la Ley señala que esta modificación en el procedimiento de cálculo se hace para reforzar el principio de contributividad, lograr una mayor proporcionalidad entre lo que se aporta al sistema y lo que se recibe del mismo, así como para dotar al sistema de una mayor equidad.

Asimismo, la Ley 27/2011 modifica varios aspectos en relación con la jubilación anticipada. En su Preámbulo se constata que la jubilación anticipada es una fórmula de regulación

---

76 ZUBIRI, I., «Las pensiones en España: situación y alternativas de reforma», *op. cit.*, p. 173.

77 Esta modificación normativa se incorporó al art. 162 de la Ley General de la Seguridad Social de 1994, quedando después reflejado en el actual art. 209 del TRLGSS, aprobado por Real Decreto Legislativo 8/2015, de 30 de octubre (aunque, como veremos, ha sido modificado en 2023).

de empleo[78], y que debe reservarse ese acceso anticipado a la pensión de jubilación para quienes acrediten largas carreras de cotización. Así, el art. 5 de la Ley 27/2011 daba una nueva redacción al segundo apartado del art. 161 *bis* de la Ley General de la Seguridad Social de 1994, de forma que se establecían dos modalidades de acceso a la jubilación anticipada. Por un lado, la que deriva del cese en el trabajo por causa no imputable al trabajador, y en la que se requiere: (i) tener cumplidos 61 años de edad; (ii) estar inscrito en las oficinas de empleo como demandantes de empleo durante, al menos, 6 meses antes de solicitar la jubilación; (iii) acreditar un período mínimo de cotización efectiva de 33 años; y, (iv) que el cese en el trabajo se haya producido por una situación de crisis o cierre de la empresa que objetivamente impida la continuidad de la relación laboral (remitiéndose, a tales efectos, al Estatuto de los Trabajadores)[79]. Por otro lado, la que deriva de la voluntad del trabajador, es decir, es el trabajador quien voluntariamente accede a la jubilación anticipada. Para ello, se requiere: (i) haber cumplido 63 años; (ii) acreditar un período mínimo de cotización efectiva de 33 años; y, (iii) el importe de la pensión que resulte ha de ser superior a la cuantía de la pensión mínima que le correspondería por su situación familiar al cumplimiento de los 65 años de edad[80].

Al igual que las modificaciones anteriores sobre el acceso a la jubilación, los cambios introducidos por la Ley 27/2011 en

---

[78] En los mismos términos se pronuncia SALVADOR PÉREZ, quien considera que la jubilación anticipada se utiliza como instrumento de la política de empleo (SALVADOR PÉREZ, F., «El régimen de retiro obrero», *op. cit.*, p. 46).

[79] Esta modalidad de jubilación anticipada y con el cumplimiento de estos requisitos se ha mantenido en términos similares en el art. 207 del actual TRLGSS.

[80] La modalidad de jubilación anticipada por voluntad del interesado se regula actualmente en el art. 208 del TRLGSS

materia de jubilación anticipada debían entrar en vigor el 1 de enero de 2013. Sin embargo, la disposición adicional primera del Real Decreto-ley 29/2012, de 28 de diciembre, suspendió su aplicación durante tres meses (esto es, hasta el 31 de marzo de 2013), de forma que seguiría aplicándose la normativa vigente a 31 de diciembre de 2012. El motivo de esta suspensión es que, como señalaba el preámbulo del citado Real Decreto-ley, el Gobierno había remitido un informe a la Comisión Parlamentaria de Seguimiento y Evaluación de los Acuerdos del Pacto de Toledo analizando la jubilación anticipada y en el que se proponía la adopción de nuevas medidas, por lo que su implementación precisaba suspender temporalmente la entrada en vigor de las modificaciones aprobadas por la Ley 27/2011.

El nuevo texto se aprobó mediante Real Decreto-ley 5/2013, de 15 de marzo, de medidas para favorecer la continuidad de la vida laboral de los trabajadores de mayor edad y promover el envejecimiento activo. Señala en su preámbulo que las medidas de la Ley 27/2011 resultaban insuficientes para garantizar la viabilidad del sistema en el largo plazo, «*al permitir un alejamiento paulatino entre la edad legal de jubilación y la edad a la que es posible acceder a una jubilación anticipada, y favorecer, en determinadas ocasiones, las decisiones de abandono temprano del mercado laboral*». En consecuencia, se pasa de exigir una edad fija (de 63 años ó 61 años según fuese jubilación anticipada voluntaria o no) a una edad que variará según los años que resten para la jubilación ordinaria. Así, para la jubilación anticipada no voluntaria en lugar de requerir 61 años, se exige una edad inferior a cuatro años de la edad legal de jubilación. Asimismo, se introducen mayores coeficientes reductores.

Téngase en cuenta que tanto la reforma de la Ley 27/2011 como la operada posteriormente por el Real Decreto-ley 5/2013 se producen en un contexto en el que la demanda de jubilaciones anticipadas no voluntarias había aumentado tras la crisis económica iniciada en 2008. En efecto, la menor actividad económica se tradujo en expedientes de regulación de empleo afectando, principalmente, a trabajadores mayores de 50 años, por lo que la situación de desempleo dio lugar a esa mayor demanda en el acceso a la jubilación anticipada no voluntaria (o forzosa)[81].

Una de las reformas en este período más relevantes en materia de pensiones es la operada por la Ley 23/2013, de 23 de diciembre, reguladora del Factor de Sostenibilidad y del Índice de Revalorización del Sistema de Pensiones de la Seguridad Social. Por un lado, el importe de la pensión se vincula a la evolución de la esperanza de vida (arts. 1 a 6 de la Ley 23/2013). Por otro lado, la revalorización de las pensiones se desvincula del IPC y pasa a usarse una nueva fórmula a tales efectos (art. 7 de la Ley 23/2013). Según su preámbulo, la evolución de nuestro país indicaba (y lo sigue indicando en la actualidad) un aumento de la esperanza de vida a la par que descienden las tasas de natalidad, esperando además un incremento en el número de pensiones en el período 2025-2060 como consecuencia de la jubilación de la generación del "baby boom". Además, la crisis económica iniciada en 2008 había conllevado la aparición de déficits en las cuentas de la Seguridad Social. Por tanto, «*si se quiere mantener un sistema de pensiones público, de reparto y solidario*» es necesario incorporar «*medidas adicionales a las previstas en las leyes en vigor, pero circunscritas a las recomendaciones del Pacto de Toledo, y que se aceleren aquellas que ya habían sido introducidas en nuestra normativa de Seguridad Social, como es el caso del factor de sostenibilidad*».

En efecto, el factor de sostenibilidad fue introducido por la Ley 27/2011, concretamente su art. 8 lo incorporaba a la Ley General de la Seguridad Social de 1994 con el objetivo de man-

---

81 Véase MONTSERRAT CODORNIU, J., «La crisis económica y la reforma del sistema de pensiones. Impacto en las pensiones de jubilación», *Fundación de Estudios Sociales y de Sociología Aplicada (FOESSA)*, Documento de trabajo 4.10, 2018, pp. 2 y 3.

tener la proporcionalidad entre las contribuciones al sistema y las prestaciones esperadas del mismo a la par que se garantiza su sostenibilidad. Así, se preveía revisar los parámetros del sistema a partir de 2027 por las diferencias que pudiera haber entre la evolución de la esperanza de vida a los 67 años de la población en el año que se efectuase la revisión y la esperanza de vida a los 67 años en 2027. Con la Ley 23/2013 se mantiene esta misma filosofía, de forma que se garantice a las generaciones presentes y futuras la percepción de pensiones adecuadas y suficientes, atendiendo al mandato del art. 50 CE. En particular, señala su preámbulo que con este factor se «*asegura el riesgo asociado al incremento de la longevidad y ajusta la equidad intergeneracional*», pero sin cambiar el régimen jurídico de las pensiones, sino que es un parámetro adicional para el cálculo de la pensión inicial de jubilación.

El art. 1 de la Ley 23/2013 define el factor de sostenibilidad como «*un instrumento que con carácter automático permite vincular el importe de las pensiones de jubilación del sistema de la Seguridad Social a la evolución de la esperanza de vida de los pensionistas*». Esto se hace a través de la fórmula de cálculo recogida en el art. 4 de la Ley 23/2013, revisándose cada 5 años la variación interanual de la esperanza de vida que se tiene en cuenta para calcular el valor de este factor de sostenibilidad. Se preveía la entrada en vigor de este factor en enero de 2019, pero fue retrasada hasta enero de 2023[82]; y, en diciembre de 2021, como se verá en el segundo capítulo de esta obra, se opta por su derogación y su sustitución por un nuevo mecanismo de equidad intergeneracional[83].

---

82 Disposición final trigésima octava de la Ley 6/2018, de 3 de julio, de Presupuestos Generales del Estado para el año 2018.

83 Ley 21/2021, de 28 de diciembre, de garantía del poder adquisitivo de las pensiones y de otras medidas de refuerzo de la sostenibilidad financiera y social del sistema público de pensiones.

Por su parte, la revalorización de las pensiones se incardina en una de las recomendaciones iniciales de los Acuerdos del Pacto de Toledo y que se ha ido manteniendo en sus sucesivas versiones como forma de asegurar que las pensiones conserven su poder adquisitivo; así como para dar cumplimiento al mandato del art. 50 de la CE de garantizar la suficiencia económica a los ciudadanos durante la tercera edad. No obstante, la actualización de las pensiones conforme al IPC venía siendo cuestionada dados los problemas de índole demográfica y económica. El *Informe de evaluación y reforma del Pacto de Toledo* de 2011 advierte de que el sistema de revalorización ha dado lugar a desviaciones entre el IPC previsto y el IPC real, desvirtuando así la finalidad de conservar el poder adquisitivo de las pensiones, por lo que recomendaba estudiar la utilización de otros posibles índices de revalorización basados en el crecimiento de los salarios, la evolución de la economía o el comportamiento de las cotizaciones sociales[84].

En base a dicha recomendación, la Ley 23/2013 regula el índice de revalorización de las pensiones que pasaría a sustituir, desde enero de 2014, al IPC que venía utilizándose como índice para actualizar las pensiones desde el año 1997. En concreto, se establece que las pensiones se incrementen al comienzo de cada año en función del índice de revalorización de las pensiones o IRP previsto en la correspondiente Ley de Presupuestos Generales del Estado. Cabe resaltar que la Ley establece que el resultado de la revalorización no puede suponer un incremento de las pensiones inferior al 0,25% ni mayor al resultado de sumar 0,50% al incremento de los precios. Esto implica implementar unas cláusulas de suelo y techo en el nuevo índice de revalorización, lo que según RAMOS garantiza que las pensiones en el futuro no caigan en términos nomina-

84 Véase las páginas 78 y 79 del citado Informe de 2011.

les[85]. Ahora bien, como la actualización de las pensiones va a depender de factores de difícil previsión como la evolución de las cotizaciones, de los pensionistas o de las pensiones, es muy probable que durante bastante tiempo la subida de las pensiones quedase limitada por esa cláusula suelo del 0,25%. Ello porque, como apunta ZUBIRI, la tendencia –en esos años– era que las cotizaciones creciesen al mismo ritmo que el PIB mientras que el gasto en pensiones crecería por encima, además de la situación de déficit que ya había[86].

Por otro lado, y como indica RAMOS, al desvincular la revalorización de las pensiones del crecimiento de los precios, no siempre se garantizará el mantenimiento del poder de compra de los ingresos tras la jubilación, por lo que en función de cómo evolucione la inflación, la pensión podría verse mermada en términos reales[87]. Quizás por ello, como se verá en el siguiente capítulo, con efectos de enero de 2022, se deroga este índice de revaloración y se recupera la actualización de las pensiones en función de la inflación del ejercicio anterior[88].

El Banco de España en su *Informe sobre la crisis financiera* elaborado en 2017 señala que las reformas del sistema de pensiones llevadas a cabo en los años 2011 y 2013 han supuesto una mejora sustancial de la sostenibilidad del sistema a medio

---

[85] RAMOS, R., «El nuevo factor de revalorización y de sostenibilidad del sistema de pensiones español», *Boletín Económico del Banco de España,* 2014, p. 84.

[86] ZUBIRI, I., «Las pensiones en España: situación y alternativas de reforma», *op. cit.*, p. 173.

[87] RAMOS, R., «El nuevo factor de revalorización y de sostenibilidad del sistema de pensiones español», *op. cit.*, p. 84.

[88] Aunque la revalorización de las pensiones ha vuelto a ser objeto de modificación por el Real Decreto-ley 2/2023, de 16 de marzo, su actualización periódica se sigue manteniendo conforme al IPC.

y largo plazo[89]. En este mismo sentido, en la *Actualización del Programa de Estabilidad 2014-2017* se preveía una disminución del gasto en pensiones en torno a cuatro décimas del PIB para 2060 pese al envejecimiento estimado de la población[90]. No obstante, habrá que determinar si las estimaciones que se preveían con estas reformas de cara a garantizar la sostenibilidad realmente han llegado a cumplirse, pues téngase en cuenta que el factor de sostenibilidad no llegó a aplicarse, dado que se derogó antes de que entrase en vigor, y que la periódica actualización de las pensiones ha vuelto a hacerse conforme al IPC. A las tendencias en la proyección del gasto público en pensiones se dedicará el tercer capítulo de este trabajo.

Con el fin de crear un marco legislativo en materia de Seguridad Social que fuese sistemático y que redundara en la claridad y seguridad jurídica[91], se aprueba mediante Real Decreto Legislativo 8/2015, de 30 de octubre, el Texto Refundido de la Ley General de la Seguridad Social, que entró en vigor el 2 de enero de 2016 y que recogió, en materia de pensiones de jubilación, las reformas llevadas a cabo en los últimos años.

---

89 BANCO DE ESPAÑA, *Informe sobre la crisis financiera y bancaria en España, 2008-2014*, 2017, p. 155.

90 Véase la página 8 de la *Actualización del Programa de Estabilidad 2014-2017*, disponible en: https://www.hacienda.gob.es/GabineteMinistro/actualizacion.pdf (acceso: 19 abril 2025).

91 Véase la Ley 20/2014, de 29 de octubre, por la que se delega en el Gobierno la potestad de dictar diversos textos refundidos, en virtud de lo establecido en el artículo 82 y siguientes de la Constitución Española.

Capitulo 2.

Actual configuración del sistema público de pensiones de jubilación en España

El actual sistema de previsión social en España se encuentra recogido en el TRLGSS, el cual se articula en torno a seis Títulos, que a su vez se dividen en Capítulos, Secciones y Subsecciones. El Título I se refiere a las normas generales del sistema de la Seguridad Social, dedicando su Capítulo IV a la acción protectora (arts. 42 a 65 del TRLGSS). Entre otras, la acción protectora del sistema comprende las prestaciones económicas en las situaciones de jubilación, en sus modalidades contributivas y no contributivas (art. 42.1.c) del TRLGSS).

La acción protectora del sistema de previsión social en España se basa en los principios de universalidad, unidad, solidaridad, igualdad y suficiencia (art. 2 del TRLGSS). La universalidad implica la extensión máxima de la acción protectora, la cual como hemos visto se ha ido ampliando desde que en el año 1900 se previeran los primeros seguros. El principio de unidad o de caja única –como se ha dicho antes– implica que se centraliza en la Tesorería General de la Seguridad Social la gestión recaudatoria de los recursos y el pago de las obligaciones del sistema y la custodia de los fondos, valores y créditos. La solidaridad, desde la vertiente intergeneracional, implica que las personas en edad de trabajar están contribuyendo a financiar las pensiones de aquéllos que ya finalizaron su actividad laboral. Pero no sólo eso, sino que la solidaridad del sistema también se refleja en la existencia de pensiones mínimas, de forma que aquellos que no hayan contribuido suficientemente y no tengan recursos económicos puedan acceder a una pensión adecuada. Por su parte, el principio de igualdad supone que cualquiera, con independencia del momento y del lugar de residencia, reciba la acción protectora que el sistema prevé. Finalmente, y como también se ha indicado previamente, el art. 50 de la Constitución confiere el mandato a los poderes públicos de asegurar «*la suficiencia económica a los ciudadanos durante la tercera edad*».

Estrechamente ligado con que la protección sea adecuada o suficiente se encuentra la revalorización de las pensiones como vía para mantener el poder adquisitivo de las pensiones. Así, el art. 58 del TRLGSS regula la actualización periódica de las pensiones contributivas, habiéndose mantenido desde la entrada en vigor del TRLGSS en enero de 2016 su revisión conforme al índice de revalorización de las pensiones, que en su momento introdujo la Ley 23/2013 en la Ley General de la Seguridad Social de 1994, y habiendo pasado a actualizarse conforme al IPC desde enero de 2022.

También en el Título I, dentro del Capítulo VII relativo al régimen económico, se encuentra en el art. 109 del TRLGSS la consagración normativa del principio de separación de fuentes, cuyo proceso –como se ha visto– se inició con la reforma de la estructura financiera de la Seguridad Social en 1989 y fue consolidándose a partir de los Acuerdos del Pacto de Toledo de 1995 y de la Ley 24/1997. En este mismo Capítulo del TRLGSS, se regula todo lo referente al Fondo de Reserva de la Seguridad Social (concretamente, en los arts. 117 a 127 del TRLGSS), cuyos orígenes también se remontan a las recomendaciones del Pacto de Toledo de 1995 y a la Ley 24/1997.

Además del principio de separación de fuentes, en atención al cual las prestaciones de naturaleza no contributiva se financiarán con cargo a la imposición general mientras que las prestaciones de carácter contributivo lo harán con cargo a las cotizaciones sociales, en la configuración del sistema de pensiones se ha de tener en cuenta el principio de reparto y el principio de contributividad[92]. El sistema español de pensiones se ha basado en el principio de reparto, lo que significa que las pensiones son financiadas a partir de las cuotas que van aportando al sistema las personas en edad de trabajar. Por el contrario, en un sistema basado en la capitalización, cada uno contribuye para obtener sus propias prestaciones en el momento de acceder a la jubilación. Este es el sistema que se articuló a comienzos del siglo XX por el INP respecto del llamado régimen de la "libertad subsidiada" en el que solamente aquellos trabajadores que contrataban una operación de previsión social con el INP recibían la cobertura. De esta forma, en un sistema de capitalización aquellos que no contribuyen, o que no lo hacen suficientemente, no quedan cubiertos por la acción protectora del sistema. Un sistema de capitalización entraría en contradicción con el principio de solidaridad, el cual –como acaba de verse– es uno de los principios en los que se sustenta la previsión social en España. De hecho, el nivel no contributivo es por definición un ámbito de protección basado en la solidaridad[93].

El hecho de que nuestro sistema, basado en el reparto, se sustente en la solidaridad intergeneracional de forma que los que trabajan hoy están financiando a los actuales pensionistas, no es incompatible con el principio de contributividad, con el que se busca que haya una proporción entre el esfuerzo de cotización que se ha realizado a lo largo de la vida laboral y la

---

92 Es, además, un sistema de prestación definida, de forma que las pensiones guardan una estrecha relación con las cotizaciones efectivas realizadas por el trabajador durante su vida laboral (AGUILAR SEGADO, C.D., *Financiación y tributación del sistema de pensiones en España*, Aranzadi, 2024, p. 65).

93 Véase la recomendación 15 del *Informe de Evaluación y Reforma del Pacto de Toledo* aprobado en noviembre de 2020.

pensión que se recibirá en el futuro[94]. De hecho, este principio va a regir la jubilación en su modalidad contributiva, y su reforzamiento ha sido una constante tanto en las revisiones de los Acuerdos del Pacto de Toledo como en las reformas que se han llevado a cabo sobre el sistema de pensiones.

El Título II del TRLGSS está dedicado al Régimen General de la Seguridad Social (RGSS), refiriéndose el Capítulo XIII a la jubilación en su modalidad contributiva. Los preceptos 204 a 215 del TRLGSS regulan desde cuáles son las condiciones para acceder a la pensión y cómo se determina la base reguladora y cuantía de la pensión hasta los supuestos de jubilación parcial y jubilación anticipada. Cabe señalar que al aprobarse el Real Decreto Legislativo 8/2015, el TRLGSS recogió las medidas y reformas que en los años 2011 y 2013 se efectuaron sobre la Ley General de la Seguridad Social de 1994. Y, que desde que el TRLGSS entró en vigor en enero de 2016, pocas modificaciones, o prácticamente ninguna, se han llevado a cabo en los meritados preceptos hasta la Ley 21/2021, de 28 de diciembre.

I. LAS RECOMENDACIONES DEL PACTO DE TOLEDO DE 2020 COMO MARCO DEL ACTUAL SISTEMA

Casi un mes después de que entrara en vigor el actual TRLGSS[95], la Mesa del Congreso de los Diputados acordó, en

---

94 Como apunta la Comisión de Seguimiento y Evaluación de los Acuerdos del Pacto de Toledo, en su Informe de noviembre de 2020, «el sistema público de pensiones español responde a una lógica esencialmente contributiva combinada con un marcado componente de solidaridad que se evidencia en la existencia de pensiones mínimas o en la relación no lineal entre la base de cotización y la pensión máxima» (véase la página 64 del informe).

95 Como se ha visto, el Real Decreto Legislativo 8/2015 por el que se aprueba el TRLGSS entró en vigor el 2 de enero de 2016.

su reunión de 16 de febrero de 2016, la creación de la Comisión de Seguimiento y Evaluación de los Acuerdos del Pacto de Toledo, cumpliendo así con la revisión quinquenal de este pacto. Ahora bien, las sucesivas e intermitentes convocatorias electorales fueron interrumpiendo los trabajos de esta Comisión, de modo que no fue hasta el 19 de noviembre de 2020 que el Pleno del Congreso de los Diputados aprobó el *Informe de Evaluación y Reforma del Pacto de Toledo*[96]. Esto es, la cuarta y última versión (hasta la fecha) del Pacto de Toledo[97].

Como consideración preliminar, el Pacto de Toledo del año 2020 menciona expresamente la necesidad de que todas las decisiones que adopten los poderes públicos respeten el equilibrio entre austeridad y generosidad, de forma que se asegure la sostenibilidad financiera del sistema al mismo tiempo que se perciben pensiones adecuadas al llegar a la tercera edad. El Informe recoge veinte recomendaciones, que van precedidas de una recomendación "*cero*" sobre la defensa del mantenimiento y mejora del sistema público de pensiones. Pueden destacarse aquí dos compromisos. Primero, la oposición a una transformación radical del sistema que suponga la ruptura de los principios en los cuales se asienta, especialmente la solidaridad intergeneracional e intrageneracional, la suficiencia de las prestaciones, la equidad en el reparto de las cargas y la

---

96 El texto del *Informe de Evaluación y Reformas del Pacto de Toledo* del año 2020 puede consultarse en: https://documentacion.eu/informes/informe-comision-pacto-toledo-2020.pdf (acceso: 19 abril 2025). Para seguir cumpliendo con esa revisión quinquenal, la previsión es que en noviembre de 2025 se produzca una nueva revisión de las recomendaciones del Pacto de Toledo.

97 Desde la anterior versión del Pacto de Toledo, en el año 2011, hasta el 1 de enero de 2020, el número total de pensiones contributivas se incrementó en un 12,02% pasando de 8.749.056 a 9.801.016 pensionistas, representando las pensiones de jubilación un 62,2% del total.

responsabilidad pública en la dirección y gestión del sistema. Segundo, la necesidad de reafirmar que la financiación de la Seguridad Social se haga conforme a la naturaleza de las prestaciones, así: (i) financiación a través de aportaciones del Estado a la Seguridad Social para las prestaciones no contributivas y servicios de carácter universal; y, (ii) financiación mediante cotizaciones sociales para las prestaciones contributivas, sin perjuicio de apoyarse en la imposición general para asegurar la sostenibilidad del sistema y la suficiencia de sus prestaciones.

Precisamente, la recomendación primera que hace la Comisión de Seguimiento es la de consolidar la separación de fuentes y restablecer el equilibrio financiero. La necesidad de clarificar las fuentes de financiación de la Seguridad Social según su naturaleza para así hacer efectiva la separación de éstas ha sido una constante en las distintas versiones del Pacto de Toledo (desde 1995 hasta la actualidad). Como ya se ha dicho, no fue hasta 1999 que el Estado empezó a asumir la totalidad del coste de la asistencia sanitaria, y hasta el año 2014 que asumió los complementos por mínimos de pensiones. No obstante, en el Informe de 2020, la Comisión constata que las cotizaciones sociales siguen cubriendo gastos de naturaleza no contributiva que deberían ser asumidos por el Estado a través de aportaciones a los presupuestos de la Seguridad Social. Así, el hecho de que las cuotas de empresas y trabajadores estén siendo utilizadas para financiar políticas estatales que van más allá de la Seguridad Social explica, en gran medida, el actual déficit que existe.

En consecuencia, con el fin de culminar definitivamente el proceso de separación de fuentes y recuperar el equilibrio financiero en el corto plazo, la Comisión considera que las siguientes prestaciones deben contar con una financiación tributaria. Primero, las reducciones en la cotización, que, si bien son un incentivo para fomentar el empleo de determinados colectivos, no pueden financiarse con cargo a recursos propios de la Seguridad Social. Segundo, las prestaciones asistenciales (no contributivas) del sistema de protección de desempleo también deben ser sufragadas por el Estado. Tercero, toda la acción protectora en relación con el nacimiento, el cuidado del menor y las situaciones asimiladas al alta por cuidado de familiares sigue siendo financiada por las cotizaciones sociales. La Comisión considera que al menos una parte de estas prestaciones deberían ser sufragadas por el Estado, particularmente las prestaciones relacionadas con el nacimiento y cuidado del menor, así como el complemento de pensiones contributivas para la reducción de la brecha de género regulado en el art. 60 del TRLGSS. Igualmente, propone que quede financiado por el Estado los incrementos en la base reguladora de la pensión que perciben las personas viudas con menores recursos o mayores de 65 años sin trabajo ni rentas, dado que tienen naturaleza asistencial no contributiva.

Por último, también deben pasar a ser financiadas mediante aportaciones del Estado las ayudas a sectores productivos concretos a través de la anticipación de la edad de jubilación en determinadas actividades, el tratamiento favorable de la cotización en algunos regímenes o sistemas especiales o en las actividades que desarrollan jóvenes en formación. Señala la Comisión de Seguimiento que todas estas medidas no pertenecen al ámbito contributivo del sistema y es ello lo que justifica que deban ser financiados por la fiscalidad general.

Todos estos gastos son calificados como impropios[98] y no deben ser financiados por las cotizaciones sociales dado que, en un sistema de pensiones basado en el principio de contri-

---

[98] Se definen como gastos impropios aquellas partidas presupuestarias que responden a objetivos de política social o económica que no encajan con la calificación de contributivas y que se incluyen dentro del Presupuesto de la Seguridad Social (MINISTERIO DE INCLUSIÓN, SEGURIDAD SOCIAL Y MIGRACIONES, *Proyecciones del Gasto Público en Pensiones en España*, 2023, p. 184).

butividad, las cuotas aportadas por empresarios y trabajadores deben limitarse a cubrir aquellas prestaciones que tienen naturaleza contributiva[99]. De haber sido así, la Comisión considera que se habrían podido evitar dos problemas. Por una parte, no se habría generado un falso conflicto intergeneracional, pues la sobrecarga de las cotizaciones no se debió a que éstas fueran insuficientes para cubrir las prestaciones, sino a que los excedentes del sistema se utilizaron para financiar otras políticas sociales del Estado de Bienestar. Por otra parte, la concesión de préstamos del Estado a la Seguridad Social derivó en un desequilibrio presupuestario, cuando las reservas del sistema habrían sido suficientes para cubrir las prestaciones contributivas. Como se decía antes, los préstamos estatales no habrían sido necesarios si las prestaciones de carácter no contributivo hubiesen sido asumidas por el Estado[100].

Ese desequilibrio financiero que ha deteriorado las cuentas de la Seguridad Social durante varios ejercicios presupuestarios ha supuesto la disminución del Fondo de Reserva, por ello la Comisión considera, en su tercera recomendación del Informe de 2020, que, una vez recuperado el equilibrio de las cuentas, debe retomarse la regla de que los excedentes de las cotizaciones se incorporen a la llamada "*hucha de las pensiones*". Asimismo, la Comisión entiende que una caída de activos del Fondo de Reserva no puede, en ningún caso, justificar que se reduzca la cuantía de las prestaciones[101], por lo que será necesario establecer un remanente mínimo del Fondo que esté sujeto a una regla endurecida de disponibilidad.

---

99 Como después se verá, reforzar el principio de contributividad es otra de las recomendaciones que hace la Comisión.

100 TRIBUNAL DE CUENTAS, *Informe de fiscalización sobre la evolución económico-financiera, patrimonial y presupuestaria del sistema de la Seguridad Social y su situación a 31 de diciembre de 2018, op. cit.*, p. 35.

101 Recuérdese que uno de los principios del sistema es el de suficiencia económica, que tiene además un respaldo constitucional.

Como se ha dicho, uno de los principios de nuestro sistema de pensiones es la contributividad, a cuyo reforzamiento se refiere la recomendación 11 del Pacto de Toledo. Define este principio como «la existencia de una relación equilibrada entre el importe de la prestación reconocida y el esfuerzo de cotización previamente realizado por cada trabajador». La Comisión de Seguimiento del Pacto de Toledo recomienda que en cada momento se articulen las medidas que permitan salvaguardar esa proporción a la par que se respeta el principio de suficiencia y se combina con el principio de solidaridad en su triple dimensión generacional, sectorial y territorial[102]. Así, debe permitirse la mejora de las pensiones más bajas sin que el deber de cotizar se vea desincentivado y también han de evitarse posibles consecuencias negativas de brecha de género en materia de pensiones.

Respecto a esto último, en la recomendación 17 del Informe, referida a «*Mujeres y Seguridad Social*», se apunta a la necesidad de adoptar medidas estructurales en el ámbito de la Seguridad Social, respecto a la configuración del sistema y a la forma de acceso a las prestaciones[103]. Garantizar la igualdad

---

102 Relacionado con esto, en la recomendación 5 relativa a la adecuación de las bases y períodos de cotización, la Comisión considera que la relación entre las bases máximas de cotización y la pensión máxima debe guardar el equilibrio entre aportaciones realizadas y prestaciones percibidas para garantizar la contributividad, pero sin menoscabar la dimensión solidaria del sistema (véase página 65 del Informe).

103 Las medidas coyunturales implementadas hasta ese momento no habían logrado una equiparación efectiva en la cobertura de mujeres y hombres. Conforme a las estadísticas del Instituto de las Mujeres, en 2020, año en que se publicó el Informe del Pacto de Toledo, un total de 6.094.447 de personas cobraron una pensión contributiva de jubilación, de los cuales 3.721.313 eran varones y 2.373.096 eran mujeres (38,94%). Evidentemente, esto no significa que casi el 60% de las mujeres en edad de jubilación careciera de

efectiva en la cobertura entre mujeres y hombres precisa, asimismo, asegurar la igualdad efectiva en el ámbito laboral, tanto en el acceso al empleo como en las condiciones de trabajo, evitando que la carrera profesional de la mujer sea más corta, irregular o inestable. En efecto, y como se ha venido diciendo a lo largo de este trabajo, en un sistema de pensiones –como el nuestro– que se sustenta en el principio de contributividad, de forma que el esfuerzo durante la vida laboral, a través de las cotizaciones, se ve reflejado en las prestaciones que se van a recibir, ha de garantizar que no haya vacíos de cotización por los cuidados de personas dependientes a cargo ni que haya una brecha retributiva que después se refleje en la base reguladora y, por ende, en el importe de la pensión.

En este sentido, la Comisión de Seguimiento identifica cinco ámbitos de actuación. Primero, y en lo que se refiere a los cuidados de personas dependientes a cargo, es importante fomentar la corresponsabilidad entre hombres y mujeres, así como evitar que se perpetúen roles de cuidado[104]. Segundo, en

---

recursos del sistema para subsistir, pues, un importante porcentaje de la población femenina recibió otras prestaciones. No obstante, el nivel de protección recibido a través de otras prestaciones contributivas (como incapacidad permanente o viudedad), o a través de pensiones no contributivas, no alcanza al nivel de cobertura de los varones. Por otra parte, el importe medio de la pensión contributiva de jubilación (tanto en el régimen general como en los regímenes especiales) ese año fue significativamente inferior para las mujeres (884,64 euros) que para los varones (1.338,56 euros). Datos extraídos del Instituto de las Mujeres, Ministerio de Igualdad: https://www.inmujeres.gob.es/MujerCifras/EmpleoPrestaciones/PensionesContributivas.htm (acceso: 19 abril 2025).

104 Por ejemplo, entre los años 2009-2010, la duración media diaria de tiempo dedicado al hogar y familia fue de 4 horas en el caso de las mujeres (dedicando 32 minutos al cuidado de niños y 4 minutos a ayudar a adultos miembros del hogar) y un poco menos de 2 horas en el caso de los varones (dedicando 18 minutos al cuidado de ni-

aras de garantizar la igualdad retributiva, se requieren medidas para poder identificar las discriminaciones en este ámbito de forma que al mismo trabajo se le dé igual valor. En tercer lugar, la Comisión considera que han de introducirse medidas que corrijan y eviten los perjuicios por los vacíos involuntarios de cotización. Esto es, evitar que esas lagunas de cotización afecten desproporcionadamente al cálculo de las pensiones y favorecer el pleno acceso de las mujeres a una pensión propia. En cuarto lugar, considera que el colectivo de trabajadores a tiempo parcial está principalmente integrado por mujeres (y no siempre por libre elección), por lo que se han de impulsar reformas que corrijan los posibles tratamientos discriminatorios. En quinto lugar, la Comisión estima necesario la existencia de rentas mínimas suficientes, tanto en el ámbito contributivo como no contributivo, de forma que se asegure una subsistencia digna. Por último, el principio de transversalidad debe estar presente en la elaboración de cualquier norma o en la adopción de cualquier política, de forma que se analice el impacto de género que la misma va tener.

Otra de las recomendaciones del Informe del Pacto de Toledo de 2020 es la de mantener y mejorar el poder adquisitivo de las pensiones (recomendación 2), para lo cual la Comisión considera que revalorizar las pensiones en base al IPC real es el mecanismo que va a permitir aquello. Además, constata que el índice de revalorización de las pensiones que fue introducido por la Ley 23/2013 no goza del suficiente consenso político y social.

ños y 2 minutos a ayudar a adultos miembros del hogar). Estos datos se han extraído de las estadísticas del Instituto de las Mujeres, Ministerio de Igualdad, los cuales se encuentran disponibles en: https://www.inmujeres.gob.es/MujerCifras/Conciliacion/UsosdelTiempo.htm (acceso: 19 abril 2025).

También en relación con asegurar un nivel económico suficiente durante la vejez, cabe hablar de los sistemas complementarios, recomendación que ya se incluyó en el Informe de 1995, de forma que se pudiera mejorar el nivel de las prestaciones de la Seguridad Social. Pues bien, la Comisión de Seguimiento y Evaluación de los Acuerdos del Pacto de Toledo, en su Informe de 2020, es consciente del poco recorrido que estos instrumentos de ahorro previsional han tenido y subraya la necesidad de impulsar preferentemente los sistemas basados en la negociación colectiva, esto es, los mecanismos de ahorro de empleo, o el denominado "segundo pilar" del sistema de pensiones. En lo que se refiere al "tercer pilar", el cual integran los mecanismos de ahorro individual, su gestión ha de ser más transparente y es necesario regular fórmulas más intensas de protección de los ahorros invertidos en este tipo de instrumentos[105].

II. EL COMPONENTE 30 DEL PLAN DE RECUPERACIÓN Y LAS REFORMAS 2021-2023 DEL SISTEMA PÚBLICO DE PENSIONES

Con el objetivo de salir más fuertes de la crisis originada por la pandemia de la COVID-19 y ser más resilientes frente a futuras crisis, la Unión Europea aprobó en julio de 2020 el Instrumento Europeo de Recuperación *NextGenerationEU*. El

---

[105] Cabe señalar que el segundo y tercer pilar, a diferencia del primer pilar, se basan en un sistema de capitalización. Pues, en el caso de la previsión social empresarial, las aportaciones que realice el empresario a favor del empleado serán las que éste reciba en un futuro como prestación. Y, en el caso de la previsión social individual, las aportaciones que va realizando la persona que contrata ese plan de pensiones serán las que más adelante percibirá (AGUILAR SEGADO, C.D., *Financiación y tributación del sistema de pensiones en España, op. cit.*, p. 65).

Mecanismo de Recuperación y Resiliencia (MRR) constituye el núcleo de este fondo de recuperación a partir del cual se conceden subvenciones y préstamos en apoyo de las reformas y las inversiones en los Estados Miembros de la Unión Europea[106]. En febrero de 2024, la Comisión Europea presentó una evaluación intermedia de los avances del MRR con una financiación de 225.000 millones de euros ya desembolsados, habiéndose completado alrededor del 75% de los retos e hitos previstos para finales de 2023 y habiendo avanzado los Estados Miembros en las recomendaciones específicas (*country-specific recommendations, CSRs*) en el contexto del semestre europeo[107].

Los cuatro objetivos principales del MRR son (i) promover la cohesión económica, social y territorial de la UE; (ii) fortalecer la resiliencia y la capacidad de ajuste de los Estados Miembros; (iii) mitigar las repercusiones sociales y económicas de la crisis de la COVID-19; y, (iv) apoyar las transiciones ecológica y digital. Para alcanzar estos objetivos, los Estados Miembros han de diseñar su propio plan nacional de recuperación con las reformas e inversiones necesarios para alcanzar tales objetivos.

El Real Decreto-ley 36/2020, de 30 de diciembre, por el que se aprueban medidas urgentes para la modernización de la Administración Pública y para la ejecución del Plan de Recuperación, Transformación y Resiliencia señala, en su preámbulo, que el Instrumento Europeo de Recuperación implicará para España unos 140.000 millones de euros en forma de transferencias y préstamos para el período 2021-2026. El instrumento rector para el diseño y ejecución de los objetivos estratégicos y las reformas e inversiones será el Plan de Recuperación, Trans-

---

106 Reglamento (UE) 2021/241 del Parlamento Europeo y del Consejo de 12 de febrero de 2021 por el que se establece el Mecanismo de Recuperación y Resiliencia.

107 COM (2024) 82 final: *Strengthening the EU through ambitious reforms and investments*, 21 de febrero de 2024, Bruselas, p. 1.

formación y Resiliencia que, en virtud del art. 12.2 del Real Decreto-ley 36/2020 gira en torno a cuatro ejes transversales: transición ecológica, transformación digital, igualdad de género y cohesión social, económica y territorial. Siguiendo con lo establecido en el art. 13 del meritado Real Decreto-ley, el Consejo de Ministros aprobó en abril de 2021 el Plan de Recuperación, Transformación y Resiliencia, que fue aprobado por la Comisión Europea en junio de 2021[108]. En junio de 2023, el Consejo de Ministros aprobó la adenda al Plan de Recuperación[109], en la que se incluyen inversiones y reformas adicionales; habiendo sido aprobada esta segunda fase del Plan de Recuperación por la Comisión Europea y por el ECOFIN en octubre de 2023.

El Plan de Recuperación comienza apuntando a la necesidad de poner en marcha un plan de inversiones y reformas que apoye, en el corto plazo, la recuperación tras la crisis sanitaria; impulse, en el medio plazo, un proceso de transformación estructural; y, en el largo plazo, lleve a un desarrollo más sostenible y resiliente desde el punto de vista económico-financiero, social, territorial y ambiental[110]. Los cuatro ejes transversales, a los que se ha hecho referencia antes, orientan las diez políticas palanca que determinan la evolución futura del país y dentro de ellas se recogen treinta componentes que permiten articular los programas coherentes de inversiones y reformas

---

108 El Plan de Recuperación está disponible en: https://www.lamoncloa.gob.es/temas/fondos-recuperacion/Documents/160621-Plan_Recuperacion_Transformacion_Resiliencia.pdf (acceso: 20 abril 2025).

109 Esta Adenda se encuentra disponible en: https://planderecuperacion.gob.es/sites/default/files/2023-10/02102023_adenda_plan_recuperacion_documento_completo.pdf (acceso: 20 abril 2025).

110 GOBIERNO DE ESPAÑA, *Plan de Recuperación, Transformación y Resiliencia,* 2021, p. 7.

del Plan[111]. La última de las políticas palanca es la referida a la «*modernización del sistema fiscal para un crecimiento inclusivo y sostenible*», englobándose aquí cuatro componentes. En particular, el componente 30 pretende alcanzar la «*sostenibilidad a largo plazo del sistema público de pensiones en el marco del Pacto de Toledo*»[112]. Su objetivo es preservar la sostenibilidad del sistema en el largo plazo a la vez que se garantiza su poder adquisitivo, su contribución a la lucha contra la pobreza y a la justicia intergeneracional. Para acometer este objetivo, el componente contempla hasta nueve reformas que no conllevan costes con cargo al MRR.

Primero, la separación de fuentes de financiación de la Seguridad Social con el fin de culminar este proceso para que ningún gasto impropio del sistema vaya a cargo de las cotizaciones sociales. Segundo, el mantenimiento del poder adquisitivo de las pensiones, lo que ha supuesto modificar el mecanismo de revalorización de las pensiones. Tercero, la alineación de la edad efectiva de jubilación con la edad legal de jubilación, modificando el TRLGSS para reforzar tanto los desincentivos para adelantarla como los incentivos para demorarla. Esto es algo que ya se hizo con la reforma de 2011 y que ha conllevado que la edad real de jubilación haya pasado de los 63,8 años en 2010 a 64,1 años en 2017 y a 64,6 años en 2020. Por tanto, se pretende incidir aún más en la conveniencia de retrasar la edad de jubilación, creando incentivos para ello.

En cuarto lugar, la adecuación a las nuevas carreras profesionales del período de cómputo para el cálculo de la pensión de jubilación, de forma que se refuerce la progresividad y el

---

111 Ídem, p. 9.

112 GOBIERNO DE ESPAÑA, *Plan de Recuperación, Transformación y Resiliencia – Componente 30*, 2021. Disponible en: https://www.lamoncloa.gob.es/temas/fondos-recuperacion/Documents/16062021-Componente30.pdf (acceso: 20 abril 2025).

carácter contributivo del sistema. La quinta reforma se refiere a la sustitución del factor de sostenibilidad, que se introdujo en la reforma de 2013 y que nunca ha llegado a aplicarse, por un nuevo mecanismo de equidad intergeneracional. En sexto lugar, la implantación de un nuevo sistema de cotización a la Seguridad Social de los trabajadores autónomos por sus ingresos reales. Con la séptima reforma se pretende diseñar de nuevo el complemento por maternidad para compensar el coste que el nacimiento y cuidado de los hijos tiene para los progenitores, principalmente para las madres[113]. En octavo lugar, la revisión e impulso de los sistemas complementarios de pensiones, especialmente de los planes de pensiones de empleo, mejorando su fiscalidad. Por último, este Componente del Plan de Recuperación también aborda la adecuación de la base máxima de cotización del sistema.

Estas reformas se han llevado a cabo en dos fases, una primera en el año 2021, y otra en el año 2023, culminando así una transformación del sistema público de pensiones que pretende ser sostenible en el largo plazo, garantizando prestaciones equitativas, adecuadas y suficientes. Seguidamente, se analizan las principales reformas del sistema, las cuales, desde un punto de vista sistemático, se han agrupado en lo que podrían considerarse tres de los pilares principales sobre los que se asienta el actual sistema: la sostenibilidad financiera, la suficiencia económica y la equidad de las pensiones. Asimismo, se hace una referencia a la previsión social complementaria en tanto en cuanto su revisión puede coadyuvar a fortalecer estos pilares.

---

[113] Ello trae causa de la sentencia del Tribunal de Justicia de la Unión Europea de 12 de diciembre de 2019 (asunto C-450/18), que señalaba que el complemento de maternidad de pensiones regulado en el art. 60 del TRLGSS constituía una discriminación directa por razón de sexo.

III. LA RECUPERACIÓN DEL EQUILIBRIO FINANCIERO DEL SISTEMA

En este primer bloque estarían aquellas reformas que buscan eliminar el déficit de la Seguridad Social, que pasa por la clarificación y separación de las fuentes de financiación del sistema, así como por la introducción de medidas que permitan generar recursos adicionales, como sería el aumento de la base máxima de cotización o el nuevo mecanismo de equidad intergeneracional.

3.1. La separación de fuentes del sistema

La separación de fuentes de financiación de la Seguridad Social es uno de los principios en los que se sustenta nuestro sistema. Ahora bien, aunque este principio se consagró en los Acuerdos del Pacto de Toledo de 1995 y se recogió normativamente a partir de la Ley 24/1997, el proceso de separación de fuentes ha tardado varios años en completarse al seguir habiendo gastos impropios del sistema de la Seguridad Social que estaban financiándose con cargo a cotizaciones sociales, como señala la Comisión de Seguimiento en su Informe de 2020. En el Componente 30 del Plan de Recuperación se indica que, en total, en el año 2021, estos gastos impropios ascendían a 13.929 millones de euros. Y añade que, si el conjunto de tales gastos fuese financiado mediante una aportación del Estado, en 2023, los retos que el sistema va a tener que afrontar en las tres próximas décadas se harían desde una posición de equilibrio presupuestario. En consonancia, el Componente 30 del Plan de Recuperación ha contemplado esta reforma en los Presupuestos Generales del Estado de 2021 a 2023.

En el preámbulo de la Ley 11/2020, de 30 de diciembre, de Presupuestos Generales del Estado para el año 2021 se establecía la previsión de que el Estado concediese «*un préstamo por importe de hasta 13.830.090,00 miles de euros a la Tesorería de la Seguridad Social al objeto de proporcionar cobertura adecuada a las obligaciones de la Seguridad Social y posibilitar el equilibrio presupuestario de la misma, cuya cancelación se producirá en un plazo máximo de diez años a partir del 1 de enero del año siguiente al de su concesión*». Asimismo, incorpora una disposición adicional trigésima segunda al TRLGSS en la que, bajo la rúbrica «*financiación de la acción protectora de la Seguridad Social en cumplimiento del principio de separación de fuentes consagrado en el Pacto de Toledo*» y en aras de hacer efectivo este principio, se establece que la Ley de Presupuestos Generales del Estado anualmente contemple una transferencia del Estado al Presupuesto de la Seguridad Social para financiar: (i) los beneficios y exenciones en cotización a la Seguridad Social de determinados regímenes y colectivos; (ii) el coste del reconocimiento de la prestación anticipada de jubilación por aplicación de coeficientes reductores cuando no se haya previsto cotización adicional; (iii) el coste de la integración de los períodos no cotizados en la determinación de la base reguladora y de la cuantía de las prestaciones del sistema; y, (iv) las reducciones legalmente establecidas en la cotización a la Seguridad Social.

La Ley 21/2021, de 28 de diciembre, modifica esta disposición adicional trigésima segunda del TRLGSS de forma que la transferencia del Estado al Presupuesto de la Seguridad Social cubra también: (i) el coste de la pensión de jubilación anticipada involuntaria en edades inferiores a la edad ordinaria de jubilación; (ii) el incremento de la cuantía de las prestaciones contributivas sujetas a límites de ingresos; (iii) la prestación contributiva de nacimiento y cuidado de menor; (iv) el complemento de pensiones contributivas para la reducción de la brecha de género; (v) las pensiones y subsidios en favor de familiares; y, (vi) la prestación de orfandad cuando la causante hubiera fallecido como consecuencia de violencia contra la mujer[114].

Siguiendo con lo establecido en la disposición adicional trigésima segunda del TRLGSS y con el calendario de implementación del Componente 30 para esta reforma, la Ley 22/2021, de 28 de diciembre, de Presupuestos Generales del Estado para el año 2022 preveía la concesión de un préstamo de hasta 6.981.590 miles de euros a la Tesorería de la Seguridad Social para posibilitar la cobertura de las obligaciones de la Seguridad Social y su equilibrio presupuestario. En el mismo sentido, la Ley 31/2022, de 23 de diciembre, de Presupuestos Generales del Estado para el año 2023 contemplaba, con los mismos fines, un préstamo de hasta 10.003.806,15 miles de euros al Presupuesto de la Seguridad Social.

En diciembre de 2023 se publicó el *IV Informe de Ejecución del Plan de Recuperación*, en el cual se señala que la reforma del sistema de pensiones que se inició en el año 2021 para reforzar su sostenibilidad futura ha quedado completada[115]. También en 2023 el Ministerio de Inclusión, Seguridad Social y Migraciones publicó su informe con las *Proyecciones del Gasto Público en Pensiones en España*, donde se reflejan los datos de las trans-

---

[114] Para De La Fuente, García Díaz y Sánchez, traspasar el déficit actual del sistema desde los presupuestos de la Seguridad Social a los del Estado mediante transferencias destinadas a cubrir gastos impropios cambia el agujero de sitio, pero no lo cierra y podría incluso aumentarlo (DE LA FUENTE, A., GARCÍA DÍAZ, M.A. y SÁNCHEZ, A. R., «El Mecanismo de Equidad Intergeneracional: una disposición poco equitativa, insuficiente y confusa», *Apuntes 2022/02 Fedea*, 2022, p. 1).

[115] Véase la página 85 del *IV Informe de Ejecución del Plan de Recuperación*, el cual se encuentra disponible en: https://planderecuperacion.gob.es/sites/default/files/2023-12/21122023_IV_Informe_de_Ejecucion_del_Plan_de_Recuperacion_completo_0.pdf (acceso: 20 abril 2025).

ferencias realizadas al Presupuesto de la Seguridad Social. Señala este informe que, aunque la cuantía de las aportaciones del Estado aumente cada año, su peso relativo disminuye dado que las cotizaciones crecen a un mayor ritmo. Así, entre la liquidación de 2022 y el presupuesto de 2023 las aportaciones del Estado aumentaron en 2.295.229,69 euros (6,27%) y las cotizaciones sociales en 11.827.334,55 euros (8,43%)[116].

3.2. El nuevo Mecanismo de Equidad Intergeneracional

Como se ha indicado anteriormente, la Ley 21/2021, de 28 de diciembre, deroga el factor de sostenibilidad y lo sustituye por el mecanismo de equidad intergeneracional o MEI. Cuando en noviembre de 2021 el Ministerio de Inclusión, Seguridad Social y Migraciones presentó en el Congreso de los Diputados este mecanismo señaló que el factor de sostenibilidad no respondía a los retos del sistema de pensiones[117]. Por un lado, se identifica un reto estructural asociado al progresivo aumento de la esperanza de vida, cuya respuesta ha sido el incremento gradual de la edad legal de jubilación a los 67 años (reforma de 2011) y la adopción de medidas para alinear paulatinamente la edad efectiva de jubilación con la edad legal (medidas a las que se hará referencia más adelante). Por otro lado, un reto coyuntural debido al desequilibrio temporal en el período 2030-2050 entre el tamaño de las generaciones que acceden a la jubilación y las que están en edad de trabajar, cuya respuesta

---

[116] MINISTERIO DE INCLUSIÓN, SEGURIDAD SOCIAL Y MIGRACIONES, *Proyecciones del Gasto Público en Pensiones en España*, *op. cit.*, pp. 187-188.

[117] Esta presentación del Ministerio de Inclusión, Seguridad Social y Migraciones de 2021 está disponible en: https://www.lamoncloa.gob.es/serviciosdeprensa/notasprensa/inclusion/Documents/2021/181121-_MECANISMO%20DE%20EQUIDAD%20INTERGENERACIONAL_v12%20(2).pdf (acceso: 20 abril 2025).

debe ser reforzar transitoriamente el sistema para hacer frente a ese desequilibrio demográfico. A este respecto, y teniendo en cuenta que la previsión es que el número de jubilaciones comience a caer a partir de la década de 2040, el Ministerio considera que el factor de sostenibilidad no estaba alineado con este reto coyuntural, que suponía una reducción indefinida de las pensiones y que cargaba el esfuerzo de manera desproporcionada en las generaciones más jóvenes[118].

Así, y con el fin de preservar el equilibro entre generaciones y fortalecer el sistema de la Seguridad Social en el largo plazo, la Ley 21/2021 establece el MEI. Ahora bien, es posteriormente el Real Decreto-ley 2/2023, de 16 de marzo, el que introduce el MEI en el TRLGSS dándole su redacción definitiva, y la que actualmente está en vigor. Por consiguiente, en un primer momento, y conforme a la disposición final cuarta de la Ley 21/2021, se fijaba una cotización adicional finalista de 0,6 puntos (que sigue la estructura de distribución entre empresa y trabajador) y cuya aplicación estaba prevista desde enero de 2023 hasta el año 2032 para nutrir el Fondo de Reserva de la Seguridad Social[119]. Consecuencia de la introducción del MEI es la adaptación de la normativa del Fondo de Reserva para garantizar que la utilización de dicha cuota adicional y los rendimientos que generase se destinasen exclusivamente a atender las desviaciones en el nivel de gasto. En este sentido, se establecía que, a partir de 2032, se verificase, cada tres años,

---

118 Se ilustra esta situación con un ejemplo en el que trabajadores que hoy tienen 58, 38 y 18 años se jubilarán respectivamente en 2030, 2050 y 2070. Partiendo de una pensión mensual hoy de 1.000 euros, el trabajador que se jubile en 2030 recibiría 67 euros menos al mes, el que se jubile en 2050 percibiría 138 euros mensuales menos y el que se jubile en 2070 tendría una pérdida mensual de 194 euros.

119 Seguidamente vamos a ver que esta configuración ha cambiado, dado que se prevé una aplicación gradual del porcentaje y que el período de vigencia va desde 2023 hasta 2050.

la previsión del nivel de gasto de forma que si se superaba un determinado umbral habrían de aplicarse una serie de medidas, como disponer de los activos del Fondo de Reserva para financiar el gasto en pensiones contributivas con un límite anual del 2% del PIB. No obstante, el MEI así configurado no llegó a aplicarse. De hecho, el MEI así configurado es valorado por DE LA FUENTE, GARCÍA DÍAZ y SÁNCHEZ como una medida insuficiente para restaurar el equilibrio del sistema, que no contribuye a mejorar su equidad intergeneracional y cuyo diseño presentaba problemas que parecen ser fruto de una redacción apresurada y poco meditada[120]. Estos autores calificaban la medida de insuficiente dado que en el año 2019 la Seguridad Social presentaba un déficit de 16.600 millones de euros, y estimaban que la subida de 0,6 puntos en las cotizaciones generaría unos ingresos anuales en torno al 0,20% del PIB[121].

Como se ha dicho, es el Real Decreto-ley 2/2023, de 16 de marzo, el que finalmente configura e introduce este mecanismo en el TRLGSS en su art. 127 *bis*, entrando en vigor el 18 de marzo de 2023 con efectos desde el 1 de enero de ese mismo año[122]. Este Real Decreto-ley señala que el diseño original de este mecanismo creado por la Ley 21/2021, de 28 de diciembre, se ajusta «*para despejar cualquier duda sobre la capacidad de esta cotización adicional como instrumento de estabilización financiera del sistema*». Y añade que el factor de sostenibilidad era «*un mecanismo automático de recorte de la cuantía inicial de las pensiones*» que se sustituye por un instrumento que responde a una lógica

---

120 DE LA FUENTE, A., GARCÍA DÍAZ, M.A. y SÁNCHEZ, A. R., «El Mecanismo de Equidad Intergeneracional: una disposición poco equitativa, insuficiente y confusa», *op. cit*, pp. 1-2.

121 Ídem, pp. 3-4.

122 Real Decreto-ley 2/2023, de 16 de marzo, de medidas urgentes para la ampliación de derecho de los pensionistas, la reducción de la brecha de género y el establecimiento de un nuevo marco de sostenibilidad del sistema público de pensiones.

distinta y que, sin condenar a las generaciones más jóvenes a pensiones más modestas, busca garantizar que el actual sistema se mantenga durante las próximas décadas recuperando para ello el Fondo de Reserva. Asimismo, el Componente 30 del Plan de Recuperación hace referencia a la falta de consenso en la configuración del factor de sostenibilidad y a la necesidad de plantear un mecanismo que preserve la equidad intergeneracional[123].

Así pues, el MEI se introduce, como reza el art. 127 *bis* del TRLGSS, con el fin de preservar el equilibrio entre generaciones y fortalecer la sostenibilidad del sistema a largo plazo, configurándose a tal efecto de la siguiente manera. Primero, este mecanismo consiste en una cotización finalista que se aplica en todos los regímenes y en todos los supuestos en los que se cotice por la contingencia de jubilación. Segundo, su finalidad es nutrir el Fondo de Reserva de la Seguridad Social y no puede ser objeto de bonificación, reducción, exención o deducción, no pudiendo tampoco ser objeto de disminución por la aplicación de coeficientes ni otras fórmulas que disminuyan la cotización. Tercero, la cotización finalista tiene efectos, como acaba de decirse, desde enero de 2023 y se aplicará hasta el 31 de diciembre de 2050. Por último, se establece que sea de 1,2 puntos porcentuales (en lugar del 0,6 que establecía la Ley 21/2021), correspondiendo un punto porcentual a la empresa y 0,2 puntos porcentuales al trabajador[124]. Para determinar la cuantía que ha de abonarse por aplicación de esta cotización finalista, se ha de aplicar dicho porcentaje a la base de cotiza-

---

[123] GOBIERNO DE ESPAÑA, *Plan de Recuperación, Transformación y Resiliencia – Componente 30, op. cit.*, p. 19.

[124] Por tanto, el reparto de esta aportación recaerá en un 83% sobre la empresa y en un 17% sobre el trabajador (MINISTERIO DE INCLUSIÓN, SEGURIDAD SOCIAL Y MIGRACIONES, *Proyecciones del Gasto Público en Pensiones en España, op. cit.*, p. 71).

ción por contingencias comunes. Ahora bien, la disposición transitoria cuadragésima tercera del TRLGSS prevé una aplicación gradual de este porcentaje. Así, en su primer año de aplicación, en 2023, la cotización finalista ha sido de 0,60 puntos, correspondiendo 0,50 a la empresa y 0,10 al trabajador. En el presente año, 2025, se aplica una cotización de 0,80 puntos porcentuales, correspondiendo 0,67 a la empresa y 0,13 al trabajador[125]. Y así seguirá aumentando 0,1 puntos porcentuales hasta que en el año 2029 comience a aplicarse 1,2 puntos porcentuales[126].

En consonancia con la creación del MEI, el Real Decreto-ley 2/2023 ha modificado los preceptos del TRLGSS relativos al Fondo de Reserva de la Seguridad Social[127]. Así, su art. 117 ya no habla de que este fondo vaya destinado a las «*necesidades futuras*», sino a las «*necesidades financieras*» del sistema. Con la introducción de este mecanismo, el Fondo de Reserva no se dota

---

125 Tomando como referencia la base mínima de cotización por contingencias comunes de 1.381,20 euros mensuales que corresponde en 2025 a un auxiliar administrativo, al trabajador le corresponderá pagar mensualmente por este concepto 1,79 euros y a la empresa 9,25 euros, lo que significa un total de 11,04 euros al mes. Las bases y tipos de cotización para el año 2025 pueden consultarse en el sitio *web* de la Seguridad Social: https://www.seg-social.es/wps/portal/wss/internet/Trabajadores/CotizacionRecaudacionTrabajadores/36537#36538 (acceso: 20 abril 2025).

126 Cabe esperar que, al duplicarse la subida de la cotización finalista, de 0,6 a 1,2 puntos porcentuales, el impacto sobre los ingresos también se duplique, alcanzando el 0,4% del PIB una vez se aplique el tipo máximo en el año 2029 (DE LA FUENTE, Á., «Los efectos presupuestarios de la reforma de pensiones de 2021-23: i) Las medidas del Real Decreto-ley 2/2023», *Estudios sobre la Economía Española 2023/09*, Fedea, 2023, p. 8).

127 El Real Decreto 100/2025, de 18 de febrero, desarrolla la regulación del Fondo de Reserva de la Seguridad Social en sus artículos 2 a 11.

solo con los excedentes de los ingresos que financian las prestaciones contributivas, sino también con el importe recaudado por la cotización finalista que se integrará automáticamente en las dotaciones del fondo (art. 120.2 del TRLGSS).

A partir del año 2033, la Ley de Presupuestos Generales del Estado establecerá para cada ejercicio el desembolso anual a efectuar por el Fondo de Reserva, que consistirá en el porcentaje del PIB que se determine cada año, con el límite máximo que se ha establecido en el art. 121.2 del TRLGSS. Cabe señalar que no se fija un límite anual del 2% del PIB, como hacía la Ley 21/2021, sino que se fija un límite anual distinto para cada ejercicio. Así, por ejemplo, ese primer año, en 2033, el desembolso que haga el Fondo de Reserva no podrá superar el 0,10% del PIB, mientras que en el año 2053 –que es el último contemplado en la norma– tendrá como límite máximo el 0,50% del PIB. Por su parte, el art. 6.1 del Real Decreto 100/2025 señala que la disposición de los activos del Fondo de Reserva –con el límite que se establezca– se destinará exclusivamente a la financiación de las pensiones de naturaleza contributiva con el fin de reforzar el equilibrio y la sostenibilidad del sistema de la Seguridad Social.

En atención al último informe publicado (en agosto de 2024) sobre la evolución del Fondo de Reserva[128], las cantida des dotadas con cargo a la cotización finalista del MEI ascendieron en 2023 a 2.217,66 millones de euros[129]. Como se ha comentado anteriormente, los datos publicados en enero de

---

128 Este informe ha de presentarse anualmente a las Cortes Generales en virtud del art. 127 del TRLGSS, contemplando en el mismo la evolución y composición del Fondo de Reserva.

129 MINISTERIO DE INCLUSIÓN, SEGURIDAD SOCIAL Y MIGRACIONES, *Informe a las Cortes Generales sobre la evolución, actuaciones del año 2023 y situación a 31 de diciembre de 2023 del Fondo de Reserva de la Seguridad Social*, publicado el 6 de agosto de 2024, pp. 15 y 17.

2025 por el Comité de Gestión del Fondo de Reserva de la Seguridad Social ponen de manifiesto como las aportaciones realizadas a lo largo del año 2024 han supuesto un incremento considerable del Fondo de Reserva, proviniendo en su mayoría del MEI. Concretamente, de los 3.798,21 millones de euros de las aportaciones realizadas desde diciembre de 2023 hasta diciembre de 2024, provienen del Mecanismo de Equidad Intergeneracional 3.576,60 millones de euros y la previsión es que en el ejercicio 2025 las dotaciones por parte del MEI estén en torno a los 4.400 millones de euros[130].

Por su parte, el informe con las *Proyecciones del Gasto Público en Pensiones en España*, estima que el efecto de esta medida en términos de ingresos para el sistema expresado como porcentaje del PIB vaya aumentando gradualmente hasta alcanzar en el año 2070 un 0,55% del PIB[131]. La Autoridad Independiente de Responsabilidad Fiscal (AIReF) en su informe publicado el 31 de marzo de 2025 sobre la *Evaluación de la Regla de Gasto en Pensiones* señala que el impacto anual del MEI desde el año 2029 será del 0,4% del PIB[132].

---

130 Estos datos se encuentran disponibles en el sitio *web* oficial de La Moncloa: https://www.lamoncloa.gob.es/serviciosdeprensa/notasprensa/inclusion/paginas/2025/220125-fondo-seguridad-social-2025.aspx (acceso: 19 abril 2025)

131 MINISTERIO DE INCLUSIÓN, SEGURIDAD SOCIAL Y MIGRACIONES, *Proyecciones del Gasto Público en Pensiones en España, op. cit.*, pp. 119-120.

132 AIReF, «Informe de Evaluación de la Regla de Gasto de Pensiones», *Informe*, núm. 2, 2025, p. 35.

3.3. Otras medidas para garantizar la sostenibilidad del sistema de pensiones

En este apartado se comentan otras medidas que se han puesto en marcha con las últimas reformas a fin de preservar la sostenibilidad del sistema público de pensiones, así como el seguimiento de las proyecciones de impacto estimado de las medidas adoptadas entre 2021 y 2023.

El Componente 30 del Plan de Recuperación contempla otras reformas que buscan mejorar la situación financiera del sistema. La primera de estas medidas es alinear la edad efectiva de jubilación con la edad legal de jubilación, lo que implica cambios en el sistema de coeficientes reductores de la jubilación anticipada y en la configuración de los incentivos de demora de la jubilación[133]. En el mismo sentido, la Comisión de Seguimiento y Evaluación de los Acuerdos del Pacto de Toledo, en la recomendación 12 de su Informe de 2020, considera que la edad de salida efectiva del mercado laboral debe aproximarse tanto como sea posible a la edad ordinaria que legalmente se ha establecido para acceder a la jubilación. La edad ordinaria de jubilación viene establecida en el art. 205.1.a) del TRLGSS, según el cual se fija en 67 años, o bien en 65 años si se acredita un período de 38 años y 6 meses (o más) efectivamente cotizado. En el año 2025, conforme a la aplicación paulatina de la edad de jubilación que recoge la disposición transitoria séptima del TRLGSS, la edad exigida es de 66 años y 8 meses para aquellos que tienen menos de 38 años y 3 meses cotizados. Si bien la edad efectiva de jubilación no está alineada con

---

133 Para De La Fuente, García Díaz y Sánchez, poco cabe esperar de los incentivos para alargar la vida laboral, los cuales no se desviarán de la justicia actuarial y su efecto en términos de valor neto descontado tenderá a ser neutro (DE LA FUENTE, A., GARCÍA DÍAZ, M.A. y SÁNCHEZ, A. R., «El Mecanismo de Equidad Intergeneracional: una disposición poco equitativa, insuficiente y confusa», *op. cit.*, p. 1).

la edad ordinaria, en el año 2023 por primera vez la edad media de jubilación superó los 65 años al situarse en 65,1 años[134].

En este contexto, la Ley 21/2021, de 28 de diciembre, recoge diversas medidas sobre el acceso a la pensión de jubilación a través de fórmulas voluntarias y más equitativas que favorezcan la alineación entre la edad efectiva y la edad ordinaria de jubilación para, así, reforzar la sostenibilidad del sistema en el medio y largo plazo.

Como señala su preámbulo, una de las primeras medidas en este sentido es la de revisar los coeficientes reductores en materia de jubilación anticipada voluntaria. Con el objetivo de fomentar la jubilación a edades más próximas a la edad legal de jubilación y favorecer carreras de cotización más largas, se ha modificado el apartado segundo del art. 208 del TRLGSS, estableciendo coeficientes reductores por cada mes –o fracción de mes– que en el momento del hecho causante le falte al trabajador para cumplir la edad legal de jubilación. Estos coeficientes reductores van incrementando cuanto mayor es el tiempo entre el acceso a la jubilación y el tiempo que le resta al trabajador para alcanzar la edad ordinaria, y se combinan con los años efectivamente cotizados. De esta forma, un trabajador que decida adelantar la jubilación 24 meses aplicará un coeficiente reductor del 21% si ha cotizado menos de 38 años y 6 meses, mientras que el coeficiente será del 13% si su período de cotización es igual o superior a los 44 años y 6 meses. En cambio, si el adelanto es de 12 meses, en el primer caso el coeficiente reductor será de 5,50% y en el segundo caso de 4,75%.

---

134 Este dato se ha extraído de una noticia de prensa en la que se recoge el anuncio que hizo el Secretario de Estado de la Seguridad Social y de Pensiones sobre esta cuestión a principios de 2024, disponible en: https://elpais.com/economia/2024-02-09/la-edad-media-de-jubilacion-supero-por-primera-vez-los-65-anos-en-2023.html (acceso: 20 abril 2025).

Además, la Ley 21/2021 ha introducido un nuevo apartado 3 a este art. 208 del TRLGSS para el caso de un trabajador que accede a la jubilación anticipada voluntaria cuando haya estado percibiendo el subsidio por desempleo durante al menos tres meses. En este supuesto, los coeficientes reductores a aplicar no serán los del art. 208.2 del TRLGSS previstos para esta modalidad de jubilación anticipada, sino que aplicará los coeficientes reductores de la jubilación anticipada por causa no imputable al trabajador del art. 207.2 del TRLGSS. Así, y siguiendo con el anterior ejemplo, ese trabajador que se acoge a la jubilación anticipada de manera voluntaria, tras haber estado al menos tres meses percibiendo el subsidio por desempleo, aplicará un coeficiente reductor del 15% si lo hace 24 meses antes y su período de cotización es inferior a 38 años y 6 meses. Si tuviese un período de cotización igual o superior a 44 años y 6 meses, el coeficiente reductor aplicable será del 12%. Como puede verse, para este caso específico de jubilación anticipada voluntaria, se admite la aplicación de unos coeficientes reductores algo más bajos.

El preámbulo de la Ley 21/2021 señala también que, para reforzar la equidad, los coeficientes reductores correspondientes a la jubilación anticipada voluntaria del art. 208.2 del TRLGSS se aplicarán sobre la cuantía de la pensión, respetando la limitación máxima. Como es sabido, la cuantía de la pensión de jubilación viene determinada por la aplicación a la base reguladora de un porcentaje que varía según el tiempo cotizado efectivamente[135]. Y es precisamente sobre el importe resultante que han de aplicarse los coeficientes reductores. Pues bien, se ha modificado el art. 210.3 del TRLGSS de forma que si el importe de la pensión fuese superior al límite de la

---

135 Véase el art. 209 del TRLGSS para la determinación de la base reguladora de la pensión de jubilación, y el art. 210 del TRLGSS para el cálculo de la cuantía de la pensión.

cuantía inicial de las pensiones[136], los coeficientes reductores se aplicarán sobre ese límite[137]. Ahora bien, esta modificación, que entró en vigor el 1 de enero de 2024, se aplica de forma gradual en un plazo de diez años tal y como se establece en la disposición transitoria trigésima cuarta del TRLGSS.

Por otra parte, en el ámbito de la jubilación anticipada involuntaria, la Ley 21/2021 ha introducido varias modificaciones destacables[138]. El art. 207 del TRLGSS regula la jubilación anticipada por causa no imputable al trabajador, refiriéndose su primer apartado, en la letra d), a las causas de extinción contractual que dan derecho a la jubilación anticipada. Pues bien, tras la modificación de la Ley 21/2021, se contemplan todas las causas extintivas por razones objetivas, así como la resolución voluntaria por parte del trabajador en determinados supuestos previstos por el Estatuto de los Trabajadores. Al igual que en el caso de la jubilación anticipada voluntaria, los coeficientes

---

136 Esta cuantía inicial de las pensiones viene regulada en el art. 57 del TRLGSS, según el cual corresponde a la Ley de Presupuestos Generales del Estado establecer anualmente la cuantía integra mensual que no puede superar el importe inicial de las pensiones contributivas de la Seguridad Social.

137 Cabe señalar que la actual y vigente redacción (desde el 1 de abril de 2025) del art. 210.3 del TRLGSS ha sido dado por el Real Decreto-ley 11/2024, de 23 de diciembre, con el fin de subsanar el error de redacción que estableció la Ley 21/2021, y que hacía referencia a la base reguladora y no a la pensión. Esto perjudicaba notablemente al trabajador que se jubilaba anticipadamente con una base reguladora superior al límite del art. 57 del TRLGSS, pero no superando este límite el importe de la pensión resultante de aplicar el porcentaje correspondiente a dicha base reguladora.

138 Cabe señalar que la Ley 21/2021 también ha modificado el art. 206 del TRLGSS relativo a la jubilación anticipada por razón de la actividad, y ha añadido un nuevo art. 206 *bis* en el TRLGSS que se refiere a la jubilación anticipada en caso de discapacidad.

reductores se determinan por cada mes de adelanto de la jubilación y no por trimestre.

Para alinear la edad efectiva con la edad legal de jubilación, la Ley 21/2021 no solamente ha revisado los coeficientes reductores y el régimen de la jubilación anticipada, ya sea voluntaria o no, sino que como su preámbulo indica se fomenta la permanencia de los trabajadores en activo y se revisa el régimen de compatibilidad de la pensión con los ingresos provenientes de una actividad profesional. En materia de jubilación demorada, esto es, cuando se accede a la pensión de jubilación a una edad superior de la edad legalmente establecida, se contempla en el art. 210.2 del TRLGSS un incremento de la cuantía de la pensión, que ha pasado de ser un único incentivo basado en un porcentaje adicional por cada año completo cotizado –que podía ser del 2%, 2,75% ó 4% según los años cotizados– a permitir al interesado optar entre dos posibles incentivos, o una combinación de estos.

Por un lado, un porcentaje adicional del 4% por cada año completo cotizado entre la fecha en que cumplió la edad ordinaria de jubilación y la del hecho causante de la pensión (art. 210.2.a) del TRLGSS). Con el objetivo de incentivar la permanencia en la actividad, el Real Decreto-ley 11/2024, de 23 de diciembre, ha modificado este precepto para establecer un porcentaje adicional del 2% en los supuestos en que el acceso a la pensión de jubilación se demore dos o más años desde que se cumplió la edad ordinaria, cuando lo haga por períodos superiores a los 6 meses e inferiores a un año. De esta forma, si una persona retrasa el acceso a la jubilación un año desde que alcanzó la edad legalmente prevista para ello, podrá aplicar –si elige esta primera opción– un porcentaje del 4%. Pero, a partir del segundo año completo de demora, por cada período superior a 6 meses (e inferior a 1 año) ya puede aplicar un porcentaje adicional del 2%. En otras palabras, se permite obtener el incentivo cuando la demora sea, al menos, de seis meses, no teniendo que demorarla un año completo más para poder acceder al incentivo A título de ejemplo, una persona que demoraba dos años y seis meses la jubilación, podía aplicar un porcentaje adicional del 4% por cada año completo. Ahora, tras esta nueva modificación, por ese período de 6 meses en que ha demorado de más el acceso a la jubilación puede aplicar un porcentaje adicional del 2%.

El segundo incentivo por el que puede optar el interesado es una cantidad a tanto alzado por cada año completo cotizado entre la fecha en que cumplió la edad ordinaria de jubilación y la del hecho causante de la pensión, siendo determinada la cuantía en función de los años cotizados (art. 210.2.b) del TRLGSS). En la misma línea, el Real Decreto-ley 11/2024, de 23 de diciembre, ha establecido que, a partir del segundo año completo de demora, en el cálculo del complemento se puedan computar períodos superiores a 6 meses e inferiores a un año. La cantidad a tanto alzado viene determinada por el número de años de cotización acreditados, aplicando a tales efectos una fórmula que varía según los años cotizados superen o no los 44 años y 6 meses. Pues bien, cuando el interesado ha demorado su jubilación dos años, por cada período superior a 6 meses e inferior a 1 año, se multiplicará el resultado obtenido con la fórmula en un 0,5. Finalmente, el art. 210.2.c) del TRLGSS permite al interesado optar por una fórmula mixta que combina las dos anteriores posibilidades[139].

---

139 Téngase en cuenta que la modificación introducida en el art. 210.2 del TRLGSS por el Real Decreto-ley 11/2024 trae causa del acuerdo social suscrito el 31 de julio de 2024 por el Gobierno, los sindicatos y las organizaciones empresariales. En este acuerdo se preveía que, a partir del segundo año de demora en la jubilación, el incentivo se incrementase en un 2% –o su equivalente en el caso de la cantidad a tanto alzado o de la fórmula mixta– por cada período de demora superior a 6 meses e inferior a un año. De esta forma, solamente se exigiría un (primer) año completo cotizado desde que se cumplió la edad ordinaria de jubilación, pudiendo después obtener el incen-

El Real Decreto 371/2023, de 16 de mayo[140], desarrolla el régimen jurídico de este complemento económico del art. 210.2 del TRLGSS al que tienen derecho aquellos que acceden a la jubilación a una edad superior a la que legalmente se establece. En particular, su art. 3 recoge las reglas para determinar el complemento económico en el caso de la opción mixta. Ha de tenerse en cuenta, como señala el art. 5 del Real Decreto 371/2023, que la elección, entre las dos modalidades, o la fórmula mixta, ha de hacerse en el momento de la jubilación, no pudiendo ser modificada con posterioridad. Y, en el caso de no ejercitarse esta opción, se aplicará el complemento económico en la modalidad del porcentaje adicional del 4%.

De manera adicional y como establece el art. 311 del TRLGSS, también modificado por la Ley 21/2021, se exime de la obligación de cotizar, salvo por incapacidad temporal y por contingencias profesionales, a partir de la edad de jubilación.

El art. 214 del TRLGSS, bajo la rúbrica «*pensión de jubilación activa*», prevé la compatibilidad de la pensión contributiva de jubilación con la realización de cualquier trabajo por cuenta ajena (tanto a tiempo completo como parcial) o por

---

tivo cuando la demora sea por períodos de, al menos, 6 meses (en lugar de años completos). El contenido de este acuerdo está disponible en: https://www.lamoncloa.gob.es/serviciosdeprensa/notasprensa/inclusion/Documents/2024/310724-%20Acuerdo%20Mesa%20Diálogo%20Social%20SS.pdf (acceso: 20 abril 2025).

140 La disposición final primera del Real Decreto-ley 11/2024 concede al Gobierno un plazo de seis meses para que modifique el Real Decreto 371/2023 con el fin de adaptar la fórmula mixta para el percibo del complemento económico a los cambios que el Real Decreto-ley de diciembre de 2024 ha operado en el art. 210.2 del TRLGSS. En el momento de escribir estas páginas, todavía no se ha cumplido ese plazo de seis meses, no habiendo el Gobierno procedido a la adaptación del Real Decreto 371/2023.

cuenta propia[141]. La principal novedad introducida por la Ley 21/2021 es que la compatibilidad entre el trabajo y la pensión queda condicionada al transcurso de, al menos, un año desde el cumplimiento de la edad ordinaria de jubilación. El Real Decreto-ley 11/2024, de 23 de diciembre, modifica el art. 214 del TRLGSS, cuya redacción actual está vigente desde el 1 de abril de 2025. Señala el preámbulo de este Real Decreto-ley que se elimina el requisito de contar con la carrera de cotización completa para tener acceso a la jubilación activa, lo que «*facilita el acceso a esta modalidad de jubilación compatible con el trabajo, además de tener una incidencia positiva desde la perspectiva de género*». Asimismo, y siguiendo la propuesta del acuerdo social suscrito el 31 de julio de 2024 por el Gobierno, los sindicatos y las organizaciones empresariales, el porcentaje de compatibilidad de la pensión con el trabajo realizado incrementa en función de la demora en el acceso a la jubilación, de forma que por un año de demora el importe de la pensión por jubilación compatible será del 45% mientras que si se demorase cinco años o más el acceso a la jubilación la compatibilidad será del 100% (art. 214.2 del TRLGSS).

En el caso de la realización de trabajos por cuenta propia se contempla un porcentaje inicial de compatibilidad de la pensión del 75% cuando la demora en el acceso a la jubilación sea entre uno y tres años, mientras que será del 80% cuando se trate de una demora de cuatro años y del 100% cuando la demora sea de cinco o más años (art. 214.3 del TRLGSS).

Es importante resaltar que la percepción del complemento económico que prevé el art. 210.2 del TRLGSS –cualquiera que sea la modalidad escogida– es compatible con el acceso a la jubilación activa regulada en el art. 214 del TRLGSS. Ahora

---

141 Es importante destacar, como apunta el art. 214.9 del TRLGSS, que la jubilación activa no es compatible con el desempeño de un puesto de trabajo o alto cargo en el sector público.

bien, mientras se mantenga la situación de jubilación activa no se generará incremento alguno del complemento. Se trata de una novedad introducida por el Real Decreto-ley 11/2024 y en vigor desde el 1 de abril de 2025, pues en la redacción dada al art. 210.2 del TRLGSS por la Ley 21/2021 se establecía expresamente la incompatibilidad entre la percepción del complemento económico regulado en dicho precepto y la jubilación activa del art. 214 del TRLGSS.

Otra de las reformas recogidas en el Componente 30 del Plan de Recuperación es la adecuación de la base máxima de cotización del sistema. Se pone de manifiesto el aumento de la desigualdad salarial, y se señala que el aumento de los salarios en la cola superior de la distribución no se ha trazado de manera adecuada por la mera indexación de la base máxima del sistema al IPC, por lo que hace falta una adaptación que tenga en cuenta la evolución de toda la distribución; logrando, así, además, reforzar los ingresos del sistema y contribuyendo a su equilibrio y sostenibilidad[142]. En la misma línea, la recomendación 5 del Informe del Pacto de Toledo de 2020 apunta a la necesidad de que las bases de cotización se adecúen a los rendimientos que un trabajador efectivamente obtiene, y a que la relación entre las bases máximas de cotización y la pensión máxima guarden un equilibrio entre las aportaciones realizadas al sistema y la prestación que se recibe.

En consonancia con el Pacto de Toledo y el Componente 30 del Plan de Recuperación, el Real Decreto-ley 2/2023, de 16 de marzo, en aras de garantizar la sostenibilidad financiera del sistema, prevé el incremento gradual de la base máxima de cotización, lo que lleva aparejado la subida de la pensión máxima, y asimismo establece una nueva cotización de solidaridad que grava la masa salarial que supera la base máxima de cotización.

---

142 GOBIERNO DE ESPAÑA, *Plan de Recuperación, Transformación y Resiliencia – Componente 30, op. cit.*, p. 27.

Respecto a la primera medida, el Real Decreto-ley de marzo de 2023 modifica el art. 19 del TRLGSS relativo a las bases y tipos de cotización. Así, conforme al nuevo tercer apartado de este precepto, el «*tope máximo establecido para las bases de cotización de la Seguridad Social de cada uno de sus regímenes se actualizará anualmente en la Ley de Presupuestos Generales del Estado en un porcentaje igual al que se establezca para la revalorización de las pensiones contributivas*».

También con el objetivo de mejorar la situación financiera del sistema, como se ha dicho, el Real Decreto-ley 2/2023, de 16 de marzo, introduce en el TRLGSS un nuevo artículo 19 *bis* que regula la cotización adicional de solidaridad. En consecuencia, el importe de las retribuciones de los trabajadores por cuenta ajena que supere el importe de la base máxima de cotización queda sujeto a esa cotización adicional de solidaridad. La cuota de solidaridad varía en función del exceso de las retribuciones del trabajador sobre la base máxima de cotización establecida anualmente por la Ley de Presupuestos Generales del Estado, estableciendo tres tramos de rendimientos.

Igualmente, el Real Decreto-ley 2/2023 introduce una disposición transitoria cuadragésima segunda en el TRLGSS, la cual prevé una aplicación gradual de esta cotización adicional de solidaridad desde el año 2025 hasta el año 2045. Esto es, el tipo de cotización se va aumentando cada año durante ese período. Así, por ejemplo, para el primer tramo, que se refiere a las retribuciones comprendidas entre la base máxima de cotización hasta un 10% de dicha base máxima, el tipo de cotización en el año 2025 es del 0,92%, incrementándose anualmente hasta alcanzar el 5,5% en el año 2045. El Real Decreto 322/2024, de 26 de marzo, modifica el Reglamento General sobre Cotización y Liquidación de otros Derechos de la Seguridad Social para incorporar la regulación necesaria que haga posible aplicar la cotización adicional de solidaridad.

En el informe de 2023 sobre las *Proyecciones del Gasto Público en Pensiones en España* se recoge el efecto de las medidas que suponen ingresos para el sistema. En concreto, se espera que el efecto base máxima expresado en porcentaje sobre el PIB vaya creciendo gradualmente desde el año 2024 que se sitúa en un 0,02 hasta un 0,51 en el año 2070. Por su parte, el aumento de ingresos por la cotización de solidaridad, cuya entrada en vigor se ha producido en el año 2025, generará un 0,02% del PIB ese mismo año y se espera que llegue hasta el 0,12% del PIB en 2045, manteniéndose en el 0,11% del PIB desde ese momento hasta el año 2070[143].

Por último, cabe resaltar que la disposición adicional segunda del Real Decreto-ley 2/2023, de 16 de marzo, contempla el seguimiento de las proyecciones de impacto estimado de las medidas adoptadas para garantizar la sostenibilidad financiera. Esto es, el impacto fiscal de las medidas de la Ley 21/2021, de 28 de diciembre, del Real Decreto-ley 13/2022, de 26 de julio y del Real Decreto-ley 2/2023, de 16 de marzo. La complejidad jurídica de esta disposición conocida como "cláusula de cierre" y la transcendencia de sus efectos sociales y económicos, han propiciado, en aras del principio de seguridad jurídica, la aprobación del Real Decreto 100/2025, de 18 de febrero, para precisar determinados contendidos de aquélla.

En particular, antes del 1 de abril de 2025 y con una periodicidad trianual, la AIReF ha de informar al Gobierno, sobre el impacto de las medidas sobre los ingresos y la correlación con el gasto en pensiones, calculando el impacto medio anual de tales medidas en porcentaje del PIB para el período 2022-2050. En atención al art. 12 del Real Decreto 100/2025, el Informe de Evaluación que emita la AIReF ha de utilizar los supuestos

---

143 MINISTERIO DE INCLUSIÓN, SEGURIDAD SOCIAL Y MIGRACIONES, *Proyecciones del Gasto Público en Pensiones en España*, *op. cit.*, pp. 119-120.

macroeconómicos y demográficos que se establezcan en el último Informe de Envejecimiento publicado por la Comisión Europea cuando no se dispongan de datos publicados por el INE o por las correspondientes fuentes oficiales[144].

En caso de que fuese necesario equilibrar dichos parámetros porque hubiera alguna desviación[145], el Gobierno identificará un conjunto de posibles medidas para eliminar el exceso de gasto neto en pensiones, lo que requerirá informe y valoración de la AIReF y la participación de los agentes sociales. Señala el art. 13 del Real Decreto 100/2025 que esas medidas podrán ir dirigidas a aumentar las cotizaciones sociales o a otra fórmula alternativa que permita incrementar los ingresos del sistema, o bien a una reducción del gasto en pensiones, o una combinación de ambas clases de medidas.

Conforme al art. 14.1c) del Real Decreto 100/2025, una vez negociadas con los agentes sociales las medidas a adoptar para reducir el exceso de gasto neto estimado en pensiones de acuerdo con el Informe de impacto emitido por la AIReF, el Gobierno elaborará y enviará un proyecto de ley al Parlamento con el fin de que las medidas entren en vigor el 1 de enero del año siguiente, y si ello no fuera posible se ajustará el MEI. Esto es, se regula un mecanismo semiautomático por el cual, ante una estimación por parte de la AIReF de exceso de gasto neto en pensiones en la que las medidas correctoras no pudieran entrar en vigor, la cotización del MEI se aumentará para compensar dos décimas partes del exceso estimado por la AIReF a

---

144 En el último Informe de Envejecimiento publicado por la Comisión Europea la previsión de gasto en pensiones para el promedio 2022-2050 es de 15,1% del PIB (EUROPEAN COMMISSION, *2024 Ageing Report. Economic and Budgetary Projections for the EU Member States (2022-2070) – Country fiche for Spain*, 2024, p. 41).

145 Esto ocurrirá en el caso de que el gasto neto en pensiones supere el 13,3% del PIB en el período 2022-2050.

partir del 1 de enero del año siguiente a la publicación de su Informe, y otras dos décimas partes en cada uno de los años siguientes hasta que se adopten nuevas medidas o el exceso de gasto neto sea corregido.

El 31 de marzo de 2025 la AIReF publicó su primer *Informe de Evaluación de la Regla de Gasto de Pensiones*, donde constata el cumplimiento de esta regla, pero alerta de que la sostenibilidad del sistema no ha mejorado con respecto a las previsiones que publicó en 2023. Su estimación es que el crecimiento medio del gasto en pensiones entre 2022 y 2050 sea de 3,4 puntos de PIB, frente a los 3 puntos que estimó dos años antes[146]. Así, la presión del gasto en pensiones es mayor en cuatro décimas que lo que se estimó en el año 2023 para el período 2022-2050.

IV. LA SUFICIENCIA Y ADECUACIÓN DE LAS PENSIONES

El llamado Libro Blanco de las Pensiones, elaborado por la Comisión Europea en 2012, define como un objetivo básico de los sistemas de pensiones la de «proporcionar unos ingresos adecuados por jubilación y permitir que la gente mayor disfrute de un nivel de vida digno y goce de independencia económica»[147]. En nuestro ordenamiento, como ya se ha dicho, la Constitución prevé, en su artículo 50, que las pensiones sean adecuadas y que se actualicen periódicamente para garantizar la suficiencia económica durante la vejez. Por tanto, la percepción de una pensión adecuada permite garantizar la suficiencia económica durante la tercera edad, la cual

---

146 AIReF, «Informe de Evaluación de la Regla de Gasto de Pensiones», *op. cit.*, p. 47

147 COM(2012) 55 final, *Libro Blanco: Agenda para unas pensiones adecuadas, seguras y sostenibles*, Bruselas, 16 de febrero de 2012, p. 5.

se configura como uno de los principios del sistema público de pensiones. La pregunta que inmediatamente surgiría es qué se entiende por "pensión adecuada". Dicho de otro modo, si la suficiencia económica equivale a pensiones adecuadas, ¿cómo han de articularse éstas para garantizar ese principio de suficiencia económica? El Tribunal Constitucional, en su sentencia 134/1987, de 21 de julio, señalaba que el concepto de "pensión adecuada" no puede entenderse de manera aislada, es decir, considerando cada pensión individualmente, sino que debe atenderse al sistema de pensiones en su conjunto, y tomando en consideración las circunstancias sociales y económicas de cada momento, dado que se trata de administrar medios económicos limitados para un gran número de necesidades sociales.

Por consiguiente, y como apuntan DEVESA CARPIO y DOMÍNGUEZ FABIÁN, resulta necesario definir cuáles son los riesgos que se pretenden cubrir a través del sistema de pensiones en cada momento[148]. En el mismo sentido, el Tribunal Constitucional consideraba, en su sentencia 65/1987, de 21 de mayo, que las situaciones de necesidad han de determinarse en atención al contexto general en que se produce, y en conexión con las circunstancias económicas, las disponibilidades de recursos y las necesidades de los diversos grupos sociales. Parece lógico pensar que el propósito de la pensión pública es "compensar" la falta de ingresos o recursos que una persona deja de percibir al cesar en su actividad laboral y, por ende, evitar situaciones de pobreza o desprotección. Ciertamente, en el momento de la jubilación, hay ciertas obligaciones que generalmente dejarán

---

148 DEVESA CARPIO, J.E. y DOMÍNGUEZ FABIÁN, I., «Sostenibilidad, suficiencia y equidad: más allá del factor de sostenibilidad», en HERCE, J.A. (coord.): *Pensiones una reforma medular: reinventar la Seguridad Social para impulsar el bienestar y el crecimiento,* Fundación de Estudios Financieros, 2013, p. 128.

de asumirse, como la crianza de menores, pero conforme vaya aumentando la edad pueden ir surgiendo otras necesidades, especialmente de asistencia sanitaria, cuidados y medicamentos. Por tanto, se trata de que la persona pueda seguir manteniendo un poder adquisitivo similar al que tenía cuando estaba en activo y que le permita afrontar esas nuevas necesidades para tener una vida digna.

Así, la revalorización de las pensiones es la fórmula que se ha venido utilizando para preservar el poder adquisitivo de las pensiones de modo que se garantice esa suficiencia económica cuando finaliza la vida laboral. El Tribunal Constitucional, en su sentencia 122/2015, de 8 de junio, señala que el sistema de revalorizaciones de las pensiones, que viene establecido en el art. 50 de la CE, es el mecanismo que se establece para que el trabajador que pasa a la situación de jubilación no pierda el poder adquisitivo de la pensión que tiene derecho a recibir por su previa contribución al sistema. Y, en particular, este sistema de revalorizaciones de las pensiones busca evitar que «*como consecuencia del incremento del coste de la vida, en unos años las pensiones reconocidas pierdan su esencia y produzca un empobrecimiento de los pensionistas*». Ahora bien, como también señaló la meritada STC 134/1987, de 21 de julio, la garantía constitucional de actualización periódica no supone obligadamente el incremento anual de todas las pensiones. En otras palabras, la exigencia constitucional lo es respecto de la actualización de las pensiones para garantizar su suficiencia económica, pero no exige que esa revalorización deba ser anual. Pues, en efecto, el art. 50 de la CE no determina la periodicidad con la que deben actualizarse las pensiones ni la cuantía y alcance de la revalorización. En consecuencia, para cumplir con ese mandato constitucional de actualización de las pensiones, los poderes públicos habrán de tener en cuenta los recursos disponibles, la situación económica de cada momento y ponderar las necesidades sociales concurrentes.

Precisamente, la segunda reforma que contempla el Componente 30 del Plan de Recuperación es la referida al mantenimiento del poder adquisitivo de las pensiones, donde se advierte de que la fórmula matemática del IRP introducida en 2013 ha implicado durante un largo período de tiempo una "*semicongelación*" de las pensiones (con una subida anual de 0,25%) y que ha supuesto una pérdida de poder adquisitivo; concretamente se estima en un 37% acumulado en el tiempo de vida del pensionista[149]. Recuérdese, además, que durante los años 2011, 2012 y 2013 no se procedió a la actualización de las pensiones, por lo que se pasó de un período en el que las pensiones estuvieron "*congeladas*" a otro en el que quedaron "*semicongeladas*" por la aplicación de ese índice de revalorización que empezó a aplicarse en 2014. De hecho, entre los años 2018 y 2021 se suspendió la aplicación del IRP del art. 58 del TRLGSS por considerarse en sendas disposiciones que de lo contrario se estaría afectando negativamente al poder adquisitivo de las pensiones.

Así, en virtud del art. 35 y de la disposición adicional quincuagésima primera de la Ley 6/2018, de 3 de julio, de Presupuestos Generales del Estado para 2018 se preveía un incremento (total) de las pensiones del 1,6%. Por su parte, el Real Decreto-ley 28/2018, de 28 de diciembre[150] reconoce, en su preámbulo, que, si en 2019 se mantuviese la fórmula del IRP, las pensiones públicas sólo podrían incrementarse en 0,25% con el consiguiente perjuicio para los pensionistas, por ello se optaba por revalorizar las pensiones de acuerdo con el IPC y se emplazaba al Gobierno a establecer un mecanismo de reva-

---

149 GOBIERNO DE ESPAÑA, *Plan de Recuperación, Transformación y Resiliencia – Componente 30*, 2023, p. 11.

150 Real Decreto-ley 28/2018, de 28 de diciembre, para la revalorización de las pensiones públicas y otras medidas urgentes en materia social, laboral y de empleo.

lorización de las pensiones que garantizase el mantenimiento de su poder adquisitivo. En la misma línea, el Real Decreto-ley 18/2019, de 27 de diciembre[151] insiste en que haber aplicado la fórmula matemática del IRP en los ejercicios 2018 y 2019 habría supuesto una pérdida de poder adquisitivo para los pensionistas, por lo que mantiene su suspensión y propone que las pensiones se actualicen al 0,9% a partir del 1 de enero de 2020 cuando se apruebe el Proyecto de Ley de Presupuestos Generales para el año 2020, estableciendo que hasta que ello ocurra las pensiones se seguirán revalorizando conforme a lo reconocido a 31 de diciembre de 2019. La Ley 11/2020, de 30 de diciembre, de Presupuestos Generales del Estado para el año 2021 vuelve a suspender la aplicación del IRP del art. 58 del TRLGSS y fija un incremento del 0,9 para las pensiones en el año 2021.

Finalmente, la Ley 21/2021, de 28 de diciembre, de garantía del poder adquisitivo de las pensiones y de otras medidas de refuerzo de la sostenibilidad financiera y social del sistema público de pensiones deroga el IRP y, en línea con la recomendación 2 del Pacto de Toledo, recupera la garantía del poder adquisitivo de las pensiones a través de su actualización en función de la inflación del ejercicio anterior. En efecto, la Ley 21/2021 modifica el art. 58 del TRLGSS[152], que cambia su rúbrica a «*revalorización y garantía de mantenimiento del poder adquisitivo de las pensiones*», para establecer que «*las pensiones de Seguridad Social, en su modalidad contributiva, incluido el importe de la pensión mínima, se reva-*

151 Real Decreto-ley 18/2019, de 27 de diciembre, por el que se adoptan determinadas medidas en materia tributaria, catastral y de Seguridad Social.

152 Como reza la STC 49/2015, de 5 de marzo, la revalorización anual de las pensiones contemplada en el TRLGSS no es una decisión del poder legislativo, sino que «*constituye un riguroso desarrollo del mandato constitucional de actualización periódica de las pensiones para garantizar su suficiencia económica*».

lorizarán al comienzo de cada año en el porcentaje equivalente al valor medio de las tasas de variación interanual expresadas en tanto por ciento del Índice de Precios al Consumo de los doces meses previos a diciembre del año anterior»[153]. Y añade en su tercer apartado que, si este valor medio fuera negativo, «*el importe de las pensiones no variará al comienzo del año*». Se configura, así, una fórmula de revalorización "asimétrica", en el sentido de que solamente se tiene en cuenta la subida de los precios (inflación) para actualizar las pensiones, permaneciendo las pensiones inalteradas ante una caída de los precios (deflación).

Si bien la revalorización de las pensiones con arreglo al IPC entró en vigor en enero de 2022, para dicho ejercicio la actualización de las pensiones se hace conforme a la Ley 22/2021, de 28 de diciembre, de Presupuestos Generales del Estado para el año 2022[154]. Por otra parte, cabe señalar que el Real Decreto-ley 2/2023, de 16 de marzo[155], ha vuelto a modificar el art. 58 del TRLGSS, de manera que la revalorización conforme al IPC se refiere a todas las pensiones de la Seguridad Social, en su modalidad contributiva, incluyendo el complemento por brecha de género –cuyo estudio se realiza en el siguiente apartado–. Esta modificación, como el propio preámbulo del Real Decreto-ley 2/2023 señala, pretende garantizar que, en el ámbito contributivo, todas las pensiones del sistema, y no sólo la pensión mínima, así como el complemento por brecha de género se revaloricen al inicio de cada año conforme al

---

153 Esta es la redacción dada por la Ley 21/2021 al segundo apartado del art. 58 del TRLGSS, que, como se verá seguidamente, ha sido modificada por el Real Decreto-Ley 2/2023.

154 Véase el artículo 36 y la disposición adicional cuadragésima quinta de la Ley 22/2021, de 28 de diciembre.

155 Real Decreto-ley 2/2023, de 16 de marzo, de medidas urgentes para la ampliación de derechos de los pensionistas, la reducción de la brecha de género y el establecimiento de un nuevo marco de sostenibilidad del sistema público de pensiones.

IPC. Para el año 2025, en tanto en cuanto se aprueba la Ley de Presupuestos Generales del Estado para dicho ejercicio, el art. 65.1 del Real Decreto-ley 1/2025, de 28 de enero[156], ha establecido que las pensiones abonadas por el sistema de la Seguridad Social, en su modalidad contributiva, se revaloricen un 2,8% con carácter general[157].

En consecuencia, tras la reforma de 2021, matizada por la operada en 2023, la nueva fórmula de revalorización de las pensiones –que realmente no es nueva, pues consiste en volver al mecanismo del IPC– se alinea con el mandato del art. 50 de la Constitución de actualizar periódicamente las pensiones de modo que se garantice su suficiencia y adecuación. Asimismo, y en aras de preservar el mantenimiento del poder adquisitivo de las pensiones, la Ley 21/2021 ha introducido en el TRLGSS una disposición adicional trigésima novena conforme a la cual se revisarán cada cinco años, en el marco del diálogo social, los efectos de la revalorización anual para así trasladarlo a la Comisión de Seguimiento y Evaluación de los Acuerdos del Pacto de Toledo.

Esto último va a permitir que la forma de actualización de las pensiones se ponga en relación con el contexto o circunstancias de cada momento dado que los recursos no son infinitos. Pues, como se ha visto, el mandato del art. 50 de la CE solamente determina que las pensiones han de actualizarse para mantener su poder adquisitivo, pero no establece cómo ha de hacerse ni exige que haya de hacerse anualmente. En

---

156 Este Real Decreto-ley fue convalidado por la Resolución de 12 de febrero de 2025 del Congreso de los Diputados.

157 Lo mismo ocurrió en el año 2024, donde al no aprobarse Ley de Presupuestos Generales para ese ejercicio, el art. 78.1 del Real Decreto-ley 8/2023, de 27 de diciembre, estableció que las pensiones abonadas por el sistema de la Seguridad Social, en su modalidad contributiva, se revalorizasen un 3,8% con carácter general.

consecuencia, si bien habrá que garantizar en todo momento la suficiencia económica en la tercera edad, la fórmula de actualización podría variar para ajustarse a la realidad de cada momento. Así, en mi opinión, ante un escenario en el que la presión sobre el gasto público en pensiones aumente, será necesario mantener un equilibrio entre el cumplimiento del mandato del art. 50 de la Constitución de garantizar la suficiencia de las pensiones y el objetivo de asegurar la sostenibilidad financiera del sistema en el medio y largo plazo.

Conforme a las *Proyecciones del Gasto Público en Pensiones en España*, la previsión del gasto en pensiones para el año 2050, considerando sólo la revalorización conforme al IPC, sería del 14,7% del PIB. Por su parte, teniendo en cuenta las reformas que se han implementado desde el punto de vista del ingreso, en el año 2050 los recursos aumentarían un 2,5% del PIB. Por tanto, el gasto neto en pensiones contributivas se estima para el año 2050 en 11,2% del PIB[158]. Por su parte, el Banco de España señala que las pensiones, impulsadas por su revalorización con el IPC de 2022 y por el aumento adicional de las pensiones mínimas y no contributivas, han conllevado a elevar el ritmo de avance del gasto público. En particular, en 2023, las pensiones crecieron en un 10,7% frente al 5,1% del año anterior[159]. Tanto el Informe de la AIReF publicado a finales de marzo de 2025 como el último Informe de Envejecimiento publicado por la Comisión Europea coinciden en que la subida del gasto en pensiones va a estar impulsada principalmente por la revalorización de las pensiones conforme al IPC, además

---

158 MINISTERIO DE INCLUSIÓN, SEGURIDAD SOCIAL Y MIGRACIONES, *Proyecciones del Gasto Público en Pensiones en España, op. cit.*, p. 123.

159 BANCO DE ESPAÑA, *Informe Anual 2023* (publicado en abril 2024), pp. 81 y 143. Disponible en: https://www.bde.es/f/webbe/SES/Secciones/Publicaciones/PublicacionesAnuales/InformesAnuales/23/Fich/InfAnual_2023.pdf (acceso: 21 abril 2025).

de por el aumento del número de pensionistas[160]. En concreto, la previsión de la Comisión Europea es que el gasto se incremente en 3,3 puntos del PIB en 2050 y en hasta 5 puntos del PIB en 2070[161].

V. LA EQUIDAD DEL SISTEMA DE PENSIONES

Cuando se habla de equidad puede entenderse de formas distintas, pues puede hacer referencia a la equidad de tipo actuarial que pretende que haya una equivalencia entre lo aportado al sistema y lo recibido del mismo, pero también puede hacer referencia a la idea de justicia social[162]. En su primer sentido va ligado al principio de contributividad, en el cual se apoya nuestro sistema y a cuyo reforzamiento se refiere la Comisión de Seguimiento en su Informe de 2020 (recomendación 11). En su segunda acepción, la equidad del sistema se encuentra estrechamente ligada al principio de solidaridad, por cuanto si bien debe existir una equivalencia entre lo que se aporta y lo que se recibe, debe garantizarse un nivel mínimo de protección, bien mejorando las pensiones más bajas o introduciendo medidas que contrarresten los posibles efectos de la brecha de género. Así, en este apartado, se abordan tres de las reformas que planteaba el Componente 30 del Plan de Recuperación, en línea con las recomendaciones del Pacto de Toledo, y que han quedado implementadas en nuestro sistema.

---

160 AIReF, «Informe de Evaluación de la Regla de Gasto de Pensiones», *op. cit.*, pp. 22-23; EUROPEAN COMMISSION, *2024 Ageing Report...*, *op. cit.*, p. 49.

161 EUROPEAN COMMISSION, *2024 Ageing Report...*, *op. cit.*, p. 49

162 DEVESA CARPIO, J.E. y DOMÍNGUEZ FABIÁN, I., «Sostenibilidad, suficiencia y equidad: más allá del factor de sostenibilidad», *op. cit.*, p. 128.

5.1. Adecuación del período de cómputo para el cálculo de la pensión a la realidad de las carreras profesionales

El Componente 30 del Plan de Recuperación contempla entre sus reformas la adecuación del período de cómputo para el cálculo de la pensión de jubilación a las nuevas carreras profesionales. El período de cómputo para el cálculo de la pensión de jubilación ha sido objeto de revisión en varias reformas, estableciéndose en 8 años con la reforma de 1985, ampliándose a 15 años en 1997 y exigiéndose, en el momento presente, 25 años tras la reforma operada en 2011. La ampliación del período de cómputo, como señala el Plan de Recuperación, aumenta el carácter contributivo del sistema, pero al mismo tiempo puede conllevar efectos negativos que es necesario paliar dando la posibilidad de elegir años dentro del período de cómputo o mejorando la integración de las lagunas de cotización. Podría decirse, pues, que la adecuación de las actuales carreras profesionales al procedimiento de cálculo de la pensión de jubilación, precisa de un equilibrio entre considerar un período de años superior, en aras de la progresividad y contributividad del sistema, y evitar que la inestabilidad de la vida laboral y las interrupciones en el período de cotización puedan afectar los principios de suficiencia económica y equidad.

Así, en línea con la recomendación 11 del Pacto de Toledo, el Real Decreto-ley 2/2023 modifica el TRLGSS para incluir la posibilidad de elegir los años a integrar en la base reguladora en las carreras más largas, y revisa el procedimiento por el que se integran períodos sin obligación de cotizar en la carrera profesional.

Actualmente, y hasta el 31 de diciembre de 2025, el art. 209.1 del TRLGSS establece un período de cómputo de 25 años (300 meses), es decir, se toman las bases de cotización durante los 25 años inmediatamente anteriores al mes previo al hecho causante, sin la posibilidad de descartar ningún año. Pues bien, el Real Decreto-ley 2/2023 modifica, con efectos de

1 de enero de 2026, el art. 209.1 del TRLGSS, de forma que se tendrá en cuenta un período de 29 años (348 meses) en el que se excluirán de oficio los dos peores años, quedándose, así, con los mejores 27 años (324 meses) dentro de dicho período. Ahora bien, se prevé una aplicación gradual conforme a la disposición transitoria cuadragésima del TRLGSS, de forma que cada año, a partir de 2026, el período de cómputo se irá incrementando en cuatro meses y el número de meses que se pueden descartar en dos. Así, por ejemplo, en el año 2026, se atenderá a un período de cómputo de 25 años y 4 meses (304 meses), pudiendo descartar dos meses, o lo que es lo mismo se tendrán en cuenta las 302 bases de cotización de mayor importe comprendidas en esos 304 meses. De esta forma, será a partir del 1 de enero de 2037, que se tomará como referencia un período de cómputo de 29 años (348 meses), descartando de oficio los 24 meses con menor base de cotización. Dicho de otro modo, de los 29 años se elegirán los 27 años (324 meses) con mayor base de cotización.

Asimismo, y conforme al apartado séptimo de la disposición transitoria cuarta del TRLGSS[163], se contempla un sistema dual transitorio para calcular la base reguladora de la pensión para aquellos que accedan a la jubilación desde el 31 de diciembre de 2025 y hasta el 31 de diciembre de 2040. En particular, se aplicará el procedimiento de cálculo que resulte más favorable para el trabajador, esto es, el art. 209.1 del TRLGSS en su redacción actualmente vigente, lo que significa considerar un período de cómputo de 25 años sin descartes, o bien en su redacción vigente a partir de enero de 2026, lo que implicará períodos de cómputo y de descarte crecientes hasta llegar a

---

[163] Téngase en cuenta que tanto el apartado séptimo de la disposición transitoria cuarta como la disposición transitoria cuadragésima han sido introducidos en el TRLGSS por el Real Decreto-ley 2/2023, de 16 de marzo.

los previstos en la nueva regla (27 años dentro de los últimos 29 años), como se acaba de ver. Igualmente, para aquellos que accedan a la jubilación entre 2041 y 2043, podrán elegir entre aplicar la nueva regla de 27 años dentro de los últimos 29 años o bien la redacción actual (es decir, la vigente hasta el 31 de diciembre de 2025), pero incrementando el período de cómputo 6 meses por año. A partir de 2044, se aplicará, en su integridad, la nueva regla que ha quedado recogida en el art. 209.1 del TRLGSS.

En consecuencia, hasta el año 2044, se permite al trabajador elegir entre dos opciones para determinar la base reguladora de la pensión de jubilación, pudiendo, pues, optar por aquélla que le resulte más favorable. Y, a partir del año 2044, el procedimiento de cálculo será flexible, dado que el trabajador podrá quedarse, para determinar la base reguladora de su pensión, con los 27 mejores años dentro de los últimos 29 años. Esta posibilidad beneficiará a aquellos trabajadores con carreras profesionales más irregulares, pues podrán determinar su pensión descartando los 24 meses en los que sus bases de cotización hayan sido inferiores.

Sobre el impacto que puede tener esta medida, en la que se contemplan, a lo largo de varias décadas, variaciones en el período de cómputo, así como en el descarte del número de años, DE LA FUENTE estima que puede ser prácticamente neutro, y que podría quizás darse una ligera reducción de la pensión media inicial de las futuras cohortes de jubilados que se trasladaría paulatinamente al gasto en pensiones, lo que contribuiría a reducirlo en el futuro, aunque muy modestamente[164]. Por otra parte, esa ampliación a un período de 29 años, en la que se descarten los dos peores años, podría haber sido

---

164 DE LA FUENTE, Á., «Los efectos presupuestarios de la reforma de pensiones de 2021-23: i) Las medidas del Real Decreto-ley 2/2023», *op. cit.*, p. 10.

mayor y haber considerado la totalidad de la vida laboral, permitiendo descartar ciertos años, lo que como señala MALDONADO MOLINA, sería más coherente con el sistema al tener una misma referencia temporal tanto para el cálculo como para poder obtener el 100% de la pensión[165].

El Real Decreto-ley 2/2023, de 16 de marzo, no ha modificado solamente el art. 209.1 del TRLGSS para compensar el impacto negativo que el momento de calcular el importe de la pensión puede tener en aquellas carreras profesionales más inestables, sino que –como se verá más adelante– también ha revisado la regla de integración de lagunas en la cotización prevista en el art. 209.1.b) del TRLGSS con la finalidad de reducir la brecha de género, así como las lagunas de cotización en el caso de los trabajadores por cuenta propia.

Las lagunas de cotización son aquellos períodos en los que ha habido una interrupción de la trayectoria laboral, no habiendo, por tanto, días efectivamente cotizados durante esos períodos. Tales períodos van a formar parte de los años que se consideran para determinar la cuantía de la pensión, pudiendo afectar negativamente al importe de esta última. A este respecto, la letra b) del art. 209.1 del TRLGSS determina cómo han de considerarse aquellos períodos en los que no ha existido obligación de cotizar a efectos de calcular la base reguladora[166]. En concreto, para las primeras 48 mensualidades del período a considerar se integrarán con la base mínima de entre todas las existentes en cada momento, y el resto de las

---

165 MALDONADO MOLINA, J.A., «La reforma de las pensiones de 2023: ¿conciliación de sostenibilidad financiera y social?», *Revista de Trabajo y Seguridad Social. CEF*, núm. 475, 2023, p. 40.

166 Como señala el art. 144 del TRLGSS, la obligación de cotizar nace con el inicio de la prestación del trabajo –incluido el período de prueba– y se mantiene durante todo el tiempo en que el trabajador esté en alta en el Régimen General o preste sus servicios.

mensualidades con el 50% de dicha base mínima. En el caso de lagunas parciales de cotización –esto es, cuando solamente haya existido obligación de cotizar durante una parte del período–, se aplica la misma regla siempre y cuando la cuantía efectivamente cotizada sea inferior a la base mínima que correspondería aplicar. Dicho de otra forma, si durante un mes, solamente hay obligación de cotizar algunos días y la cuantía efectivamente cotizada supera la base mínima, no correspondería la integración de períodos no cotizados.

Asimismo, el Real Decreto-ley 2/2023 modifica el art. 247 del TRLGSS[167] de forma que se equipara el trabajo a tiempo parcial con el trabajo a tiempo completo a los efectos del cómputo de los períodos de cotización para el reconocimiento de la pensión de jubilación[168]. Así, se tienen en cuenta los períodos de cotización en los que el trabajador haya permanecido en alta con un contrato parcial, cualquiera que sea la duración de la jornada realizada en cada uno de ellos[169].

---

167 Este precepto ha vuelto a modificarse por el Real Decreto-ley 11/2024, de 23 de diciembre, para regular por separado los períodos de cotización computables para trabajadores a tiempo parcial y fijos-discontinuos. Como señala el preámbulo de este Real Decreto-ley, se recupera así para los trabajadores fijos-discontinuos la aplicación del coeficiente de 1,5 para el cálculo del período de carencia exigido para acceder a las pensiones de jubilación, incapacidad permanente, muerte y supervivencia, incapacidad temporal, nacimiento y cuidado de menor.

168 También para las pensiones de incapacidad permanente, muerte y supervivencia, incapacidad temporal, nacimiento y cuidado de menor.

169 Conforme a la disposición final décima del Real Decreto-ley 2/2023, de 16 de marzo, esta modificación del art. 247 del TRLGSS entró en vigor el 1 de octubre de 2023.

5.2. Medidas para la reducción de la brecha de género en las pensiones contributivas

La brecha de género de las pensiones de jubilación es definida, por la disposición adicional trigésima séptima del TRLGSS[170], como el porcentaje que representa la diferencia entre el importe medio de las pensiones de jubilación contributiva causadas en un año por las mujeres respecto del importe de las pensiones causadas por los hombres.

Con la entrada en vigor del actual TRLGSS en enero de 2016 entró también en vigor el «*complemento por maternidad en las pensiones contributivas del sistema de la Seguridad Social*» que se reconocía, por su aportación demográfica a la Seguridad Social, a las mujeres que hubieran tenido hijos y fueran beneficiarias de pensiones contributivas, ya fueran de jubilación, viudedad o incapacidad permanente[171]. El Tribunal de Justicia de la Unión Europea consideró, en su sentencia de 12 de diciembre de 2019 (asunto C-450/18), que este complemento por maternidad, así configurado, era contrario a la Directiva 79/7/CEE del Consejo, de 19 de diciembre de 1978, relativa a la aplicación progresiva del principio de igualdad de trato entre hombres y mujeres en materia de Seguridad Social. En particular, en su fallo, señalaba que las mujeres con al menos dos hijos tenían derecho a este complemento mientras que los

---

170 Esta disposición fue añadida por el Real Decreto-ley 3/2021, de 3 de febrero, y modificada por el Real Decreto-ley 2/2023, de 16 de marzo.

171 En su primer año y medio de vigencia, casi seis de cada diez pensiones reconocidas a mujeres recibieron este complemento por maternidad. Dato publicado en 2017 por el Ministerio de Empleo y Seguridad Social, y disponible en: https://www.inclusion.gob.es/documents/20121/1094562/Nota+de+prensa_3104-2684.pdf/3d32a812-b440-1811-e227-b0b49673a90f?t=1501844893000 (acceso: 21 abril 2025).

hombres que se encontrasen en una situación idéntica no tenían derecho a dicho complemento. En consecuencia, a los hombres que sean padres se les ha de reconocer el derecho a recibir este complemento. En atención a la sentencia del Tribunal Supremo de 17 de febrero de 2022, este complemento ha de reconocerse con efectos retroactivos (y no desde la publicación de la STJUE en el DOUE) a los hombres que estén en la misma situación que las mujeres.

La sentencia del TJUE pone de manifiesto, como apunta el Real Decreto-ley 3/2021 en su preámbulo[172], la defectuosa configuración legal de dicho complemento. Por lo que la necesidad de redefinirlo para alinearse con la doctrina del TJUE, es vista por este Real Decreto-ley como una oportunidad para convertir, a este complemento, en un instrumento que realmente sea eficaz en la reducción de la brecha de género en las pensiones. Ciertamente, la configuración inicial de este complemento iría más bien dirigida a premiar la natalidad que a reducir la brecha de género[173], que es en lo que ahora se enfoca su actual diseño –o, al menos, se ha redefinido con ese propósito–. En esencia, reconoce que la brecha de género es la principal insuficiencia en la acción protectora del sistema de pensiones, afectando la maternidad decisivamente a la trayectoria laboral de la mujer. En concreto, señala que «*cuanto mayor*

---

172 Real Decreto-ley 3/2021, de 2 de febrero, por el que se adoptan medidas para la reducción de la brecha de género y otras materias en los ámbitos de la Seguridad Social y económico.

173 El Observatorio Social de las Personas Mayores señala, en su informe de noviembre de 2023, que el complemento de maternidad no se definió jurídicamente como un instrumento para reducir la brecha de género sino como un "premio de natalidad" para compensar la aportación demográfica realizada por las mujeres trabajadoras. Véase la página 31 de este informe, disponible en: https://1mayo.ccoo.es/5aff3a3f46f581965359353a8f53ff10000059.pdf (acceso: 21 abril 2025).

es el número de hijos, menor es el número de años cotizados, menor es la proporción de contratos a tiempo completo o equivalente, y menor es, en última instancia, la pensión reconocida».

Así, este Real Decreto-ley de 2021 deroga el complemento de maternidad por aportación demográfica y lo sustituye por un complemento que sí vaya dirigido a reducir la brecha de género al mismo tiempo que se articula una fórmula que va en línea con la jurisprudencia del TJUE (o, al menos, ese ha sido el propósito). Esto es, como el propio preámbulo indica, «*se combina una acción positiva en favor de las mujeres*», dejando la puerta abierta a «*aquellos padres que acrediten un perjuicio en su carrera de cotización con ocasión del nacimiento o adopción de un hijo por la asunción de esas tareas de cuidados*». Ha de tenerse en cuenta que, conforme a la disposición transitoria trigésima tercera, se mantiene la percepción del complemento de maternidad por aportación demográfica a quienes lo estuvieran percibiendo en el momento de la entrada en vigor del Real Decreto-ley 3/2021, de 2 de febrero. Esto no solamente se refiere a las mujeres, con al menos dos hijos biológicos o adoptados, sino también a los hombres que se encuentren en idéntica situación. En efecto, tras la STJUE de diciembre de 2019, los hombres que reúnan los requisitos del art. 60 del TRLGSS (en su anterior configuración) y hayan accedido a la jubilación entre el 1 de enero de 2016 y el 3 de febrero de 2021 (momento en el que entra en vigor la nueva configuración del complemento), tienen derecho al complemento de maternidad por aportación demográfica.

En su redacción original, el art. 60 del TRLGSS configuraba este complemento de maternidad por aportación demográfica como un porcentaje de la pensión inicial, determinado en función del número de hijos. De forma que se aumentaba en un 5% en el caso de dos hijos, en un 10% en el supuesto de tres hijos y en un 15% con cuatro o más hijos. El Observatorio Social de las Personas Mayores, en su informe de noviembre de 2023, señala que, dado que los hombres tienen pensiones más altas, el complemento que por aportación demográfica van a generar va a ser de mayor cuantía. Así, a mediados de 2023 se había reconocido el complemento de maternidad a 871.000 pensiones de personas que han tenido dos o más hijos, siendo la cuantía media de este complemento de 72,71 euros al mes. Ahora bien, el complemento reconocido a las mujeres es de 69,47 euros mensuales, mientras que el de los hombres asciende a 105,2 euros mensuales. Por tanto, las mujeres recibieron, en ese año, un complemento de maternidad que es un 35% inferior al de los hombres.

En la actual configuración del art. 60 del TRLGSS, tienen derecho a este complemento las mujeres con al menos un hijo que sean beneficiarias de una pensión contributiva de jubilación, incapacidad permanente o de viudedad y ello por «*la incidencia que, con carácter general, tiene la brecha de género en el importe de las pensiones contributivas de la Seguridad Social de las mujeres*». Como puede verse, y a diferencia de la anterior configuración, el complemento se reconoce a partir del primer hijo –y no cuando se tienen, al menos, dos hijos–, señalando expresamente el reconocimiento de este complemento por la incidencia que la maternidad puede tener en la trayectoria laboral y, por ende, en la pensión que más tarde se va a percibir.

Como se ha adelantado, el art. 60 del TRLGSS también prevé el acceso de los hombres a este complemento[174], para lo cual se ha de cumplir con al menos uno de los dos requisitos regulados en el meritado precepto. Por un lado, tener reconocida una pensión de viudedad por el fallecimiento del otro progenitor de los hijos en común, siempre y cuando alguno de ellos tenga derecho a percibir una pensión de orfandad. Por otro lado, causar una pensión contributiva de jubilación o incapacidad permanente y haber interrumpido o haber visto afectada

---

[174] En la actualidad, el 9% de los complementos por brecha de género se reconocen a hombres (Informe del Observatorio Social de las Personas Mayores publicado en noviembre de 2023, p. 34).

su carrera profesional por el nacimiento o adopción, siempre y cuando se cumplan una serie de condiciones. Por tanto, este segundo requisito permite la aplicación del complemento por brecha de género al hombre en el caso de que haya tenido una interrupción en su cotización con ocasión del nacimiento o adopción de los hijos.

En definitiva, aunque el reconocimiento de este nuevo complemento es por la incidencia que la maternidad ha podido tener en la trayectoria laboral, se ha configurado de forma que a las mujeres con uno o más hijos se les reconoce de forma automática, mientras que para que el mismo sea reconocido a los hombres deben acreditar haber interrumpido su carrera profesional como consecuencia de la paternidad. A este respecto, se ha pronunciado recientemente el TJUE en su sentencia de 15 de mayo de 2025 (asuntos C-623/23 y C-626/23) al haberse presentado sendas cuestiones prejudiciales a finales de 2023 por la Sala de lo Social del TSJ de Madrid y por el Juzgado de lo Social núm. 3 de Pamplona[175]. A tenor de estas peticiones prejudiciales, el TJUE examina si el complemento del art. 60 del TRLGSS que se aplica de forma automática a las mujeres con uno o más hijos, pero que exige requisitos adicionales a los hombres que estén en idéntica situación es contrario al principio de igualdad de trato entre hombres y mujeres en materia de Seguridad Social, consagrado en la Directiva 79/7/CEE

---

175 En el momento de escribir estas páginas está pendiente de resolución otra cuestión prejudicial presentada en febrero de 2024 por el Juzgado de lo Social núm. 5 de Santander sobre si el complemento por brecha de género respeta el principio de igualdad. Sobre estas cuestiones prejudiciales y los argumentos esgrimidos al plantear las mismas, puede verse MALDONADO MOLINA, J.A., «Las cuestiones prejudiciales sobre el complemento para la reducción de la brecha de género» en *Los Briefs de la Asociación Española de Derecho del Trabajo y de la Seguridad Social. Las claves de 2024*, Ed. Cinca, 2025, pp. 164-167.

del Consejo. Pues bien, aunque el Gobierno español y el INSS fundamentan la modificación del art. 60 del TRLGSS en la presunción de que los cuidados de los hijos son asumidos, en principio, por la mujer en detrimento de su carrera profesional, pudiendo destruirse tal presunción cuando el hombre acredita que en realidad se dedicó él a atender a los hijos y como consecuencia ha interrumpido su carrera profesional, el TJUE considera que esta modificación no ha puesto fin al hecho de que los hombres reciben un trato menos favorable que las mujeres. Por tanto, concluye que la actual configuración del art. 60 del TRLGSS constituye una discriminación por razón de sexo en base a la Directiva 79/7/CEE del Consejo.

Dado lo reciente de este pronunciamiento, en el momento en que se está escribiendo esta monografía, todavía se desconoce cuál será el impacto del fallo del TJUE[176]. Esto es, si al igual que ocurrió tras la STJUE de diciembre de 2019, se reconocerá el complemento por brecha de género con efectos retroactivos a los hombres que han accedido a la jubilación desde el 3 de febrero de 2021, momento en el que entró en vigor dicho complemento. O, por ejemplo, qué va a ocurrir en aquellos casos en que el complemento lo está disfrutando la mujer, y el hombre no lo solicitó o se le denegó por no concurrir en él los requisitos adicionales. En este sentido, como apunta la STJUE de 15 de mayo de 2025, al constatarse la existencia de una discriminación contraria al Derecho de la Unión Europea, en aras de garantizar el principio de igualdad, se le debe reconocer a

176 Cabe apuntar que cuando se estaba revisando este trabajo, se publicó el 9 de julio de 2025 la noticia de que el Pleno de la Sala Social del Tribunal Supremo ha confirmado que el complemento de brecha de género debe ser satisfecho a los varones en las mismas condiciones que a las mujeres: https://www.poderjudicial.es/cgpj/es/Poder-Judicial/Noticias-Judiciales/El-Tribunal-Supremo-confirma-que-el-complemento-de-brecha-de-genero-debe-ser-satisfecho-a-los-varones-en-las-mismas-condiciones-que-a-las-mujeres

la categoría desfavorecida las mismas ventajas de las que disfrutan las personas de la categoría privilegiada. Pues bien, a tenor del art. 60 del TRLGSS, dado que el complemento solo puede reconocerse a un progenitor y ha de ser a aquel cuya pensión sea la de menor cuantía, en caso de que tal progenitor sea el hombre podría conllevar la supresión del complemento por parte de la mujer. Habrá, pues, que esperar a ver cuáles son los efectos de esta sentencia y las posibles reacciones del legislador español sobre modificar nuevamente este complemento.

Otro aspecto que debe destacarse de la actual configuración del complemento es que prevé su aplicación en parejas del mismo sexo, reconociendo el derecho a recibir el complemento al progenitor que sea titular de una pensión pública de menor cuantía. A tales efectos, el apartado séptimo del art. 60 del TRLGSS –introducido por el Real Decreto-ley 2/2023– establece que para determinar qué pensión es la de menor cuantía se ha de tener en cuenta el importe inicial, una vez revalorizadas, sin computar los complementos que pudieran corresponder. En el caso de que los dos progenitores –del mismo sexo[177]– coincidiesen en el importe de las pensiones, el complemento se reconocerá a aquél que haya solicitado en primer lugar la pensión con derecho a complemento.

En lo que se refiere al importe del complemento, éste vendrá fijado por la Ley de Presupuestos Generales del Estado, estando limitada la cuantía a cuatro veces el importe mensual

---

177 En el caso de parejas de distinto sexo, el derecho al complemento se reconoce o se mantiene a la mujer siempre que no medie solicitud y reconocimiento del complemento en favor del otro progenitor. El segundo apartado del art. 60 del TRLGSS señala que el reconocimiento del complemento al segundo progenitor supone la extinción del complemento ya reconocido al primer progenitor. Antes de dictar la resolución por la que se reconoce dicho derecho al segundo progenitor, se ha de dar audiencia al progenitor que venía percibiendo el complemento.

fijado por hijo[178], y siendo incrementada al comienzo de cada año conforme al mismo porcentaje que se prevea en la correspondiente Ley de Presupuestos Generales del Estado para las pensiones contributivas. Además, cabe apuntar que la disposición transitoria primera del Real Decreto-ley 2/2023, de 16 de marzo, determina que el importe del complemento de brecha de género tenga un incremento, adicional a la revalorización anual, del 10% en el bienio 2024-2025, que se distribuirá entre ambos ejercicios según determinen las respectivas leyes de presupuestos generales del Estado[179]. En tanto se aprueba la Ley de Presupuestos Generales del Estado para el año 2025, el art. 65.2 del Real Decreto-ley 1/2025, de 28 de enero, establece que el complemento para la reducción de la brecha de género tendrá en el año 2025 un importe de 35,90 euros mensuales[180], habiendo incluido en la determinación de dicho importe, además del porcentaje correspondiente a la revalorización de las pensiones, un 5% adicional en aplicación de la disposición transitoria primera del Real Decreto-ley 2/2023.

---

[178] Es decir, el importe máximo a percibir por este complemento es el correspondiente a cuatro hijos.

[179] Se estima que el coste de este incremento del complemento por brecha de género durante el bienio 2024-2025 será de 33,12 millones de euros en 2024 y de 93,27 millones de euros en 2025 (MINISTERIO DE INCLUSIÓN, SEGURIDAD SOCIAL Y MIGRACIONES, *Proyecciones del Gasto Público en Pensiones en España, op. cit.*, p. 112). Conforme al Presupuesto de la Seguridad Social aprobado para 2025 –y que supone una prórroga del ejercicio anterior–, el gasto presupuestado para el complemento reconocido en el art. 60 del TRLGSS para las pensiones de jubilación asciende a 439.288,54 euros.

[180] El art. 78.2 del Real Decreto-ley 8/2023, de 27 de diciembre, estableció que el complemento para la reducción de la brecha de género tendría en el año 2024 un importe de 33,20 euros mensuales. Por tanto, se observa una ligera subida del importe de este complemento del año 2024 al año 2025.

El apartado tercero del art. 60 del TRLGSS contempla una serie de reglas a la que está sujeta la percepción de este complemento por brecha de género. Entre otras, se niega el derecho a recibir este complemento al progenitor que haya sido privado de la patria potestad o al que haya sido condenado por ejercer violencia contra los hijos, así como al padre que haya sido condenado por violencia contra la mujer. El importe de este complemento, que será satisfecho en catorce pagas, no será tenido en cuenta en la aplicación del límite máximo de pensiones ni tendrá la consideración de ingreso o rendimiento de trabajo de cara a determinar si concurren los requisitos para tener derecho al complemento por mínimos. Respecto a esto último, concurriendo tales requisitos, se reconocerá la cuantía mínima de la pensión y a ese importe se le sumará el que corresponda por el complemento para la reducción de la brecha de género.

Cabe resaltar que el meritado Real Decreto-ley 3/2021, de 2 de febrero, también ha introducido en el TRLGSS una disposición adicional trigésima sexta relativa a la financiación de este complemento, en base a la cual se cubrirá mediante una transferencia del Estado al presupuesto de la Seguridad Social[181]. De esta forma, se está reconociendo el carácter no contributivo de este complemento desde la perspectiva de su financiación[182], lo cual va en línea con la modificación que hace la Ley 21/2021, de 28 de diciembre, de la disposición adicional trigésima segunda del TRLGSS. Como se ha visto anteriormen-

---

[181] En 2023 se observó un importante crecimiento de las transferencias para financiar el complemento para la reducción de la brecha de género, que aumentó en un 6,22% con respecto al año 2022 (MINISTERIO DE INCLUSIÓN, SEGURIDAD SOCIAL Y MIGRACIONES, *Proyecciones del Gasto Público en Pensiones en España, op. cit.*, p. 190).

[182] Téngase en cuenta que el apartado tercero del art. 60 del TRLGSS reconoce a este complemento «*los efectos de naturaleza jurídica de pensión pública contributiva*».

te, en esta disposición, para dar un efectivo cumplimiento al principio de separación de fuentes, se establece la financiación con cargo a aportaciones del Estado del complemento de pensiones contributivas para la reducción de la brecha de género.

Por otra parte, se ha introducido una disposición adicional trigésima séptima en el TRLGSS –modificada posteriormente por el Real Decreto-ley 2/2023, de 16 de marzo– en la que se determina el alcance temporal de este complemento por brecha de género. En consecuencia, el derecho al citado complemento del art. 60 del TRLGSS se mantendrá en tanto la brecha de género de las pensiones de jubilación, causadas en el año anterior, supere el 5%. Cuando dicho porcentaje sea igual o inferior, el Gobierno remitirá a las Cortes Generales un proyecto de ley para derogar el meritado precepto. Igualmente, se prevé que cada cinco años se realice una evaluación de los efectos de esta medida. De este modo, se podrá valorar si la medida está resultando efectiva en la reducción de la brecha de género en las pensiones contributivas.

Conforme al informe del Observatorio Social de las Personas Mayores (2023), la brecha de género en la cuantía de las pensiones de jubilación en vigor se sitúa en el 32% y en las nuevas altas en el 21%, por lo que se observa una disminución de esta –aunque aún está lejos de ese umbral del 5% que se ha marcado en la disposición adicional trigésima séptima del TRLGSS–. El complemento por brecha de género reconocido a las mujeres asciende de media a 65,56 euros mensuales, siendo un 43% superior al que se reconoce a los hombres[183].

Con el objetivo de contribuir a reducir la brecha de género, el Real Decreto-ley 2/2023, de 16 de marzo, modifica la disposición adicional trigésima séptima del TRLGSS para incorpo-

---

183 Véase las páginas 34 y 35 del informe del Observatorio Social de las Personas Mayores, publicado en noviembre de 2023.

rar la previsión de que puedan fijarse, con carácter temporal, otras medidas de acción positiva en favor de las mujeres para calcular las prestaciones. En caso de introducirse, estas otras medidas también serían derogadas cuando el porcentaje que representa la diferencia entre las pensiones de jubilación de mujeres y de hombres sea igual o inferior al 5%.

Precisamente, el Real Decreto-ley 2/2023 para favorecer a las mujeres y reducir la brecha de género introduce la disposición transitoria cuadragésima primera en el TRLGSS, que establece una mejora en la integración de períodos sin obligación de cotizar, en tanto no se reduzca la brecha de género, respecto de determinados períodos incluidos en la base reguladora de las pensiones. Esta disposición, que entrará en vigor el 1 de enero de 2026, regula cómo calcular la pensión de jubilación de las mujeres trabajadoras por cuenta ajena a las que sea de aplicación la integración de períodos sin obligación de cotizar del art. 209.1.b) del TRLGSS. Así, en los meses que no haya existido obligación de cotizar, se integrarán con el 100% de la base mínima de cotización que corresponda a cada mensualidad en los meses 49 a 60. Este porcentaje será del 80% desde los meses 61 a 84, pasando a integrarse con el 50% de la base mínima a partir de la mensualidad 85.

Esta misma regla de integración de períodos sin cotización se aplicará a los hombres que puedan beneficiarse del complemento por brecha de género del art. 60 del TRLGSS porque cumplan con el requisito de haber tenido una laguna de cotización con ocasión del nacimiento o adopción de hijos.

En consecuencia, a partir del 1 de enero de 2026, siempre y cuando la brecha de género sea superior al 5%, se amplían los períodos de integración de lagunas de cotización para las mujeres trabajadoras por cuenta ajena, pero también para los hombres en el caso específico que acaba de mencionarse. Así, no solamente se integrarán con el 100% de la base mínima de cotización los primeros 48 meses (4 años) en los que no haya habido cotización (regla general del art. 209.1.b) del TRLGSS), sino que se extiende hasta las primeras 60 mensualidades (5 años), para después integrarse con el 80% de la base mínima de cotización hasta el mes 84. Dicho con otras palabras, mientras que el art. 209.1.b) del TRLGSS prevé que los períodos sin cotización a partir de la mensualidad 49 se integren con el 50% de la base mínima de cotización, la disposición transitoria cuadragésima primera prevé que no sea hasta la mensualidad 85 que la integración de las lagunas se haga con el 50% de la base mínima de cotización.

El Ministerio de Inclusión, Seguridad Social y Migraciones estima que en el período 2027-2048 la cuantía de la pensión de jubilación de las mujeres se verá incrementada en mayor proporción que el importe de la pensión media de la jubilación de los hombres. En particular, en el año 2028, debido –entre otros factores– a la mejora en la integración de las lagunas, la pensión media de jubilación de las mujeres aumentará un 0,55% frente al 0,34% que lo hará la pensión media de jubilación de los hombres[184].

5.3. El nuevo sistema de cotización a la Seguridad Social de los trabajadores autónomos y la problemática de los mutualistas

La recomendación cuarta del Informe del Pacto de Toledo del año 2020 se refiere al objetivo de alcanzar una protección social equiparable entre el régimen para los trabajadores por cuenta ajena y el de los trabajadores por cuenta propia, a partir de una cotización similar de estos dos colectivos. La Comisión de Seguimiento recomienda avanzar en la aproximación de las bases de cotización de los trabajadores por cuenta propia con

---

[184] MINISTERIO DE INCLUSIÓN, SEGURIDAD SOCIAL Y MIGRACIONES, *Proyecciones del Gasto Público en Pensiones en España, op. cit.*, p. 106.

sus ingresos reales, y señala que la baja cotización de este colectivo «es la causa principal de sus reducidas pensiones» por lo que ha de establecerse un nuevo sistema que repercuta «en la mejora del grado de suficiencia de sus prestaciones futuras».

Asimismo, entre las reformas del Componente 30 del Plan de Recuperación se incluye la de implantar gradualmente un nuevo sistema de cotización en el Régimen Especial de Trabajadores Autónomos (RETA) basado en los rendimientos por la actividad económica desempeñada. Casi el 85% de los trabajadores autónomos cotiza por la base mínima, por lo que la recaudación por cuotas solo representa el 57,02% del gasto en prestaciones, agravando el déficit del RETA. Consecuencia de esta baja cotización, como ya se apuntaba en los Acuerdos del Pacto de Toledo, es que un 36% de los pensionistas del RETA no alcanzan la pensión mínima, siendo, pues, beneficiarios de los complementos a mínimos[185].

En este contexto, se aprueba Real Decreto-ley 13/2022, de 26 de julio, el cual modifica diversos preceptos del TRLGSS con el fin de establecer un nuevo sistema de cotización para los trabajadores autónomos y mejorar la protección por cese de actividad[186]. Este nuevo sistema de cotización se establece en el art. 308 del TRLGSS, en base al cual los trabajadores por cuenta propia cotizarán a la Seguridad Social en función de sus rendimientos netos anuales, obtenidos en el ejercicio de todas sus actividades económicas, empresariales o profesionales. A efectos de obtener la base de cotización se tendrán en cuenta todos los rendimientos netos obtenidos en el año natural, en el ejercicio de las distintas actividades profesionales o econó-

185 Datos extraídos de GOBIERNO DE ESPAÑA, *Plan de Recuperación, Transformación y Resiliencia – Componente 30, op. cit.*, p. 21.

186 Téngase en cuenta que en este apartado solamente se va a hacer referencia a las novedades introducidas respecto del régimen de cotización de los trabajadores por cuenta propia.

micas que realicen, y con independencia de si las han realizado de forma individual o como socios de cualquier entidad, siempre y cuando no figuren en ellas como trabajadores por cuenta ajena. Para determinar el rendimiento neto, además de deducir de los ingresos todos los gastos que se hayan producido durante el ejercicio de la actividad, se deducirá adicionalmente un 7% en concepto de gastos genéricos (art. 308.1.c). 2ª del TRLGSS).

La Ley de Presupuestos Generales del Estado establecerá anualmente una tabla general y una tabla reducida de bases de cotización para el RETA. Estas tablas se dividirán en tramos consecutivos de rendimientos netos mensuales a los que se asignarán unas bases de cotización máxima y mínima mensual. Teniendo en cuenta esto y estimando sus ingresos en promedio mensual, el trabajador elegirá su base, a la cual se le aplicarán los tipos de cotización que procedan[187]. Se contempla, para el caso de que se prevea una variación de los rendimientos netos, la posibilidad de seleccionar cada dos meses una nueva base de cotización y, por consiguiente, una nueva cuota adaptada a tales rendimientos con un máximo de seis cambios al año. Como apunta GUTIÉRREZ PÉREZ, aunque el art. 308 del TRLGSS señala específicamente que los trabajadores autónomos «deberán cambiar su base de cotización (…) a fin de ajustar su cotización anual a las previsiones que vayan teniendo de sus rendimientos netos anuales», se trata de una facultad que tienen y no de una obligación[188].

Las bases mensuales elegidas cada año tendrán un carácter provisional hasta que se proceda a la regularización anual de la

---

187 GUTIÉRREZ PÉREZ, M., *La nueva cotización al Régimen Especial de Trabajadores Autónomos y su contraste con las mutualidades alternativas*, Colección de Derecho del Trabajo y Seguridad Social del BOE, 2024, p. 73.

188 Ídem, pp. 74-75.

cotización (art. 308.1.a). 6ª del TRLGSS). La regularización de la cotización, tal y como establece el art. 308.1.c) del TRLGSS, se efectuará en función de los rendimientos anuales una vez sean obtenidos y comunicados telemáticamente por la Administración tributaria a partir del año siguiente. En el caso de que la cuota elegida durante el año sea inferior a la asociada a los rendimientos comunicados por la Administración tributaria, se notificará al trabajador el importe de la diferencia. Si, por el contrario, la cotización fuese superior a la correspondiente a la base máxima del tramo en el que estén comprendidos los rendimientos, se procederá a reintegrar la diferencia (art. 308.1.c). 4ª del TRLGSS).

Por otra parte, la disposición transitoria quinta del Real Decreto-ley 13/2022, de 26 de julio, establece una cuota reducida de 80 euros mensuales por el inicio de una actividad por cuenta propia en el período 2023-2025. Se prevé que esta medida se aplique durante los primeros doce meses, aunque podría prorrogarse por otros doce meses si los rendimientos durante el primer año son inferiores al salario mínimo interprofesional. De esta forma, ese trabajador autónomo se beneficiaría de una cuota reducida de 80 euros durante los dos primeros años desde el inicio de su actividad. A partir del año 2026, el importe de esta cuota quedará fijado anualmente por la Ley de Presupuestos Generales del Estado.

Este nuevo sistema de cotización de trabajadores autónomos entró en vigor el 1 de enero de 2023, estimándose ese mismo año una contribución de un 0,03% a la ratio cuotas/PIB[189]. Ahora bien, como el propio preámbulo del Real Decreto-ley 13/2022 indica, está previsto que el despliegue de los efectos económicos del nuevo sistema sea «*progresivo hasta un máximo*

189 MINISTERIO DE INCLUSIÓN, SEGURIDAD SOCIAL Y MIGRACIONES, *Proyecciones del Gasto Público en Pensiones en España, op. cit.*, p. 100.

de nueve años, con revisiones periódicas cada tres años». Esto mismo queda recogido en la disposición transitoria primera del citado Real Decreto-ley, e incluye para el período 2023-2025 las tablas generales y reducidas con los rendimientos netos y las bases máximas y mínimas vigentes para cada uno de esos años. Y añade que antes del 1 de enero de 2026 se ha de determinar el calendario de aplicación del nuevo sistema de cotización por ingresos reales, contemplando el despliegue de la escala de tramos de ingresos y bases de cotización a lo largo del siguiente período, con un máximo de seis años. Finalizado este período transitorio, la cotización de los afiliados en el RETA se hará conforme a lo establecido en el art. 308 del TRLGSS, esto es, en atención a las tablas que anualmente se establezcan en la Ley de Presupuestos Generales del Estado. En esencia, y en virtud de la disposición adicional primera del Real Decreto-ley 13/2022, a partir del 1 de enero de 2032, las bases de cotización se fijarán en función de los rendimientos netos obtenidos anualmente por los trabajadores autónomos por su actividad económica, dentro de los límites de las bases de cotización máxima y mínima que se determinen en la correspondiente Ley de Presupuestos Generales del Estado.

En definitiva, se contempla un sistema transitorio entre 2023 y 2032 en el nuevo régimen de cotización de los trabajadores autónomos, de forma que vaya implantándose de forma gradual durante nueve años. Una vez finalizado este período transitorio, el Ministerio de Inclusión, Seguridad Social y Migraciones estima que para la Seguridad Social se incrementarían los ingresos en 0,6% del PIB[190].

Es importante resaltar que el MEI también es aplicable a los trabajadores autónomos. En efecto, como reza el art. 127 *bis* del TRLGSS este mecanismo resulta aplicable «*en todos los regí-*

---

190 Ídem, p. 178.

menes y en todos los supuestos en los que se cotice por la contingencia de jubilación». Como se ha visto, este mecanismo consiste en una cotización finalista que es asumida en parte por el empresario y en parte por el trabajador. Sin embargo, en el caso de los trabajadores autónomos, el coste de esta contribución adicional será asumida íntegramente por ellos. Así, mientras que en el año 2025 un trabajador por cuenta ajena asumirá 0,13 puntos porcentuales de los 0,80 que corresponden a la cotización finalista, el trabajador por cuenta propia asumirá la totalidad de dicha contribución. Así, el tipo de cotización en 2025 para los afiliados al RETA será de 31,4%, donde están incluidos los 0,80 puntos porcentuales correspondientes al MEI[191].

En lo que se refiere a la pensión de jubilación de los trabajadores incluidos en el RETA, su cuantía se determinará, conforme señala el art. 322 del TRLGSS, aplicando a la base reguladora el porcentaje procedente de acuerdo con la escala establecida para el Régimen General, en atención a los años efectivamente cotizados. El Real Decreto-ley 2/2023, de 16 de marzo, modifica, con efectos de 1 de enero de 2026, este precepto para regular la integración de períodos sin obligación de cotizar. Así, cuando los trabajadores por cuenta propia tengan períodos en los que no haya existido obligación de cotizar se integrarán lagunas de cotización de los siguientes seis meses de cada uno de esos períodos con la base mínima de la tabla general del RETA.

Esta reforma se completa con la introducción por el Real Decreto-ley 13/2022, y posterior modificación por el Real Decreto-ley 2/2023, de la disposición adicional quincuagésima en

191 Las bases y tipos de cotización que corresponden para el año 2025 en el Régimen Especial de Trabajadores Autónomos pueden consultarse en: https://www.seg-social.es/wps/portal/wss/internet/Trabajadores/CotizacionRecaudacionTrabajadores/36537 (acceso: 21 abril 2025).

el TRLGSS relativa a la creación de un observatorio para el análisis y seguimiento tanto de la cobertura de la prestación por cese de actividad por causas económicas como de la integración de períodos sin obligación de cotizar de los trabajadores autónomos.

Por último, y aunque no vaya a ser objeto de un análisis detallado, cabe hacer una mención a la proposición de ley presentada en noviembre de 2024 en el Congreso de los Diputados que pretende modificar las disposiciones adicionales decimoctava y decimonovena del TRLGSS con el fin de dar una solución a determinados profesionales –especialmente abogados y procuradores– que tras años cotizando en sus respectivas mutualidades, no alcanzarían la pensión mínima en el momento de la jubilación[192]. Como establece la vigente disposición adicional decimoctava del TRLGSS, los profesionales colegiados que ejercen su actividad por cuenta propia pueden optar entre quedar encuadrados en el RETA o bien incorporarse a la mutualidad que tenga establecida el colegio profesional correspondiente. Por tanto, las mutualidades de previsión social autorizadas actúan como alternativas al RETA para los trabajadores por cuenta propia que así lo elijan, debiendo aquéllas dar una cobertura mínima obligatoria. En efecto, la actual disposición adicional decimonovena del TRLGSS señala que las mutualidades de previsión social deben ofrecer a sus afiliados, mediante el sistema de capitalización individual y la técnica aseguradora bajo las que operen, de forma obligatoria «*las coberturas de jubilación; incapacidad permanente; incapacidad*

---

192 El texto de esta proposición de ley puede consultarse en: https://www.abogacia.es/wp-content/uploads/2024/11/241121-PPL-Modf.-Ley-Seguridad-Social-Mutualidades-alternativas.pdf (acceso: 21 abril 2025). Cabe señalar que, en el momento de redactar estas páginas, todavía no ha empezado el debate en el Congreso sobre esta proposición de ley, por lo que su texto y las medidas en él incluidas podrían variar.

temporal, incluyendo maternidad, paternidad y riesgo durante el embarazo; y fallecimiento que pueda dar lugar a viudedad y orfandad». Y añade, en su segundo apartado, que las prestaciones, cuando adopten la forma de renta, habrán de alcanzar en el momento en que se produzca cualquiera de esas contingencias «*un importe no inferior al 60 por ciento de la cuantía mínima inicial que para la respectiva clase de pensión rija en el sistema de la Seguridad Social*» y si fueran en forma de capital, la prestación no podrá ser inferior al importe capitalizado de la cuantía mínima establecida para caso de renta.

La proposición de ley presentada en noviembre de 2024 reconoce que esta opción entre el RETA y las mutualidades de previsión social se pensó como un beneficio para los profesionales colegiados, pero que sin embargo ha dado lugar a algunas situaciones de desprotección[193]. De hecho, y siguiendo lo analizado en el apartado IV de este capítulo, las bajas prestaciones que percibirían en el momento de la jubilación estos profesionales no estarían alineadas con el principio de suficiencia económica de las pensiones que pretende garantizar el art. 50 de la CE a todos los ciudadanos durante la tercera edad.

---

193 En una noticia de prensa publicada por *elEconomista.es* en febrero de 2025 se indica que un importante número de abogados han estado haciendo aportaciones a la Mutualidad de la Abogacía durante toda su trayectoria profesional, pero que, sin embargo, en el momento de la jubilación recibirán una pensión, en muchos casos, por debajo de los 500 euros al mes [Disponible en: https://www.eleconomista.es/legal/noticias/13229564/02/25/la-mutualidad-de-abogados-pide-retener-el-ahorro-de-los-profesionales-que-pasen-a-la-seguridad-social-hasta-su-jubilacion.html (acceso: 22 abril 2025)]. Si tenemos en cuenta que la pensión mínima de jubilación que rige en el sistema de la Seguridad Social se sitúa en los 874,40 euros mensuales (en los casos de una unidad económica unipersonal), la prestación mensual percibida por el mutualista no alcanzaría ese mínimo del 60% que establece la actual disposición adicional decimonovena del TRLGSS.

Por ello, se propone limitar la posibilidad de opción entre la mutualidad y el RETA, mejorar la cobertura que estas entidades proporcionan a sus mutualistas y articular una especie de "pasarela" para aquellos profesionales que prefieran trasladar –voluntariamente– los derechos económicos acumulados en su respectiva mutualidad al RETA para incorporarse a éste.

Respecto de la primera medida, se propone eliminar, desde el 1 de enero de 2027, la posibilidad de acogerse a una mutualidad de previsión social como alternativa al RETA, salvo en el caso de aquellos profesionales que cuando inicien su actividad profesional –a partir de dicha fecha– ya estén incluidos en alguno de los regímenes del sistema de la Seguridad Social debido al ejercicio de esa actividad por cuenta ajena. En lo que se refiere a la segunda medida, se propone que el importe de la prestación, cuando sea en forma de renta, no pueda ser inferior al 80% de la cuantía mínima inicial que para la respectiva clase de pensión se fija en el sistema de la Seguridad Social, no pudiendo ser inferior al importe capitalizado de la cuantía mínima establecida para caso de renta cuando la prestación adopte la forma de capital. Finalmente, se propone introducir en el TRLGSS una disposición transitoria cuadragésima sexta para establecer una "pasarela" entre la mutualidad alternativa y el RETA, de modo que los profesionales colegiados antes del 1 de enero de 2013 puedan, en el plazo de un año, solicitar la transferencia voluntaria de los derechos económicos que tengan acumulados en las mutualidades, siempre y cuando reúnan tres condiciones[194]. Primero, carezcan del período mínimo para acceder a la pensión de jubilación en el sistema de

194 Para algunos colectivos, como los arquitectos o los abogados, estas condiciones deberían flexibilizarse de forma que esa "pasarela" fuese más amplia. Pueden verse, en este sentido, las propuestas realizadas por la Asociación Nacional de Mutualistas Arquitectos o por la Asociación Nacional de Afectados por la Mutualidad de la Abogacía.

la Seguridad Social. Segundo, se encuentren en activo como profesional colegiado en la respectiva mutualidad a fecha de 31 de diciembre de 2022. Tercero, no tengan la condición de pensionista a cargo de ningún régimen público ni de la respectiva mutualidad alternativa.

Dado que esta propuesta se encuentra en un estado muy embrionario es aún pronto para hacer una valoración, pudiendo incluso cambiar la misma durante su tramitación parlamentaria, pero lo que sí puede anticiparse es que esa situación de desprotección de aquéllos que ejercen por cuenta propia su actividad profesional requiere de una revisión que permita asegurar su suficiencia económica durante la vejez.

VI. LOS INSTRUMENTOS DE AHORRO PRIVADO COMO SISTEMA COMPLEMENTARIO A LAS PENSIONES PÚBLICAS

Como se ha dicho anteriormente, se han analizado distintas medidas y elementos que configuran el actual sistema de pensiones, habiéndolos agrupado en torno a tres pilares: la sostenibilidad financiera, la suficiencia económica y la equidad de las pensiones. Pues bien, corresponde ahora analizar las reformas que se han llevado a cabo para reforzar los sistemas complementarios de pensiones, como forma de fomentar el ahorro previsional que permita completar –y no sustituir– la pensión pública que en el momento de la jubilación se recibirá. En consecuencia, una adecuada regulación de estos sistemas privados de previsión social puede coadyuvar a reforzar esos tres pilares a los que se ha hecho referencia. De hecho, el Componente 30 del Plan de Recuperación pretende alcanzar la sostenibilidad del sistema público de pensiones, manteniendo el poder adquisitivo y garantizando la equidad intergeneracional a través de una serie de medidas entre las que se encuentra la revisión del sistema de previsión social complementaria.

El artículo 41 de la Constitución Española ampara el desarrollo de sistemas complementarios de carácter voluntario, al proclamar que la asistencia y las prestaciones complementarias al régimen público de la Seguridad Social serán libres. En consecuencia, y siguiendo al Tribunal Constitucional, en su sentencia 206/1997, de 27 de noviembre, pueden distinguirse tres niveles: un primer nivel universal, no contributivo, de matiz asistencial, que va dirigido a aquellos que se encuentran en situaciones de necesidad; un segundo nivel de carácter profesional, contributivo, que constituye el núcleo del sistema; y un tercer nivel de prestaciones complementarias de naturaleza libre y gestión privada, a las que pueden acceder quienes voluntariamente quieran completar las prestaciones del sistema público. Como apuntaba el Tribunal Constitucional, en su sentencia 208/1988, de 10 de noviembre, esa asistencia y prestaciones complementarias se basan en una lógica contractual privada y se financian con fondos privados y a cargo de los asegurados.

Desde una perspectiva económico-financiera, como señala la Comisión de Seguimiento y Evaluación de los Acuerdos del Pacto de Toledo, en la recomendación 16 de su Informe de 2020, se trata de instrumentos de ahorro a medio y largo plazo para los trabajadores –que complementarán su futura pensión pública–, así como una herramienta de inversión bajo la tutela de los poderes públicos. Cuando se habla de instrumentos privados de previsión social principalmente se está haciendo referencia a tres instrumentos de ahorro y de previsión frente a determinadas contingencias, como la jubilación o la invalidez. Primero los planes de pensiones –en los que se centra este apartado–, segundo las mutualidades de previsión social –a las que se ha hecho una breve referencia en el apartado anterior a propósito de la problemática recientemente suscitada–, y tercero los contratos de seguro (individuales y colectivos).

El Texto Refundido de la Ley de Regulación de los Planes y Fondos de Pensiones (TRLRPFP)[195] contempla tres modalidades de planes de pensiones: el sistema de empleo, el sistema individual y el sistema asociado, no pudiéndose promover ya esta tercera modalidad[196]. El sistema individual, que se erige como la modalidad que mayoritariamente se ha desarrollado en España, se refiere a planes cuyo promotor es una entidad de carácter financiero (o varias) y cuyos partícipes pueden ser cualesquiera personas físicas. Por su parte, el sistema de empleo corresponde a planes cuyo promotor es cualquier entidad, corporación, sociedad o empresa y cuyos partícipes son sus empleados.

Tanto el Pacto de Toledo como el Plan de Recuperación abogan por dotar de estabilidad al actual modelo de previsión social complementaria, impulsando preferentemente los sistemas sustentados en el marco de la negociación colectiva –esto es, los denominados sistemas de empleo, que integran el segundo pilar– y haciendo más transparente la gestión de los mecanismos de ahorro individual, los cuales integran el tercer pilar. Es, pues, en este marco, que se aprueba la Ley 12/2022, de 30 de junio[197].

---

195 Real Decreto Legislativo 1/2002, de 29 de noviembre, por el que se aprueba el Texto Refundido de la Ley de Regulación de los Planes y Fondos de Pensiones.

196 Los planes de pensiones asociados son aquellos cuyo promotor es una asociación o sindicato, siendo los partícipes sus asociados, miembros o afiliados. Con la reforma operada en el TRLRPFP por la Ley 12/2022, de 30 de junio, deja de poder promoverse esta modalidad, y se establece en su disposición transitoria undécima que dispondrán de un plazo de cinco años para transformarse en planes de pensiones de empleo simplificados.

197 Ley 12/2022, de 30 de junio, de regulación para el impulso de los planes de pensiones de empleo, por la que se modifica el texto refundido de la Ley de Regulación de los Planes y Fondos de Pensio-

Como se apunta en su preámbulo, ha habido un desarrollo desigual de los productos de previsión social individuales y los de previsión social complementaria en el ámbito empresarial, pues en la actualidad el patrimonio gestionado en los fondos de pensiones de empleo representa alrededor de un 25% respecto del total de fondos de pensiones. Conforme a los datos del Observatorio INVERCO, en el año 2017, el 16,4% de los españoles había canalizado parte de sus ahorros hacia planes de pensiones individuales (7.633.781 cuentas de partícipes), ampliándose ese porcentaje hasta un 20% si también se incluyen los planes de pensiones de empleo[198]. Esto significa que apenas un 3,6% de los españoles participaba en un plan del sistema de empleo, lo cual representaba alrededor de 1.675.798 planes en el ámbito laboral. Estos números no han variado mucho si se atiende a datos más recientes, pues en 2023 el número de cuentas de partícipes en planes de pensiones individuales (7,34 millones) sigue siendo elevado en comparación con los planes de pensiones de empleo (donde el patrimonio acumulado en 2023 es de 36.670 millones de euros frente a los 84.923 millones de euros de los planes individuales) y ello, como se verá más adelante, a pesar de haber reducido los límites a las aportaciones financieras tras la reforma de la Ley 12/2022 a estos instrumentos de ahorro individual. De hecho, el Observatorio INVERCO, en su informe publicado en octubre de 2024, señala que, en 2023, la revalorización de los planes de pensiones individuales por las rentabilidades positivas generadas

---

nes, aprobado por Real Decreto Legislativo 1/2002, de 29 de noviembre.

198 Véase Observatorio INVERCO (2017). *Distribución de planes de pensiones individuales por Comunidades Autónomas y Provincias (2017)*. Disponible en: https://view.publitas.com/evercom/patrimonio-y-participes-en-pp-individuales-por-ccaa-y-provincias-2017/page/1 (acceso: 22 abril 2025).

ha permitido compensar el déficit de aportación debido a las reducciones impuestas a tales límites[199].

Tradicionalmente, parece que los planes de pensiones de empleo (o laborales) se han relacionado con grandes empresas, esto es, son las grandes corporaciones las que normalmente promueven esta modalidad de planes de pensiones, siendo partícipes sus empleados, por lo que los trabajadores de las PYMEs o los trabajadores autónomos no suelen acceder a esa modalidad de planes de pensiones. Por tanto, con esta reforma se pretende dar un impulso a los planes de pensiones de empleo. Se potencia, así, el segundo pilar del sistema de pensiones mediante los nuevos Fondos de Pensiones de Empleo de Promoción Pública (FPEPP) y los Planes de Pensiones de Empleo Simplificados (PPES).

Por un lado, los FPEPP son fondos de pensiones de carácter abierto[200] que promueve el Ministerio de Inclusión, Seguridad Social y Migraciones a través de la Comisión Promotora y de Seguimiento que se ha creado a tal efecto, y cuyo ámbito de actuación es el desarrollo de planes de pensiones del sistema

---

199 Observatorio INVERCO, *Informe Observatorio Inverco 2023: La inversión en Planes de Pensiones Individuales por CCAA y provincias*, 2024, pp. 1 y 4.
Según datos de la Comisión Europea, en 2022, del total de planes de pensiones, un 61% serían planes de pensiones individuales mientras que un 39% pertenecerían a la modalidad de empleo (EUROPEAN COMMISSION, *2024 Ageing Report..., op. cit.*, p. 9).

200 Téngase en cuenta que los fondos de pensiones son patrimonios que se crean solamente con el objetivo de dar cumplimiento a planes de pensiones (art. 2 del TRLRPFP), y que son de carácter abierto cuando se pueden canalizar las inversiones de otros fondos de pensiones y de planes de pensiones adscritos a otros fondos (arts. 11.9.b) y 11 *ter* del TRLRPFP).

de empleo[201]. Son susceptibles de integrarse en estos FPEPP tres modalidades de planes de pensiones de empleo: (i) los planes de pensiones de empleo simplificados; (ii) los planes de pensiones de empleo de aportación definida para la contingencia de jubilación (sin perjuicio de que puedan ofrecer prestaciones definidas para el resto de las contingencias siempre y cuando las mismas se encuentren totalmente aseguradas); y (iii), los planes de pensiones de empleo de las dos modalidades anteriores que estén sujetas a la legislación social y laboral de otros Estados miembros conforme a lo establecido en la Directiva (UE) 2016/2341[202].

Señala el nuevo art. 60.3 del TRLRPFP en relación con su régimen de inversiones que los activos de los fondos de pensiones se invertirán exclusivamente en interés de los partícipes y beneficiarios tomando en consideración no solo la rentabilidad y el riesgo, sino también el impacto social y ambiental. De esta forma, estos fondos no podrán invertirse en empresas que tengan alguna sede en territorios calificados como "paraísos fiscales" ni tampoco en empresas que hayan cometido delitos ambientales o laborales en los últimos diez años.

Por otro lado, cuando se habla de PPES, el nuevo art. 67 del TRLRPFP contempla cuatro modalidades de planes de pensiones. Primero, los planes de pensiones de empleo promovidos por empresas que estén incluidas en los acuerdos colectivos de

---

201 La creación de estos nuevos FPEPP suponen dar cumplimiento a la disposición adicional cuadragésima de la Ley 11/2020, de 30 de diciembre, de Presupuestos Generales del Estado para el año 2021, conforme a la cual el Gobierno tenía un plazo de doces meses para presentar un proyecto de ley sobre fondos de pensiones públicos de empleo en el que se atribuya a la Administración General del Estado la capacidad legal para promoverlos.

202 Directiva (UE) 2016/2341 del Parlamento Europeo y del Consejo, de 14 de diciembre de 2016, relativa a las actividades y la supervisión de los fondos de pensiones de empleo.

carácter sectorial que instrumenten compromisos por pensiones en favor de sus trabajadores (especialmente para promover su implantación en las PYMEs). La segunda modalidad se refiere a los planes de pensiones de empleo promovidos por las Administraciones públicas. Tercero, los planes de pensiones de trabajadores autónomos, los cuales estarán promovidos por asociaciones, federaciones, confederaciones o uniones de asociaciones de trabajadores por cuenta propia, por sindicatos, por colegios profesionales o por mutualidades de previsión social, en los que los partícipes sean exclusivamente trabajadores autónomos y no exigiendo como condición previa que sean asociados. En otras palabras, para poder adscribirse al plan que promueva una asociación de trabajadores por cuenta propia no será necesario que el partícipe fuese previamente asociado. En cuarto y último lugar, los planes de pensiones que promuevan las sociedades corporativas y laborales y las organizaciones representativas de las mismas para los socios de esas sociedades corporativas y laborales.

Además de la creación de estas dos nuevas figuras para reforzar el segundo pilar del sistema de pensiones, la Ley 12/2022, de 30 de junio, introduce otras medidas para impulsar los planes de pensiones de empleo, como es la modificación del requisito de antigüedad mínima que deben reunir los trabajadores para acceder a un plan de pensiones laboral (art. 5.1.a). 1° del TRLRPFP). Así pues, frente a una antigüedad mínima de dos años que se venía exigiendo, desde el 1 de enero de 2023 no se puede exigir a los trabajadores una antigüedad superior a un mes para poder acogerse al plan de pensiones de empleo que promueva la empresa. Ahora bien, este requisito mínimo de un mes que se fija para dar cumplimiento con el principio de no discriminación del art. 5.1.a) del TRLRPFP no impide que cualquier plan de pensiones de empleo pueda prever el acceso con una antigüedad menor. En otras palabras, si bien puede establecerse que el trabajador pueda acogerse al plan del sistema de empleo desde el inicio de la relación laboral, no podrá en ningún caso exigirse una antigüedad superior a un mes, pues en otro caso ese plan resultaría discriminatorio. Igualmente, la Ley 12/2022, de 30 de junio, modifica el art. 5.1.a). 2º del TRLRPFP de forma que se implementen medidas correctoras que eviten la brecha de género, como por ejemplo que se mantengan las contribuciones empresariales en los supuestos de reducción de jornada.

Asimismo, se modifican los límites de aportación financiera a los planes de pensiones recogidos en el art. 5.3.a) del TRLRPFP, habiéndose vuelto a modificar por la Ley 31/2022, de 23 de diciembre, de Presupuestos Generales del Estado para el año 2023. Antes de comentar cuales son las cuantías anuales máximas que tras las reformas de julio y diciembre de 2022 pueden aportarse a los planes de pensiones, es preciso indicar que estos límites han sufrido varias modificaciones desde la aprobación y entrada en vigor del TRLRPFP. En particular, desde que la norma entrase en vigor en diciembre de 2002, las aportaciones máximas que pueden realizarse a una de las modalidades de planes de pensiones reguladas en el TRLRPFP se han modificado hasta siete veces. Estas modificaciones en las aportaciones máximas han tenido su traslado –como se verá más adelante en este trabajo– a los límites en la reducción de la base imponible del Impuesto sobre la Renta de las Personas Físicas (IRPF). Ello no contribuye a la seguridad jurídica ni a la estabilidad que tanto se requieren cuando se va a invertir en instrumentos de ahorro previsional a largo plazo. Así, como dice la AIReF, los cambios continuados de los límites o de los criterios de rescate pueden generar desconfianza sobre el producto y mermar el grado de cumplimiento final del objetivo que se persigue con el incentivo[203], que no es otro que fomentar el ahorro previsional a medio y largo plazo.

---

[203] AIReF, *Evaluación del Gasto Público 2019. Estudio Beneficios Fiscales*, 2020, p. 49.

Tabla 3. Resumen límite aportación financiera (2007-2022).

Resumen límite aportación financiera (2002-2022)
Desde 14 diciembre 2002 hasta 31 diciembre 2003: 7.212,15 euros, incrementándose en 1.202,02 euros por cada año del partícipe que exceda de 52 años y siendo el límite de 22.838,46 euros cuando se trate de partícipes de 65 años o más
Desde 1 enero 2004 hasta 31 diciembre 2006: 8.000 euros, incrementándose en 1.250 euros por cada año del partícipe que exceda de 52 años y siendo el límite de 24.250 euros cuando se trate de partícipes de 65 años o más
Desde 1 enero 2007 hasta 31 diciembre 2014: 10.000 euros, siendo el límite de 12.500 euros cuando se trate de partícipes mayores de 50 años
Desde 1 enero 2015 hasta 31 diciembre 2020: 8.000 euros
Desde 1 enero 2021 hasta 31 diciembre 2021: 2.000 euros, pudiéndose incrementar en 8.000 euros cuando ese aumento provenga de contribuciones empresariales
Desde 1 enero 2022 hasta 1 julio 2022: 1.500 euros, pudiéndose incrementar en 8.500 euros cuando ese aumento provenga de contribuciones empresariales, o de aportaciones del trabajador a ese mismo instrumento por igual o inferior cuantía

Fuente: elaboración propia

En la actualidad, y desde la entrada en vigor el 2 de julio de 2022 de la Ley 12/2022, de 30 de junio, se establece un límite general de 1.500 euros anuales por el total de aportaciones y contribuciones empresariales a planes de pensiones, que se ve incrementado en dos supuestos (art. 5.3.a) del TRLRPFP)[204]. Por una parte, este límite se incrementa en 8.500 euros anuales, siempre que ese aumento provenga de contribuciones empresariales, o de aportaciones que haga el trabajador a ese mismo instrumento por importe igual o inferior a las cantidades

[204] Téngase en cuenta que este precepto vuelve a ser modificado por la Ley 31/2022, de 23 de diciembre. En particular, la modificación afecta a la tabla recogida en el primer inciso del art. 5.3.a) del TRLRPFP, cuyo objetivo, según señala su preámbulo, es «*garantizar que las aportaciones máximas que pueda realizar un trabajador por cuenta ajena al mismo instrumento de previsión social al que se han realizado contribuciones por parte del empresario no experimenten caída alguna por el incremento de las contribuciones empresariales*».

que resulten de la siguiente tabla[205] en función del importe anual de la contribución empresarial:

Tabla 4. Tabla vigente del art. 5.3.a). 1.º TRLRPFP

Importe anual contribución	Aportación máxima del trabajador
Igual o inferior a 500 euros	Resultado de multiplicar la contribución empresarial por 2,5
Entre 500,01 euros y 1.500 euros	1.250 euros, más el resultado de multiplicar 0,25 por la diferencia entre la contribución empresarial y 500 euros
Más de 1.500 euros	Resultado de multiplicar la contribución empresarial por 1

No obstante, y como señala el art. 5.3.a). 1° del TRLRPFP, cuando el trabajador obtenga unos rendimientos íntegros del trabajo anuales por encima de 60.000 euros, procedentes de la empresa que realiza la contribución, se aplicará en todo caso el multiplicador 1. Piénsese, por ejemplo, que un trabajador percibe rendimientos del trabajo inferiores a 60.000 euros y que la empresa ha imputado contribuciones empresariales al plan de pensiones de empleo por un importe de 1.400 euros. En atención a lo dispuesto en la tabla del art. 5.3.a). 1° del TRLRPFP, el trabajador podrá realizar aportaciones a ese plan de pensiones de hasta 1.475 euros [1.250 euros + 0,25 (1.400 euros – 500 euros)]. La suma del importe de la contribución empresarial y de la aportación máxima que podría hacer el trabajador (2.875 euros) computará dentro del incremento de

[205] Esta tabla despliega sus efectos desde el 1 de enero de 2023, pues desde el 2 de julio de 2022 hasta el 31 de diciembre de 2022 fueron de aplicación los coeficientes que introdujo la Ley 12/2022, de 30 de junio, en el art. 5.3.a). 1° del TRLRPFP:

Contribución igual o inferior a 500 euros	Contribución entre 500,01 y 1.000 euros	Contribución entre 1.000,01 y 1.500 euros	Contribución superior a 1.500 euros
2,5	2	1,5	1

8.500 euros. En cambio, si el trabajador percibe en el ejercicio rendimientos del trabajo superiores a 60.000 euros y la empresa ha imputado contribuciones empresariales al plan de pensiones de empleo por un importe de 1.400 euros, el trabajador solamente podrá realizar aportaciones de hasta 1.400 euros (pues, en este supuesto se aplica el multiplicador 1). De esta forma, cuando se supera ese umbral de rendimientos del trabajo de 60.000 euros, la aportación máxima del trabajador no puede superar a la que haya hecho el empresario. En cualquier caso, la suma (2.800 euros) de la contribución empresarial y de la aportación máxima del trabajador computará dentro de ese incremento de 8.500 euros.

Por otra parte, el art. 5.3.a). 2º del TRLRPFP prevé incrementar el límite general de 1.500 euros en 4.250 euros anuales siempre y cuando ese aumento provenga de aportaciones a los PPES de trabajadores por cuenta propia. De este modo también se contempla un límite superior al general de 1.500 euros respecto de las aportaciones a planes de pensiones promovidos a favor de trabajadores autónomos, lo cual como se verá más adelante supone también incrementar el importe de la posible reducción en la base imponible del IRPF para este colectivo.

El art. 5.3.a) del TRLRPFP cierra diciendo que la cuantía máxima de aportaciones y contribuciones empresariales por aplicación de estos incrementos –es decir, los previstos en los números 1º y 2º del meritado precepto– será de 8.500 euros anuales. En otras palabras, la cuantía máxima que se podrá aportar, considerando esos incrementos de 8.500 euros y de 4.250 euros respectivamente, no podrá superar los 8.500 euros al año.

Finalmente, y en atención a ese fin de impulsar los planes del sistema de empleo, la Ley 12/2022, de 30 de junio, introduce una disposición adicional cuadragésima séptima en el TRLGSS mediante la cual establece una reducción de la cuota empresarial por contingencias comunes a la Seguridad Social respecto de los importes de las contribuciones empresariales a los planes de pensiones de empleo. Esta reducción a la que tienen derecho las empresas es exclusivamente por el incremento en la cuota que derive directamente de la aportación empresarial al plan de pensiones, y será de aplicación por la Tesorería General de la Seguridad Social a instancia de la empresa, por lo que previamente habrá que identificar los trabajadores, el período de liquidación y el importe de las contribuciones empresariales que efectivamente haya realizado.

Señala en su preámbulo la Ley 12/2022, de 30 de junio, que esta medida debe actuar como incentivo a la negociación colectiva sectorial para generalizar entre la población trabajadora esta clase de instrumentos de dimensión colectiva. Dicho esto, cabe apuntar que, si bien la introducción de esta reducción de las cuotas empresariales a la Seguridad Social puede fomentar las contribuciones empresariales a planes de pensiones, muy probablemente la aportación financiera que se haga en la práctica a estos mecanismos estará bastante lejos de las cuantías anuales máximas que establece el art. 5.3 del TRLRPFP, pues el límite de la reducción es significativamente inferior. Así, para determinar el importe máximo de estas contribuciones a las que se aplicará una reducción del 100% ha de multiplicarse por trece la cuota que resulte de aplicar a la base mínima diaria de cotización del grupo 8 del Régimen General de la Seguridad Social para contingencias comunes el tipo general de cotización a cargo de la empresa para la cobertura de dichas contingencias[206].

Conforme a las bases y tipos de cotización para 2025, la base mínima diaria de cotización por contingencias comunes para el grupo 8 del Régimen General de la Seguridad Social es de 46,04 euros y el tipo por contingencias comunes a cargo de la

---

[206] El grupo 8 del Régimen General de la Seguridad Social se refiere a oficiales de primera y de segunda.

empresa es de 23,60%. Por tanto, resulta una cuota de 10,86 euros que al multiplicarla por trece da un importe máximo mensual de la aportación empresarial con derecho a reducción de 141,25 euros y, por ende, de 1.695 euros al año. Si ponemos en relación el límite de la reducción de las cuotas empresariales a la Seguridad Social con las cuantías máximas que se pueden aportar, por parte del empresario, a los planes de pensiones de empleo, parece difícil que en la práctica la empresa realice una contribución empresarial superior al importe de la reducción que podría aplicarse. En esta misma línea, el Instituto de Estudios Económicos (IEE) señalaba en su informe de octubre de 2022 que, aunque el límite en aportaciones a planes de pensiones de empleo es un umbral al que teóricamente es posible llegar, dado que el límite de la reducción de las cuotas a la Seguridad Social es muy inferior resulta complicado que las empresas sean capaces de alcanzar el nivel máximo de la aportación, debido también a los costes adicionales que ello supone. En otras palabras, no se va a aprovechar todo el potencial teórico del instrumento[207].

---

207 Instituto de Estudios Económicos, *Por una mejora de los incentivos fiscales a los planes de pensiones. Análisis comparado de la tributación actual del segundo y tercer pilar en Europa* (Opinión del IEE), 2022, p. 21.

Capítulo 3.

La senda del gasto público en pensiones y los elementos que la determinan

Conforme a los datos del Banco de España, en el año 2023, el gasto en pensiones, en sus modalidades contributiva y no contributiva, e incluyendo las clases pasivas, alcanzó el 13,1% del PIB[208]. El Gobierno se comprometió con la Comisión Europea en el marco del Plan de Recuperación a que el gasto neto promedio en pensiones en el período 2022-2050 no superase el 13,3% del PIB. Éste es, de hecho, el umbral que –como ya se ha visto– se marca en la disposición adicional segunda del Real Decreto-ley 2/2023, de 16 de marzo, para que se active el mecanismo corrector ante desviaciones de la senda de sostenibilidad establecida. Las últimas proyecciones de gasto por parte del Ministerio de Inclusión, Seguridad Social y Migraciones podría decirse que son "bastante optimistas" al estimar el gasto neto promedio en pensiones para el período 2022-2050 en 12,4% del PIB[209].

Por su parte, en las proyecciones elaboradas por la Comisión Europea en su último *Informe sobre Envejecimiento 2024 (2024 Ageing Report)* se prevé que el gasto bruto para el promedio 2022-2050 sea del 15,1% del PIB[210]. Precisamente, los datos contenidos en este informe son los que debe utilizar la AIReF, tal y como

208 BANCO DE ESPAÑA, *Informe Anual 2023* (publicado en abril 2024), p. 146.

209 MINISTERIO DE INCLUSIÓN, SEGURIDAD SOCIAL Y MIGRACIONES, *Proyecciones del Gasto Público en Pensiones en España*, *op. cit.*, p. 9.

210 EUROPEAN COMMISSION, *2024 Ageing Report...*, *op. cit.*, p. 41.

establece la disposición adicional segunda del Real Decreto-ley 2/2023, de 16 de marzo, y el art. 12 del Real Decreto 100/2025, de 18 de febrero, para hacer el seguimiento de las proyecciones del impacto estimado, tanto en la vertiente de los ingresos como de los gastos, de las medidas adoptadas desde 2020. Es decir, la AIReF, como ella misma señala en su *Informe de Evaluación de la Regla de Gasto en Pensiones*, debe comprobar si el gasto estimado para el período 2022-2050 por la Comisión Europea menos el impacto de las medidas de ingresos supera o no el 13,3% del PIB[211]. Igualmente, apunta la AIReF en este informe que el gasto medio bruto público en pensiones para el período 2022-2050 del *Ageing Report* de la Comisión actualizado con los últimos datos observados se sitúa en el 14,6% del PIB[212]. De esta forma, respecto de esta cifra actualizada, ha de comprobarse si tomando en consideración el impacto de las medidas de ingresos se cumple o no con la regla de gasto establecida. Pues bien, y sin perjuicio de ir desgranando el contenido de este informe a lo largo de este capítulo, la conclusión de la AIReF es que el límite establecido por la disposición adicional segunda del Real Decreto-ley 2/2023 no se supera, al estimarse un gasto en pensiones neto de medidas de ingresos del 13,2% del PIB en promedio del período 2022-2050[213]. Por consiguiente, por el momento, no han de adoptarse posibles medidas para eliminar un exceso de gasto ni ha de activarse el mecanismo corrector ante desviaciones de la senda de sostenibilidad.

---

211 AIReF, «Informe de Evaluación de la Regla de Gasto de Pensiones», *op. cit.*, p. 5.

212 Ídem, p. 19. Las diferencias entre las cifras publicadas en el *2024 Ageing Report* y las actualizadas es la revisión del nivel del PIB nominal y el mayor crecimiento registrado del PIB respecto a la previsión que la AIReF hizo en 2023.

213 AIReF, «Informe de Evaluación de la Regla de Gasto de Pensiones», *op. cit.*, p. 8.

Las medidas adoptadas entre 2021 y 2023 pretenden asegurar la sostenibilidad financiera del sistema de pensiones –no superando el citado umbral– ante la previsión de que el gasto en pensiones siga aumentando como consecuencia, principalmente, de la inversión de la pirámide poblacional. De hecho, y aunque la estimación del gasto neto en pensiones para el período 2022-2050 se mantiene, por ahora, dentro del umbral fijado, lo cierto es que la presión del gasto en pensiones va a ser mayor[214], principalmente por el aumento del número de pensionistas en los próximos años. En esencia, el factor demográfico es especialmente relevante en la financiación de las pensiones en la medida en que nuestro sistema se nutre de las aportaciones de la población en edad de trabajar, de la cual depende la población en edad de jubilación. Ahora bien, la evolución del gasto en pensiones también va a depender de otros elementos o factores, como son la situación del mercado de trabajo y la relación entre la pensión media y la productividad media de la economía[215].

---

214 La AIReF señala en su informe publicado el 31 de marzo de 2025 que, a pesar de cumplirse la regla de gasto, no se constata una mejora del sistema público de pensiones, siendo la previsión que el gasto aumente en 0,4 puntos de PIB más entre 2022 y 2050 (AIReF, «Informe de Evaluación de la Regla de Gasto de Pensiones», *op. cit.*, p. 8).

215 En este sentido, Hernández de Cos, Jimeno y Ramos señalaban en 2017 que, desde una perspectiva agregada, el gasto en pensiones –expresado en relación con el PIB– depende de tres factores: uno de carácter demográfico, otro relacionado con el mercado laboral y, tercero, por la relación entre la pensión media y la productividad media de la economía (HERNÁNDEZ DE COS, P., JIMENO, J.F. y RAMOS, R., «El sistema público de pensiones en España: situación actual, retos y alternativas de reforma», *Documentos Ocasionales – Banco de España*, núm. 1701, 2017, pp. 19-21).

I. EL FACTOR DEMOGRÁFICO Y SU INCIDENCIA EN LA TASA DEPENDENCIA

España ha sufrido una profunda transformación demográfica durante las últimas décadas, caracterizada por una intensa caída de la tasa de natalidad, un incremento de la esperanza de vida y un saldo migratorio positivo[216]. Así, mientras que entre finales de los años cincuenta y mediados de los setenta se registraba una explosión de la natalidad, conocida como "baby boom", los años siguientes se caracterizaron por un importante descenso de la natalidad. Esto significa que, en la actualidad, los nacidos en esos años, que representan un significativo porcentaje de la población española, están comenzando a jubilarse y, por ende, a descender la población activa. Dicho de otro modo, cuando la generación del "baby boom" fue alcanzando la edad de trabajar fue accediendo al mercado laboral, permitiendo así cubrir el gasto de las personas que, poco a poco, iban dándose de baja en el mismo y accediendo a la jubilación. Sin embargo, cuando ahora esa generación está concluyendo su etapa laboral, no existe una proporción similar de población que se incorpore o continue en el mercado de trabajo. Esto, como vamos a ver, se debe principalmente al descenso de la tasa de natalidad, así como al incremento de la esperanza de vida.

En esencia, la evolución demográfica en España destaca por un notable aumento del peso poblacional de las personas de mayor edad, conllevando un incremento sustancial del gasto en pensiones en las próximas décadas[217]. Conforme al *2024 Ageing Report* publicado por la Comisión Europea, las proyecciones demográficas en España muestran un crecimiento na-

---

216 RAMOS, R., «El nuevo factor de revalorización y de sostenibilidad del sistema de pensiones español», *op. cit.*, p. 77.

217 BANCO DE ESPAÑA, *Informe Anual 2023* (publicado en abril 2024), p. 147.

tural negativo por la combinación de tasas de natalidad bajas y una población que envejece durante el período 2022-2070, acelerándose esta tendencia entre los años 2030 y 2050. Por un lado, la tasa de natalidad aumentará moderadamente desde 1,2 hijos por mujer en 2022 hasta 1,4 hijos en 2070. Por otro lado, la tasa de mortalidad cae durante ese período, resultando en una mayor esperanza de vida al nacer[218].

A este respecto, señala el Banco de España en su último informe anual, publicado en abril de 2024, que la significativa caída de las tasas de natalidad y de mortalidad ha producido un considerable envejecimiento poblacional, que se seguirá intensificando en las próximas décadas y será más acusado que en otros países de nuestro entorno[219]. Si bien estas tasas muestran un crecimiento natural negativo de la población española, la previsión es que haya cierto crecimiento demográfico como consecuencia de la migración neta. En el año 2022, influenciado en gran media por la llegada de refugiados ucranianos, se observó un alto nivel de migración neta, con la llegada de 677.200 migrantes netos. La previsión es que estas cifras vayan reduciéndose, situándose en 220.000 migrantes netos por año entre 2030 y 2050, y en alrededor de 190.000 migrantes netos al año desde 2050 hasta 2070[220].

En la medida en que la población dependiente (esto es, los mayores de 65 años) sea más numerosa que la población en edad de trabajar aumentará la tasa de dependencia y, por ende, el gasto en pensiones será mayor. El preámbulo de la Ley 23/2013, de 23 de diciembre, apuntaba a la especial influencia que tiene la tasa de dependencia en un sistema de pen-

---

[218] EUROPEAN COMMISSION, *2024 Ageing Report..., op. cit.*, p. 20.

[219] BANCO DE ESPAÑA, *Informe Anual 2023* (publicado en abril 2024), p. 132.

[220] EUROPEAN COMMISSION, *2024 Ageing Report..., op. cit.*, p. 20.

siones como el nuestro, basado en un sistema de reparto[221], donde el progresivo aumento de la longevidad conlleva que la población dependiente (es decir, la población en edad de jubilación) sea mucho más elevada que la población activa, de la cual depende aquélla. En particular, en el año 1900 la esperanza de vida de los españoles con 65 años era de unos 10 años, mientras que en 2013 (cuando se aprueba la citada Ley) era de 19 años. Conforme a las últimas proyecciones, elaboradas por la Comisión Europea en su informe sobre envejecimiento, teniendo en cuenta que a partir del año 2027 la edad ordinaria de jubilación será a los 67 años (salvo que se hayan cotizado 38 años y 6 meses para poder jubilarse a los 65 años), la esperanza de vida aumentará casi cinco años entre 2022 y 2070. Es decir, en el año 2070, la esperanza de vida con 67 años será de 22,4 años para los hombres y de 25,8 años para las mujeres[222].

En consecuencia, durante las próximas décadas seguirá aumentando el número de personas que acceden a la jubilación, no compensándose ello con un aumento de la natalidad. En 2023, nacieron menos de 900 niños al día, mientras que 895 personas –esto es, prácticamente la misma cifra– accedieron a la jubilación cada día durante ese año. Cabe esperar que esta cifra se incremente en los próximos años dado que la generación del "baby boom", esto es, los nacidos entre 1957 y 1977, comienza a jubilarse[223]. En esencia, durante 2025, los nacidos entre 1959 y 1960 cumplirán (o han cumplido ya) 66 y 65 años, estando actualmente la edad de jubilación en 66 años y 8 meses

---

221 Esto significa que la estabilidad del sistema de pensiones español depende crucialmente de la ratio entre beneficiarios y contribuyentes al sistema de la Seguridad Social (RAMOS, R., «El nuevo factor de revalorización y de sostenibilidad del sistema de pensiones español», *op. cit.*, p. 78).

222 EUROPEAN COMMISSION, *2024 Ageing Report...*, *op. cit.*, p. 20.

223 Alrededor de 14 millones de personas nacieron en este período.

(salvo que se acredite un período cotizado de 38 años y 3 meses o más para jubilarse a los 65 años).

Los indicadores de natalidad del INE muestran como en la última década la natalidad ha ido descendiendo, pues mientras que en 2012 hubo 9,70 nacimientos por cada mil habitantes, en el año 2022 esa cifra fue de 6,88 nacimientos. En particular, los nacimientos se redujeron un 2,4% durante 2022 y el número medio de hijos por mujer bajó hasta 1,16. En algunas Comunidades Autónomas, en 2022, el número de nacimientos por cada mil habitantes superó ligeramente la media nacional, como en la Región de Murcia (8,69), en las Islas Baleares (7,58) o en la Comunidad de Madrid (7,49). Sin embargo, en algunas Comunidades Autónomas el descenso de la natalidad es más acusado. Es el caso del Principado de Asturias, donde en el año 2022 hubo 4,72 nacimientos por cada mil habitantes, siendo la región española donde menos nacimientos se produjeron ese año. También las regiones de Canarias, Cantabria, Castilla y León y Galicia registraron cifras inferiores a los 6 nacimientos por cada mil habitantes.

Actualmente, y conforme a los datos publicados en febrero de 2025 por el INE[224], parece observarse un ligero aumento de la natalidad, pues durante el año 2024 se registraron 1.378 nacimientos más que en 2023. En particular, en el año 2024 se estima que hubo en total 322.034 nacimientos en España, lo que supone un aumento del 0,4% respecto al año anterior. Ahora bien, desde octubre de 2021 no se superan los 30.000 nacimientos al mes, y son datos muy inferiores a los de hace una década. De hecho, en los dos primeros meses de 2025, se han registrado 27.170 nacimientos en enero y 24.136 nacimientos en febrero.

---

[224] Véase *Estimación mensual de nacimientos. Últimos datos* en el sitio web del INE: https://www.ine.es/dyngs/Prensa/EDES_EMN2024.htm (acceso: 29 abril 2025).

Son múltiples las causas que inciden en el descenso de la natalidad en España, tales como la inestabilidad laboral, el acceso tardío al mercado de trabajo, la falta de conciliación de la vida personal, familiar y laboral, el coste de crianza de los hijos o incluso otras razones como cambios en las prioridades de los jóvenes (la preferencia de estudiar y viajar antes de asentarse) o las dificultades para encontrar una pareja estable con la que formar una familia[225]. De hecho, y conforme a los datos del INE, en el año 2022, por primera vez nacieron más hijos de mujeres solteras que de mujeres casadas. En concreto, la proporción de niños nacidos en 2022 de madres no casadas (tanto de nacionalidad española como extranjera) fue del 50,14%.

Así, las bajas tasas de natalidad unidas al constante incremento de la esperanza de vida van a ejercer una presión sobre el gasto público en pensiones (además de sobre el gasto sanitario, asistencial y de cuidados). En efecto, como ya se ha mencionado en este trabajo, la evolución de la esperanza de vida al nacer es claramente favorable, observándose un continuo aumento de la longevidad, lo que convierte a España en uno de los países con una mayor esperanza de vida del mundo. Conforme al informe del Ministerio de Sanidad sobre *Esperanzas de vida en España*, en 2021, la esperanza de vida al nacer en España fue de 83,2 años y, lo que es más importante, el número de años de vida saludable al nacer fue de 79,4 años, lo que supone el 95,5% de los años de esperanza de vida vividos sin

---

[225] Según una noticia de prensa publicada en septiembre de 2023, más del 10% de los nacimientos corresponden a mujeres mayores de 40 años y una gran parte atribuye ese retraso a la falta de pareja. Disponible en: https://okdiario.com/curiosidades/quieres-saber-cuantos-bebes-nacen-dia-espana-cifra-te-dejara-helado-11509713 (acceso: 29 abril 2025).

limitación[226]. Por tanto, no se trata de "vivir más" sino de "vivir mejor más años".

Según el citado informe del Ministerio de Sanidad, la esperanza de vida al nacer en España es mayor en las mujeres que en los hombres (80,3 años en hombres y 86,1 años en mujeres)[227], al igual que ocurre en la mayoría de los países de nuestro entorno. Ello se debe a la mayor vulnerabilidad masculina a las enfermedades del corazón y a una mayor exposición a conductas de riesgo relacionadas con el tabaco y la dieta[228]. También varía la esperanza de vida según la región. Así, en 2021, las Comunidades Autónomas con mayor esperanza de vida fueron Madrid, Navarra y Castilla y León. Por su parte, Andalucía, Extremadura y Murcia fueron las Comunidades Autónomas con menor esperanza de vida al nacer en 2021[229].

Como se ha dicho antes, los llamados "baby boomers" están comenzando a alcanzar la edad de 65 y 66 años, lo que conlleva un incremento en el número de personas que acceden a la jubilación. Como también se ha dicho, este aumento en las altas de pensionistas va a tener su consiguiente reflejo en el gasto público, ejerciendo una mayor presión sobre el gasto en pensiones hasta prácticamente el año 2050. De hecho, las medidas implementadas entre 2021 y 2023 para asegurar la sostenibilidad del sistema público de pensiones se han concebido

---

226 MINISTERIO DE SANIDAD, *Esperanzas de vida en España, 2021*, Madrid, 2023, pp. 4-5. Disponible en: https://www.sanidad.gob.es/estadEstudios/estadisticas/inforRecopilaciones/ESPERANZAS_DE_VIDA_2021.pdf (acceso: 29 abril 2025).

227 Con los datos más recientes del INE, en 2024, la esperanza de vida al nacer en España es de 80,7 años en los hombres y 86,2 años en las mujeres.

228 MINISTERIO DE SANIDAD, *Esperanzas de vida en España, 2021, op. cit.*, p. 12.

229 Ídem, p. 13.

para el período 2022-2050. Las proyecciones que sobre el gasto público en pensiones realiza el Ministerio de Inclusión, Seguridad Social y Migraciones es que el mismo comience a descender a partir de la segunda mitad de 2040 y más allá de 2050. La explicación a esta bajada del porcentaje de gasto en pensiones sobre el PIB después de 2050 es que al ciclo del "baby boom" le siguió, a partir de los primeros años de la década de 1980, una caída de la natalidad lo que implicará un menor número de nuevas pensiones desde mediados de la década de 2040[230]. La estimación de la AIReF es que el número de pensionistas no va a dejar de crecer hasta mediados de la década de 2050, pasando de unos diez millones en 2023 hasta un máximo de dieciséis millones[231].

Por ende, todavía son varios los años en los que va a haber un número significativo de personas que accederán a la jubilación, y no cabe esperar que ello vaya compensándose con un aumento de la natalidad. Ha de apuntarse, no obstante, que cada vez más la longevidad va a estar acompañada de mejores condiciones y una mayor calidad de vida, pues –como se ha visto– el porcentaje de años vividos sin limitación es muy elevado. En particular, y si nos fijamos en los años de vida saludable a los 65 años, conforme al Ministerio de Sanidad, va a ser de casi 20 años. En concreto, al cumplir 65 años, la previsión es que los próximos 18,7 años sean de vida saludable[232]. Puede, así, reflexionarse sobre el envejecimiento activo y la compatibilidad entre la jubilación y ciertas actividades laborales o profesionales.

---

[230] MINISTERIO DE INCLUSIÓN, SEGURIDAD SOCIAL Y MIGRACIONES, *Proyecciones del Gasto Público en Pensiones en España, op. cit.*, p. 58.

[231] AIReF, «Informe de Evaluación de la Regla de Gasto de Pensiones», *op. cit.*, p. 23.

[232] MINISTERIO DE SANIDAD, *Esperanzas de vida en España, 2021, op. cit.*, p. 23.

Como se decía antes, en 2023, cada día accedieron a la jubilación 895 personas frente a las 2.000 personas que pasaron a formar parte de la población activa. Esto significa que por cada persona que cesó en su actividad laboral y accedió a la jubilación, se incorporaron aproximadamente dos personas al mercado de trabajo (en el siguiente apartado se hará referencia a la influencia de la situación del mercado laboral en el gasto en pensiones). En el mes de marzo de 2025[233], el número de altas iniciales en pensiones por jubilación (en su modalidad contributiva) ha sido de 22.026 en el Régimen General de la Seguridad Social. Por su parte, el número de bajas (por fallecimiento) en ese mismo mes ha sido de 14.332. Se observa, pues, como las altas superan ampliamente a las bajas del sistema por ese importante peso que la población mayor tiene en nuestro país, a lo que se une la baja tasa de mortalidad y la evolución favorable de la esperanza de vida.

El significativo número de altas de pensiones por jubilación que se producen y se van a seguir produciendo tiene su reflejo en el aumento paulatino de la tasa de dependencia y, por consiguiente, en el aumento del gasto en pensiones. Así, y como ya se ha dicho en la introducción de esta obra, la tasa de dependencia de la población mayor de 64 años se sitúa en el 31%, de forma que por cada persona mayor hay tres adultos en edad laboral. La previsión es que para el año 2050 esta tasa alcance el 54%, lo que implicará menos de dos adultos en edad de trabajar por cada persona mayor. Estos datos del INE coinciden con los que maneja el Banco de España en su último informe anual, donde estima que la tasa de dependencia (la cual define como la ratio entre los mayores de 66 años y el colectivo de entre 16 y 66 años)

---

233 Los datos que se comentan a continuación se han obtenido de *Altas y bajas de pensiones contributivas* del INSS, disponibles en: https://www.seg-social.es/wps/portal/wss/internet/EstadisticasPresupuestosEstudios/Estadisticas/EST23/EST44 (acceso: 3 mayo 2025).

aumentará en España entre 2023 y 2053 en 27,2 puntos porcentuales, situándose en el 53,8% en el año 2053. Sin embargo, en el promedio de la UE el incremento será de 16,2 puntos porcentuales, lo que implicará un aumento de hasta el 45,8%[234]. Por su parte, en el informe publicado a finales de marzo de 2025 por la AIReF, la explicación al crecimiento del gasto en pensiones desde el 12,9% del PIB en 2023 al 16,1% del PIB en 2050 está principalmente en la evolución demográfica, determinando que la tasa de dependencia aumente hasta casi duplicarse en 2050[235].

Por consiguiente, este paulatino aumento de la tasa de dependencia va a llevar aparejado que la presión sobre el gasto en pensiones vaya incrementándose. Ahora bien, como se ha dicho, el gasto en pensiones no depende sólo de la proporción entre la población jubilada (esto es, cómo evolucione el número de pensiones) y la población en edad de trabajar, resultando esencial la situación en la que se encuentre el mercado laboral; sino que, como el Ministerio de Inclusión, Seguridad Social y Migraciones reconoce, la fórmula empleada en la revalorización de las pensiones y el efecto sustitución[236] influirán en el gasto en pensiones de las próximas décadas[237]. Dicho de otro

---

234 BANCO DE ESPAÑA, *Informe Anual 2023* (publicado en abril 2024), p. 23.

235 AIReF, «Informe de Evaluación de la Regla de Gasto de Pensiones», *op. cit.*, p. 21.

236 El efecto sustitución se entiende como la diferencia entre las pensiones que salen del sistema por defunción y las de los nuevos pensionistas. En el tercer apartado se hará referencia a la pensión media de las altas y bajas de pensiones contributivas, y podrá verse como las pensiones de las bajas son relativamente moderadas mientras que las pensiones de quienes acceden a la jubilación suelen ser generalmente más altas.

237 MINISTERIO DE INCLUSIÓN, SEGURIDAD SOCIAL Y MIGRACIONES, *Proyecciones del Gasto Público en Pensiones en España*, *op. cit.*, p. 62.

modo, las variaciones que se produzcan en cada uno de estos elementos y factores que influyen en el gasto en pensiones determinarán si el mismo aumenta o decrece.

II. LA SITUACIÓN DEL MERCADO DE TRABAJO Y SU REFLEJO EN LA TASA DE EMPLEO

Dado que la población en edad de jubilación depende de la población activa, la situación del mercado laboral influye notablemente en el gasto en pensiones. En efecto, la proporción entre la población en edad de trabajar que tenga un empleo y la población dependiente influirá en el gasto público en pensiones. En particular, cuanto menor sea la tasa de empleo, menor será el PIB y, por ende, mayor será el gasto en pensiones[238].

La tasa de empleo es definida por el INE como el cociente entre el número total de ocupados[239] y la población en edad de trabajar (esto es, el grupo de edad de 16 y más años). En el año 2022, la tasa de empleo en España fue de 51,1%. Los valores más altos de la tasa de empleo, en el año 2021, correspondieron a las Islas Baleares (57,1%), la Comunidad de Madrid (56,3%) y Cataluña (55%). Por el contrario, ese mismo año, las Comunidades Autónomas que registraron valores más bajos en la tasa de empleo fueron el Principado de Asturias (43,5%) y Andalucía (45,9%). Si se atiende a la edad, la cual influye notablemente en la tasa de empleo, en el año 2023, los valores más altos correspondieron al grupo de edad comprendido entre

---

238 HERNÁNDEZ DE COS, P., JIMENO, J.F. y RAMOS, R., «El sistema público de pensiones en España: situación actual, retos y alternativas de reforma», *op. cit.*, p. 20.

239 Los ocupados son todas aquellas personas con 16 y más años que tienen un empleo por cuenta ajena o ejercen una actividad por cuenta propia.

los 35 y 49 años (80,2%). Por su parte, en 2023, la tasa de empleo de los hombres fue del 57,1%, mientras que fue del 46,5% para las mujeres[240].

Cabe resaltar que, en base al informe sobre *Mercado de Trabajo y Pensiones en las Fuentes Tributarias 2021*, elaborado por la Agencia Tributaria, el Principado de Asturias no solamente tuvo un valor bajo de la tasa de empleo ese año con respecto a la ocupación a nivel nacional, sino que se convirtió en la primera región española en la que el número de pensionistas superó al de trabajadores (desde que se tienen datos)[241]. Así, el meritado informe muestra que en 2021 hubo 275.396 asalariados y 275.992 pensionistas en el Principado de Asturias. Esto significa que el número de pensionistas superó en 596 personas al colectivo de trabajadores ese año. Ahora bien, en los dos años siguientes, el número de trabajadores ha vuelto a superar al número de pensionistas. Así, el informe sobre *Mercado de Trabajo y Pensiones en las Fuentes Tributarias 2023* muestra como en esta misma región ha tenido 315.324 asalariados y 275.873 pensionistas[242]. Se observa, así, una ligera mejora de la

---

240 Todos estos datos se han obtenido del sitio *web* del INE, pudiendo consultarse en: https://www.ine.es/ss/Satellite?L=es_ES&c=INESeccion_C&cid=1259944447446&p=1254735110672&pagename=ProductosYServicios%2FPYSLayout¶m1=PYSDetalleFichaIndicador¶m3=1259937499084#:~:text=A%20nivel%20nacional%2C%20en%20el,fue%20del%2051%2C1%25 (acceso: 1 mayo 2025).

241 Los datos sobre mercado de trabajo y pensiones en las fuentes tributarias se vienen publicando desde el año 1999, estando previsto que los próximos datos –correspondientes a 2024– se publiquen en noviembre de 2025.

242 Los informes *Mercado de Trabajo y Pensiones en las Fuentes Tributarias* están disponibles en: https://sede.agenciatributaria.gob.es/Sede/datosabiertos/catalogo/hacienda/Mercado_de_Trabajo_y_Pensiones_en_las_Fuentes_Tributarias.shtml?faqId=8c6d8135c1ec0710VgnVCM100000dc381e0aRCRD (acceso: 1 mayo 2025).

ocupación en esta Comunidad Autónoma, aunque siga siendo una de las regiones con la tasa de empleo más baja –situándose en el 44% en 2023 conforme a los datos del INE–.

No obstante, las previsiones de empleo son bastante positivas, pues según el *Informe sobre la situación de la economía española* publicado en julio de 2024, la población activa viene registrando incrementos sostenidos con un crecimiento interanual promedio próximo al 2%. Concretamente, este informe destaca que el empleo se situó en máximos históricos durante el primer semestre de 2024, descendiendo también la temporalidad[243]. Por su parte, en el informe publicado en septiembre de 2023 también sobre la situación de la economía española, se destacaba el incremento de la ocupación en sectores de alto valor añadido, como las Tecnologías de la Información y las Comunicaciones (TIC), la I+D+i y Ciencia, donde el empleo ha crecido casi un 50% más desde el año 2018[244]. Asimismo, y conforme a la Encuesta de Población Activa (EPA) relativa al primer trimestre de 2025, elaborada por el INE, el número de ocupados se ha situado en 21.765.400, habiendo crecido el empleo en 515.400 personas en los últimos doce meses y situándose la tasa de paro en el 11,36%. Por su parte, la Cámara de Comercio de España prevé que la ocupación crezca un 1,5% en 2025, situándose la tasa de paro en el 10,5% en 2025 y en el 10,2% en 2026[245].

---

243 GOBIERNO DE ESPAÑA, *Informe de situación de la economía española*, 2024, p. 3. Disponible en: https://www.hacienda.gob.es/CDI/Estabilidad%20Presupuestaria/SituacionEconomia2024.pdf (acceso: 1 mayo 2025).

244 GOBIERNO DE ESPAÑA, *Informe de situación de la economía española*, 2023, p. 5. Disponible en: https://www.hacienda.gob.es/CDI/Estabilidad%20Presupuestaria/SituacionEconomia2023.pdf (acceso: 1 mayo 2025).

245 Las previsiones publicadas en marzo de 2025 por la Cámara de Comercio de España pueden consultarse en: https://www.cama-

Como se decía antes, la edad tiene una especial incidencia en los valores de la tasa de empleo, así como el nivel educativo. En este sentido, JIMÉNEZ y VIOLA constatan que cada vez hay relativamente más trabajadores mayores (esto es, a partir de 55 años), con un nivel educativo más elevado y con una alta capacidad de trabajo latente. En particular, han observado que entre 1977 y 2022 la tasa de empleo de trabajadores en el rango de 55-64 años ha ido descendiendo, lo que a su juicio deja una gran parte del potencial laboral sin utilizar[246]. En esencia, esa mayor formación y capacidad de trabajo de la población de 55 años y más, unido al hecho de que cada vez se vive más y mejor, permitiría reflexionar sobre fórmulas que estimulen un envejecimiento activo. Esto no debe suponer, a mi juicio, y como más adelante se indicará, retrasar la edad de jubilación, ni descuidar las políticas de fomento del empleo joven.

Si acudimos a las estadísticas elaboradas por el Instituto de las Mujeres a partir de los datos de la EPA[247], se observa como en 2024 la ocupación entre las mujeres de 55 y más años era del 22,90% frente al 32,39% de los hombres en ese mismo rango de edad. En todos los grupos de edad, el porcentaje de ocupación entre los hombres es mayor que entre las mujeres. Por su parte, si se observa la tasa de actividad según el nivel de formación alcanzado, ésta va aumentando conforme lo hace el nivel de estudios, siendo superior el porcentaje en todos los casos entre los hombres que entre las mujeres. Ahora bien, en

---

ra.es/camara-espana-mejora-previsiones-crecimiento-empleo-economia-espanola#:~:text=La%20ocupación%20crecerá%20un%202,10%2C9%25%20en%202025 (acceso: 1 mayo 2025).

246 JIMÉNEZ, S. y VIOLA, A., «El futuro del sistema de pensiones: demografía, mercado de trabajo y reformas», *Estudios sobre la Economía Española 2023/15*, Fedea, 2023, pp. 11 y 15.

247 Los datos *Mujeres en Cifras – Empleo y Prestaciones Sociales* están disponibles en: https://www.inmujeres.gob.es/MujerCifras/EmpleoPrestaciones/EmpleoPrestacionessociales.htm (acceso: 1 mayo 2025).

el supuesto de estudios de educación superior la diferencia se reduce considerablemente, pues la tasa de actividad es del 78,23% de las mujeres y del 79,02% de los hombres.

Puede concluirse que, si las previsiones de mantener una tasa de empleo positiva se confirman, una buena situación del mercado de trabajo contribuirá a la contención del gasto público en pensiones, pues conforme vaya jubilándose la generación del "baby boom" cabe esperar una mayor presión sobre la población activa. En otras palabras, dado que nuestro sistema de pensiones se nutre de las aportaciones de la población en edad de trabajar, cuanto mayor sea la proporción de personas que pudiendo trabajar tenga un empleo, menor presión sobre el gasto público en pensiones. En este sentido, resultan muy ilustrativos los escenarios que plantean Hernández de Cos, Jimeno y Ramos[248], donde con una tasa de empleo del 70% el gasto público en pensiones se mantendría en una senda relativamente moderada, pero si la tasa de empleo fuese del 60% el gasto público en pensiones aumentaría por lo que sería necesario que disminuyese la tasa de sustitución (es decir, el porcentaje que representa la pensión media del sistema sobre el salario medio en España, a lo que se hará referencia en el siguiente apartado). En efecto, como ya se ha dicho, el gasto público en pensiones no depende de un solo factor. Esto es, no solo va a depender de cómo de alta o baja sea la tasa de empleo, pues la evolución del número de pensionistas y la relación que las nuevas pensiones tengan con respecto a la productividad media de la economía española también determinan cómo será la senda del gasto en pensiones. De hecho, como se verá seguidamente, el nivel de crecimiento de la productividad está estrechamente relacionado con la situación del mercado de trabajo. Por tanto,

---

[248] Véase HERNÁNDEZ DE COS, P., JIMENO, J.F. y RAMOS, R., «El sistema público de pensiones en España: situación actual, retos y alternativas de reforma», *op. cit.*, pp. 28 y 29.

nuevamente ha de insistirse en que, según las variaciones que se den en cada uno de los factores que se están analizando, las tendencias en el gasto público en pensiones variarán.

Por otra parte, no ha de olvidarse que las prestaciones por jubilación se sustentan básicamente en las cotizaciones sociales, que sufragan tanto empresario como trabajador (recayendo en este último caso sobre su salario)[249]. El Ministerio de Inclusión, Seguridad Social y Migraciones señala que las cotizaciones sociales se conciben como una carga que recae sobre el factor trabajo y no sobre otros factores productivos. Por tanto, un aumento de los tipos de cotización puede generar externalidades negativas en el mercado de trabajo, disminuyendo la contratación y modificando la relación capital-trabajo en favor de la primera[250].

Como se ha visto, con las reformas operadas entre 2021 y 2023, se ha producido un aumento en las cotizaciones sociales en tres sentidos. Primero, la cotización finalista introducida a través del MEI. Segundo, el incremento gradual de la base máxima de cotización, que se actualizará anualmente conforme al IPC. Tercero, una nueva cotización adicional de solidaridad que grava, desde enero de 2025, la masa salarial que supere la base máxima de cotización. Los salarios que se encuentren por debajo de la base máxima de cotización únicamente se verán afectados por la primera de las medidas, mientras que aquellos salarios que superen la base máxima de cotización se verán afectados por estas tres medidas. Como consecuencia

---

249 Las cotizaciones sociales representan alrededor de un 28% de un salario medio en España, estando la media de los países de la OCDE en el 18,2% (OECD, *Pensions at a Glance 2023: OECD and G20 Indicators*, OECD Publishing, Paris, 2023, p. 209).

250 MINISTERIO DE INCLUSIÓN, SEGURIDAD SOCIAL Y MIGRACIONES, *Proyecciones del Gasto Público en Pensiones en España*, *op. cit.*, p. 182.

de la aplicación de las meritadas medidas, se producirá un aumento del tipo efectivo de las cotizaciones sociales entre 2025 y 2050, concentrándose los incrementos en la parte alta de la distribución de la renta[251].

Este aumento del tipo efectivo de las cotizaciones como consecuencia de estas tres medidas conlleva un incremento de los ingresos del sistema en términos de PIB para el período 2022-2050. Ahora bien, no parece que lo suficiente para compensar o contrarrestar la mayor presión del gasto en pensiones motivada principalmente por el aumento del número de pensionistas y del importe de las prestaciones. Concretamente, y como ha apuntado la AIReF en su informe de 31 de marzo de 2025, se espera que con el MEI los ingresos se incrementen en promedio un 0,4% de PIB anual, mientras que como consecuencia de la evolución de las bases máximas de cotización se espera que en promedio la recaudación aumente un 0,3 de PIB. En el caso de la cotización adicional de solidaridad, aunque acaba de entrar en vigor, la AIReF estima en una décima de PIB en promedio para dicho período[252].

Si bien estas medidas contribuyen a fortalecer el sistema y contener el gasto, lo cierto es que, como se ha mencionado al inicio de este capítulo, la presión del gasto en pensiones va a seguir una senda creciente, aunque la estimación del gasto neto en pensiones para el período 2022-2050 se mantenga, por ahora, dentro del umbral fijado. Por tanto, si esta senda ascendente se confirmase y se superase el umbral establecido en la disposición adicional segunda del Real Decreto-ley 2/2023, sería necesario adoptar nuevas medidas de contención del gasto

---

251 ANGHEL, B., PUENTE, S. y RAMOS, R., «Un análisis de la incidencia del incremento de las cotizaciones sociales aprobado en 2023», *Boletín Económico del Banco de España*, 2023, p. 8.

252 AIReF, «Informe de Evaluación de la Regla de Gasto de Pensiones», *op. cit.*, p. 35.

o de aumento de los ingresos, lo que podría conllevar una revisión de los tipos de las cotizaciones sociales, afectando su consiguiente subida a los distintos tramos salariales. Pero, no solo eso, sino que, si tales medidas adicionales no se aprobasen, la citada disposición prevé como mecanismo semiautomático el aumento de la cotización del MEI. Pues bien, en este escenario, como apunta uno de los trabajos del Banco de España, el incremento de los tipos efectivos sería mayor en las masas salariales por debajo de la base máxima de cotización[253].

III. LA EVOLUCIÓN DE LA PENSIÓN MEDIA Y SU RELACIÓN CON EL CRECIMIENTO DE LA PRODUCTIVIDAD Y DE LOS SALARIOS

En este último apartado sobre los elementos que inciden en la senda creciente o decreciente del gasto público en pensiones se aborda la relación entre la pensión media y la productividad media de la economía española, lo que según HERNÁNDEZ DE COS, JIMENO y RAMOS resulta de la ratio entre la pensión media y el salario medio (tasa de sustitución de las pensiones) y la participación o peso de los salarios en el PIB[254].

Así, en la evolución del gasto público en pensiones, no sólo ha de atenderse al número de pensionistas (que ya hemos visto que va a seguir aumentando por la jubilación de los "baby boomers") sino también a cómo se configuran las nuevas pensiones, en cuya determinación incidirá cómo se calcula la misma

---

253 ANGHEL, B., PUENTE, S. y RAMOS, R., «Un análisis de la incidencia del incremento de las cotizaciones sociales aprobado en 2023», *op. cit.*, p. 8.

254 HERNÁNDEZ DE COS, P., JIMENO, J.F. y RAMOS, R., «El sistema público de pensiones en España: situación actual, retos y alternativas de reforma», *op. cit.*, p. 21.

pero también –y, sobre todo– su revalorización periódica. Ya se ha visto que la revalorización es el instrumento que se ha venido utilizando para mantener el poder adquisitivo de las pensiones y, por consiguiente, la pensión media va incrementándose a un mayor o menor ritmo en función de la fórmula de revalorización que se emplee.

En este sentido, la tasa de sustitución de las pensiones mide la relación que existe entre la pensión media y el salario medio, expresándose en el porcentaje que la primera representa sobre el segundo. De modo que esta tasa sube o se reduce según el distinto ritmo al que crezcan tanto la pensión media como el salario medio, y por ende cuanto mayor sea esta tasa, mayor será el gasto en pensiones. En los últimos años la tendencia ha sido que la pensión media creciera por encima del salario medio[255], como consecuencia de su revalorización –incluso por encima del IPC– y también del efecto sustitución (que se ha mencionado antes). De hecho, conforme a un reciente informe de la OCDE, el crecimiento de los salarios en España se ha mantenido cercano a cero desde la década de 1990 y llegando incluso a ser negativo en la década de 2010. Lo mismo ha ocurrido con la tasa de crecimiento de la productividad (medida en términos de producción total por hora trabajada), que apenas ha alcanzado una media anual del 0,5%, mientras que

---

[255] Desde el año 2014 la pensión media se habría revalorizado un 37,95% mientras que los salarios habrían evolucionado al ritmo del 17,7%. Dato extraído de *elEconomista.es*: https://www.eleconomista.es/economia/noticias/12402754/08/23/la-pension-media-de-jubilacion-representa-el-645-del-salario-medio-este-ano.html#:~:text=Economía-,La%20pensión%20media%20de%20jubilación%20representa%20el%2064%2C5,del%20salario%20medio%20este%20año&text=La%20cobertura%20que%20proporciona%20el,puntos%20en%20la%20última%20década (acceso: 1 mayo 2025).

en el conjunto de los países de la OCDE se ha registrado una media del 1,2%[256].

Por tanto, si se experimentan bajos niveles de crecimiento de la productividad y de los salarios, pero la pensión media crece, la tasa de sustitución de las pensiones aumenta y la presión sobre el gasto público en pensiones sube. Además, si ello va acompañado de altos niveles de paro, no habrá una tasa de empleo positiva que permita contrarrestar esa subida del gasto público en pensiones, sino más bien lo contrario: contribuirá a la senda creciente del gasto público en pensiones.

De esta forma, cuanto mayor sea la tasa de crecimiento de la productividad y a mayor ritmo crezcan los salarios, la tasa de sustitución bajará y, por ende, también lo hará el gasto público en pensiones. Es importante tener en cuenta que una bajada de la tasa de sustitución no tiene porqué llevar aparejada una bajada de la pensión media. De hecho, un aumento del salario medio permite que la pensión media crezca, mejorando el nivel de vida de las personas jubiladas, al tiempo que la tasa de sustitución disminuye[257]. Podría decirse, por tanto, que, en aras de mantener el poder adquisitivo de las pensiones, cumpliendo con el mandato del art. 50 CE, y de contener –al mismo tiempo– el gasto público en pensiones, los salarios medios y las pensiones medias deberían crecer a un ritmo similar para que la tasa de sustitución se mantenga en niveles bajos.

Como ha apuntado la OCDE, la subida del salario mínimo ha supuesto un aumento de los salarios de aquellos trabajadores con sueldos más bajos sin que se socaven significativamente sus oportunidades de empleo. Además, el salario mínimo

---

256 OECD, *Reviving Broadly Shared Productivity Growth in Spain*, OECD Publishing, Paris, 2024, p. 11.

257 HERNÁNDEZ DE COS, P., JIMENO, J.F. y RAMOS, R., «El sistema público de pensiones en España: situación actual, retos y alternativas de reforma», *op. cit.*, p. 30.

se está aproximando al salario medio, habiendo alcanzado el 58% en 2022 y previendo que siga aumentando hasta alcanzar el 60% del salario medio neto, lo que supondrá el 62% del salario medio bruto[258]. El *Informe de situación de la economía española,* publicado en julio de 2024, prevé entre ese año y 2027 un crecimiento de la población activa y del empleo, así como mejoras en la productividad, que se traducirán en ganancias de poder adquisitivo de los salarios[259]. Por su parte, el Ministerio de Economía, Comercio y Empresa identifica la calidad del crecimiento de la economía española como causa del aumento del peso de los salarios sobre el PIB en más de un punto[260]. Conforme a los datos publicados por el INE en septiembre de 2024, el salario medio anual en 2022 fue de 26.948,87 euros (alrededor de 1.900 euros al mes), un 4,1% mayor que el del año anterior[261].

En lo que se refiere a la pensión media, ha de atenderse tanto a su revalorización anual como al efecto sustitución. Como ya se ha dicho, la Ley 21/2021, de 28 de diciembre, deroga el IRP y recupera la fórmula de revalorizar las pensiones en función de la inflación del ejercicio anterior. El *Ageing Report 2024* estima que este cambio en la forma de actualizar periódi-

258 OECD, *Reviving Broadly Shared Productivity Growth in Spain, op. cit.*, p. 15.

259 GOBIERNO DE ESPAÑA, *Informe de situación de la economía española, 2024,* p. 6.

260 Información extraída del sitio web del Ministerio de Economía, Comercio y Empresa, disponible en: https://portal.mineco.gob.es/es-es/comunicacion/Paginas/revisión-cuentas-anuales-.aspx (acceso: 1 mayo 2025).

261 *Encuesta de Estructura Salarial (EES). Año 2022. Datos Definitivos* publicada por el INE el 23 de septiembre de 2024 y que puede consultarse en: https://www.ine.es/dyngs/INEbase/es/operacion.htm?c=Estadistica_C&cid=1254736177025&menu=ultiDatos&idp=1254735976596 (acceso: 1 mayo 2025).

camente las pensiones va a suponer un incremento de 3,4 puntos porcentuales del gasto público en pensiones para 2050 con respecto al escenario anterior a la reforma[262]. Y añade que la supresión del factor de sostenibilidad va a hacer que las nuevas pensiones sean más altas, incrementándose también la presión sobre el gasto público en pensiones[263]. Por tanto, una de las conclusiones para este informe sobre envejecimiento de la Comisión Europea es que la subida de las pensiones, consecuencia tanto de la aplicación de la nueva fórmula de revalorización como de la supresión del factor de sostenibilidad (que realmente no llegó a aplicarse al derogarse antes de que entrase en vigor) es una de las principales razones del aumento de la presión sobre el gasto público en pensiones[264].

En base a la nueva fórmula de revalorización, las pensiones por jubilación, en su modalidad contributiva, se van a revalorizar durante este año en un 2,8%. Con este incremento, la pensión media sube hasta los 1.481,35 euros mensuales en 2025 (esto es, 564,87 euros más al año)[265].

---

262 Para GARCÍA DÍAZ la actualización de las pensiones conforme al IPC supone un gran esfuerzo para la sociedad que será todavía más exigente con la jubilación de la generación del "baby boom" (GARCÍA DÍAZ, M.A., «Evolución reciente y situación financiera actual del sistema público de pensiones», *Estudios sobre la Economía Española 2024/21*, Fedea, 2024, p. 9).

263 EUROPEAN COMMISSION, *2024 Ageing Report...*, *op. cit.*, p. 46.

264 Ídem, p. 49.

265 Dato extraído de *La Revista de la Seguridad Social* (diciembre 2024), Ministerio de Inclusión, Seguridad Social y Migraciones. Disponible en: https://revista.seg-social.es/-/revalorizacion-pensiones-2025#:~:text=Un%20incremento%20medio%20de%20600%20euros%20anuales%20para%20jubilados&text=De%20modo%20que%20un%20pensionista,anual%20de%20564%2C87%20euros (acceso: 3 mayo 2025).

Conforme a los informes del INSS sobre *Altas y bajas de pensiones contributivas*, en marzo de 2025 el importe medio mensual de las altas iniciales en pensiones por jubilación en el RGSS ha sido de 1.703,02 euros. Es decir, que las 22.026 personas que han accedido a la jubilación en el mes de marzo de 2025 han comenzado a percibir de media una pensión de 1.703,02 euros[266]. El importe medio de las nuevas pensiones supera el importe de las bajas (por fallecimiento), pues la pensión media mensual ha sido de 1.436,44 euros en ese mismo mes. Esto es lo que se conoce como efecto sustitución, es decir, la diferencia entre las pensiones relativamente moderadas que salen del sistema por defunción y las de los nuevos pensionistas con derecho a prestaciones más altas[267].

Siguiendo con los datos del INSS, la pensión media varía según la edad con la que se ha accedido a la jubilación (contributiva)[268]. Así, si se toman en consideración las altas en el RGSS de marzo de 2025, aquéllos que se han jubilado antes de cumplir 65 años han recibido una pensión media de 1.962,55 euros y aquéllos que lo han hecho con 65 años o más

---

266 La pensión media en el caso de las altas iniciales en el RETA ha sido en ese mismo mes de 1.034,70 euros, habiendo accedido a la jubilación en este régimen 4.352 personas.

267 El efecto sustitución es definido de este modo en MINISTERIO DE INCLUSIÓN, SEGURIDAD SOCIAL Y MIGRACIONES, *Proyecciones del Gasto Público en Pensiones en España, op. cit.*, p. 128.

268 La edad media de jubilación en marzo de 2025 es de 65,1 años en el RGSS, siendo de 66,5 años en el caso del RETA. En este mismo mes, y dentro del RGSS, se han jubilado 5.923 personas con menos de 65 años, mientras que han sido 16.103 personas las que han accedido a la jubilación con 65 años o más. En el caso del RETA, solamente 375 personas se han jubilado en marzo de 2025 con menos de 65 años percibiendo una pensión media de 1.213,55 euros al mes, mientras que fueron 3.977 los trabajadores autónomos que se jubilaron con 65 años o más, recibiendo una pensión media mensual de 1.017,83 euros.

han percibido una pensión media mensual de 1.607,56 euros. De estos datos podrían extraerse dos ideas preliminares.

La primera es que cuanto más tarde se produce la jubilación, el importe de la pensión media es más bajo. Esto parecería revelar que aquéllos que se jubilan por encima de la edad ordinaria de jubilación lo harían para intentar mejorar la cuantía de su pensión. Por ejemplo, por encima de 65 años, se observa que el importe más alto en el mes de marzo de 2025 lo han recibido aquéllos que se han jubilado con 70 años, percibiendo 1.862,87 euros mensuales de media. O bien porque aun jubilándose a la edad legalmente establecida (actualmente, 66 años y 8 meses), no cuentan con una trayectoria de cotización larga. Por ejemplo, aquellas personas (en total, 4.318) que se han jubilado con 66 años en marzo de 2025 han empezado a percibir de media 1.250,63 euros mensuales. De hecho, ésta ha sido la segunda franja de edad en la que más altas en el sistema se han producido en el mes de marzo de 2025, solamente precedida por la de aquellas personas (en total, 10.014) que se han jubilado a los 65 años –que coincide, de hecho, con la edad media de jubilación– y que han percibido una pensión media mensual de 1.806,60 euros. Esto quiere decir que prácticamente la mitad de las 22.026 personas que se han jubilado en marzo de 2025 lo han hecho con 65 años porque podían acreditar un período de cotización de 38 años y 3 meses (o más) para acceder a la jubilación a esa edad.

La segunda idea que podría extraerse es que a edades más tempranas la pensión media es más alta, lo que parecería indicar que esas personas cuentan con una trayectoria de cotización larga y que no verían el retraso de la jubilación como un estímulo, ni tampoco verían "penalizado" el importe a percibir como consecuencia de adelantar la jubilación. En efecto, las 5.923 personas que se han jubilado en marzo de 2025 con menos de 65 años es porque lo han hecho de manera anticipada, no viendo mermada, en general, la prestación que perciben. Como se ha visto anteriormente en este trabajo, la jubilación anticipada, ya sea voluntaria o por causa no imputable al trabajador, lleva aparejada unos coeficientes reductores que se determinan por cada mes de adelanto de la jubilación. Estos coeficientes reductores se incrementan cuanto mayor es el tiempo entre el acceso a la jubilación y el tiempo que le resta al trabajador para alcanzar la edad ordinaria, y se combinan con los años efectivamente cotizados. Como es lógico, los porcentajes varían según la jubilación sea voluntaria o por causa no imputable al trabajador. Así, por ejemplo, una persona que anticipa su jubilación 24 meses teniendo cotizados menos de 38 años y 6 meses, aplicará un coeficiente reductor del 21% si es voluntaria mientras que en caso de ser una jubilación anticipada por causa no imputable al trabajador reducirá el importe de su pensión en un 15%.

Si se toman como referencia los datos del 2024, se observa que de las 368.065 personas que accedieron a una pensión contributiva de jubilación, 65.786 personas se jubilaron anticipadamente con coeficiente reductor en ese año, haciéndolo de manera voluntaria la gran mayoría (52.616) y percibiendo una pensión media de 1.779,78 euros mensuales. Por su parte, los que se jubilaron con la edad ordinaria percibieron una pensión media de 1.589,12 euros mensuales y de 1.741,67 euros mensuales fue la pensión media que percibieron aquellas personas que demoraron su jubilación. Así, puede decirse que las personas que deciden jubilarse antes de alcanzar la edad ordinaria de jubilación no ven en esos coeficientes reductores un "desincentivo" con respecto al importe que van a percibir jubilándose antes y el importe que percibirían si se esperasen hasta alcanzar la edad legalmente prevista, o si optasen por demorar su jubilación.

A una conclusión similar llegaba el Instituto de Actuarios Españoles en su informe de 2020, donde señalaba que las penalizaciones por adelantar la jubilación y las bonificaciones por retrasarla están mal calibradas. Apuntaba a la existencia de fuertes desincentivos para prolongar la vida laboral más allá de los 64 ó 65 años. En concreto, observaba que el "premio" por jubilarse a la edad de 70 años y con 42 años cotizados era menor que el recibido al jubilarse un año antes –esto es, con 69 años– y el mismo período de cotización[269]. Si bien con las reformas operadas entre 2021 y 2023, esta situación ha mejorado al revisarse los coeficientes reductores para la jubilación anticipada, lo cierto es que las pensiones medias más altas no corresponden con las que se obtienen a la edad ordinaria de jubilación. Esa falta de calibración entre penalizaciones y bonificaciones genera, como es lógico, una situación de inequidad entre pensionistas, la cual según el Instituto de Actuarios Españoles ha mejorado ligeramente entre 2020 y 2025[270].

Igualmente, los informes del INSS muestran diferencias en las altas iniciales de jubilación de marzo de 2025 por sexo. La pensión media, dentro del RGSS, de las mujeres que se han jubilado en marzo de 2025 ha sido de 1.465,83 euros mensuales (siendo 65,6 años la edad media de jubilación), muy por debajo de los 1.883,28 euros mensuales que han percibido los hombres que, con una edad media de 64,7 años, han accedido a la jubilación en marzo de 2025.

El *Ageing Report 2024* estima que la tasa de sustitución bajará del 61% en 2022 hasta el 51% en 2070 debido a un mayor crecimiento de los salarios que las pensiones, así como al hecho de que cada vez más las nuevas pensiones van a estar

---

269 INSTITUTO DE ACTUARIOS ESPAÑOLES, *Factor de Equidad Actuarial del sistema contributivo de pensiones de jubilación español.* Informe elaborado por el Grupo de Investigación del Instituto de Actuarios Españoles en Pensiones Públicas, 2020, pp. 33, 20 y 13.

270 INSTITUTO DE ACTUARIOS ESPAÑOLES, *Actualización del Factor de Equidad Actuarial del sistema contributivo de pensiones de jubilación español (2025).* Informe elaborado por el Centro de Investigación Actuarial de España, Observatorio Actuarial de Previsión Social – Grupo de Seguridad Social, 2025, p. 10.

"limitadas" por la pensión máxima, al incrementarse en mayor medida las bases máximas de cotización que el importe de la pensión máxima[271]. Cabe apuntar, al respecto, que los pensionistas afectados por el tope de la pensión máxima –que suelen ser aquéllos que han tenido salarios más altos y carreras más largas– se encuentran en una situación de desequilibrio financiero entre lo aportado al sistema mediante cotizaciones y lo que reciben del mismo al jubilarse[272].

El informe sobre envejecimiento de la Comisión Europea considera que hasta el año 2030 la subida de la pensión media será mayor que la del salario medio como consecuencia de su revalorización y del incremento de las pensiones mínimas y no contributivas. Sin embargo, entre 2030 y 2070 esta tendencia se irá invirtiendo, pues la previsión es que el salario medio crezca a un ritmo mayor que la pensión media[273].

Por tanto, de confirmarse estas previsiones, la tasa de sustitución de las pensiones bajaría al crecer los niveles salariales a un mayor ritmo que las pensiones. No obstante, y como ya se ha advertido, esto no va a suponer necesariamente el "estancamiento" de la pensión media. De hecho, se observa en los datos publicados por el INSS como la pensión media de las altas iniciales de jubilación en el RGSS sigue aumentando, pues en 2023 fue de 1.555,31 euros mensuales, en 2024 fue de 1.669,52 euros mensuales y en 2025 (con los datos acumulados hasta el mes de marzo) es de 1.791,56 euros mensuales. En otras palabras, la previsión es que tanto el salario medio como la pensión media sigan creciendo en las próximas décadas, pero que lo hagan a distinto ritmo.

---

271 EUROPEAN COMMISSION, *2024 Ageing Report...*, *op. cit.*, p. 31.

272 INSTITUTO DE ACTUARIOS ESPAÑOLES, *Factor de Equidad Actuarial del sistema contributivo de pensiones de jubilación español*, *op. cit.*, p. 30.

273 EUROPEAN COMMISSION, *2024 Ageing Report...*, *op. cit.*, p. 31.

La AIReF, en su informe de finales de marzo de 2025, se refiere a ella como la tasa de generosidad del sistema contributivo de pensiones, previendo que disminuya hasta el 53,7% en el año 2070 debido al aumento de los salarios[274]. Como ya se ha dicho en este trabajo, las pensiones crecen por su revalorización conforme al IPC, lo que ha conllevado un aumento proporcionalmente mayor para las pensiones que para los salarios. Estos últimos, por su parte, evolucionan conforme lo hace la productividad y la inflación. Pues bien, conforme al *Informe de situación de la economía española* publicado en julio de 2024, la previsión es que España conserve un elevado dinamismo, alcanzando en 2025 un ritmo de avance del PIB del 2,2%, apoyado por el crecimiento de la población activa y la productividad. En concreto, se espera, en el medio-corto plazo, una evolución positiva de los niveles de productividad por hora trabajada y que se consolide un patrón de crecimiento equilibrado. Todo ello se traducirá en ganancias de poder adquisitivo de los salarios[275].

Una ulterior cuestión que puede traerse a colación en este momento es la llamada tasa de reemplazo que mide la relación de la pensión de jubilación con respecto al último salario percibido. Recuérdese que nuestro sistema se basa en el principio de reparto, de modo que lo que se aporta mediante cotizaciones sociales va destinado a financiar las pensiones presentes y no la pensión que se percibirá en el momento de la jubilación. En cambio, en un sistema basado en la capitalización, cada uno contribuye para obtener sus propias prestaciones en el momento de acceder a la jubilación. De esta forma, se asegura la tasa de reemplazo entre salario y pensión.

---

[274] AIReF, «Informe de Evaluación de la Regla de Gasto de Pensiones», *op. cit.*, p. 24.

[275] GOBIERNO DE ESPAÑA, *Informe de situación de la economía española*, 2024, p. 7.

En el informe de la OCDE *Pensions at a Glance 2023* se muestra como España tiene la segunda tasa de reemplazo más alta, tan solo por detrás de Grecia, y muy por encima de la media de la OCDE que es del 50,7%. En concreto, en España para un trabajador que tuviera un salario medio, la tasa de reemplazo es del 80,4%[276]. Esto significa que cuando una persona accede a la jubilación va a recibir como pensión aproximadamente el 80% del importe que venía percibiendo como remuneración por su actividad laboral. Por consiguiente, puede decirse que la cuantía de pensión que perciben los españoles al jubilarse se aproxima bastante al último salario percibido, especialmente si lo comparamos con otros países, como Bélgica, Alemania o Polonia, donde la tasa de reemplazo está por debajo del 50%.

En efecto, y como señala el Instituto de Actuarios Españoles, el sistema de pensiones español es un sistema "generoso" en el que todo el mundo recibe más de lo que aporta, incluso aunque, a veces, al pensionista le cueste percibirlo como consecuencia de la interacción de la inflación y otros factores[277]. Esta afirmación se basa en el cálculo del llamado Factor de Equidad Actuarial (o FdEA), el cual mide la relación entre el valor actual actuarial de los ingresos que una persona recibe por pensiones a lo largo de su jubilación y el valor actual actuarial de las cotizaciones que ha realizado durante su trayectoria laboral. En otras palabras, permite medir el equilibrio financiero entre lo que se aporta y lo que se recibe del sistema de pensiones[278].

---

276 OECD, *Pensions at a Glance 2023: OECD and G20 Indicators, op. cit.*, p. 153.

277 INSTITUTO DE ACTUARIOS ESPAÑOLES, *Factor de Equidad Actuarial del sistema contributivo de pensiones de jubilación español, op. cit.*, pp. 30 y 31.

278 El FdEA aparece así definido en INSTITUTO DE ACTUARIOS ESPAÑOLES, *Actualización del Factor de Equidad Actuarial del sistema contributivo de pensiones de jubilación español (2025), op. cit.*, p. 3.

Pues bien, el valor del FdEA calculado en 2025 es de 1,62 lo que permite catalogar al sistema de pensiones como generoso al recibir el pensionista más de lo que aportó el sistema[279]. Concretamente, ese valor de FdEA indica que el pensionista percibe un 62% más de lo que ha aportado al sistema mediante cotizaciones sociales durante su carrera laboral. Dicho de otra forma, si actuarialmente la pensión teórica que le correspondería a una persona fuese de 1.000 euros, conforme a ese FdEA va a recibir 1.620 euros. Evidentemente, estos mayores ingresos que por pensión recibe con respecto a lo aportado durante la vida laboral se ven influenciados por el decalaje temporal entre el momento en que se cotiza y el momento en el que se recibe la pensión, pues el progreso de la economía y el incremento de su productividad se trasladará a los salarios y hará que la capacidad de allegar recursos al sistema sea mayor[280]. Esto guarda una estrecha relación con el efecto de sustitución al que se hacía referencia anteriormente, de forma que los nuevos pensionistas reciben una prestación mayor que los pensionistas que causan baja por fallecimiento en el sistema.

Se trata, pues, de un desequilibrio financiero a favor del pensionista al encontrarse el valor del FdEA por encima de uno[281], lo cual supone problemas de sostenibilidad actuarial para el sistema de pensiones al estar entregando –de media– cuantías

---

279 Ídem, p. 17.

280 INSTITUTO DE ACTUARIOS ESPAÑOLES, *Factor de Equidad Actuarial del sistema contributivo de pensiones de jubilación español*, *op. cit.*, p. 31.

281 Si el FdEA fuese igual a uno significaría que el sistema devuelve en forma de pensión exactamente lo cotizado, mientras que si fuese inferior a uno habría un desequilibrio en contra del pensionista al no compensarse el esfuerzo contributivo realizado (INSTITUTO DE ACTUARIOS ESPAÑOLES, *Actualización del Factor de Equidad Actuarial del sistema contributivo de pensiones de jubilación español (2025)*, *op. cit.*, p. 3).

superiores a las que ha recibido y, por tanto, está asumiendo un mayor riesgo en cuanto a su sostenibilidad[282]. Reconoce el Instituto de Actuarios Españoles en su informe de febrero de 2025 que las reformas del sistema de pensiones efectuadas en los últimos años han conseguido disminuir este indicador (con respecto a la previsión que se hacía en 2020), pero no lo hacen con la fuerza suficiente como para compensar el aumento de la esperanza de vida[283]. En esencia, como se ha visto en el primer apartado de este capítulo, la longevidad y la evolución demográfica de la sociedad española tienen una especial incidencia en la presión sobre el gasto público en pensiones.

---

282 INSTITUTO DE ACTUARIOS ESPAÑOLES, *Factor de Equidad Actuarial del sistema contributivo de pensiones de jubilación español, op. cit.*, p. 15.

283 INSTITUTO DE ACTUARIOS ESPAÑOLES, *Actualización del Factor de Equidad Actuarial del sistema contributivo de pensiones de jubilación español (2025), op. cit.*, pp. 17 y 18.

Capítulo 4.

Propuestas por la vía del gasto y del ingreso para el diseño de un sistema público de pensiones sostenible

En este capítulo se reflexiona sobre cómo podría diseñarse el sistema público de pensiones y qué debería tenerse en cuenta para asegurar su sostenibilidad en el medio-largo plazo al mismo tiempo que se garantiza la suficiencia de las pensiones y se observa la equidad intrageneracional e intergeneracional.

Como ha podido verse, las reformas más recientes han implementado medidas tanto desde la vertiente del gasto como de los ingresos, y es que, en efecto, ambas perspectivas han de abordarse al diseñar el sistema público de pensiones. Como ya decía el Informe del Pacto de Toledo en 1995, los sistemas de protección social deben adaptarse continuamente, tanto desde la vertiente de los gastos, lo que implica dar respuestas de protección a las necesidades sociales, acomodando su evolución a la generación de la riqueza, como desde la vertiente financiera, de forma que se vaya adecuando la financiación a la naturaleza de la protección, buscando asimismo fórmulas alternativas de financiación de forma que el sistema no se sustente únicamente, o de manera excesiva, sobre el factor trabajo (con los efectos que ello puede suponer para el empleo)[284].

De forma similar, HERNÁNDEZ DE COS, JIMENO y RAMOS identifican tres dimensiones que deben tenerse en cuenta al

---

[284] Informe de la ponencia para el análisis de los problemas estructurales del sistema de la Seguridad Social y de las principales reformas que deberán acometerse (abril 1995), p. 8.

diseñar un sistema de pensiones[285]. Primero, es preciso determinar el tamaño deseable del mismo, esto es, qué volumen del gasto público va a estar destinado a las pensiones. En concreto, el gasto presupuestado para la política de pensiones en 2023 ascendió a 190.687 millones de euros, suponiendo un crecimiento del 11,4% con respecto al año anterior[286]. En segundo lugar, y de cara a cubrir ese nivel de gasto, se han de determinar las fuentes de financiación que permitirán asegurar la sostenibilidad financiera del sistema, esto incluye analizar también su composición[287]. Tercero, será necesario determinar la distribución del gasto y la carga financiera de las pensiones entre los distintos grupos de población, lo que implicará observar el principio de equidad intergeneracional, pero también el principio de equidad intrageneracional. En efecto, no se trata solamente de evitar que la carga financiera recaiga excesiva-

---

[285] HERNÁNDEZ DE COS, P., JIMENO, J.F. y RAMOS, R., «El sistema público de pensiones en España: situación actual, retos y alternativas de reforma», *op. cit.*, p. 35.

[286] SECRETARÍA DE ESTADO DE PRESUPUESTOS Y GASTOS, *Informe Económico y Financiero. Presupuestos Generales del Estado para 2023*, p. 240.
Téngase en cuenta que, en el momento de escribir estas líneas, la última Ley de Presupuestos Generales del Estado aprobada ha sido para el año 2023, habiéndose prorrogado los presupuestos tanto para el año 2024 como para el año 2025.

[287] Siguiendo a MARTÍNEZ GINER, cuando se habla de gasto público, lo verdaderamente importante es la financiación de ese gasto, lo que realmente cuesta y con qué fondos se va a cubrir (MARTÍNEZ GINER, L.A., «Los nuevos principios implícitos del gasto público veinticinco años después: los principios instrumentales», en NAVARRO FAURE, A. (dir.): *Estudios de Derecho Financiero y Tributario: Reflexiones sobre la obra de la profesora María Teresa Soler Roch*, Tirant lo Blanch, 2021, p. 138).

mente en las cohortes más jóvenes, sino de evitar también situaciones de inequidad entre pensionistas[288].

Por ende, esas tres dimensiones han de tomarse en consideración cuando se analicen y propongan medidas para la contención del gasto público en pensiones y para el incremento de los recursos del sistema, especialmente la tercera. Pero también, en el objetivo de contener el gasto público en pensiones no puede dejar de observarse el principio de suficiencia de las pensiones.

La Comisión de Seguimiento y Evaluación de los Acuerdos del Pacto de Toledo, señala, en la recomendación 5 de su Informe de 2020, que todas las reformas que se adopten han de mantener una combinación equilibrada entre contributividad, solidaridad y suficiencia[289]. Como se ha visto anteriormente, estos se erigen como principios de la acción protectora del sistema de previsión social en España.

Como ya se ha dicho varias veces a lo largo de esta obra, nuestro sistema de pensiones se asienta en el principio de contributividad, de forma que haya una proporción entre el esfuerzo de cotización que se realiza durante la vida laboral y la pensión que se percibirá en el momento de la jubilación.

---

288 Como apunta el Instituto de Actuarios Españoles, en el sistema español, no todos los individuos tienen el mismo FdEA, sino que éste fluctúa, siendo en algunos casos inesperadamente alto y en otros inesperadamente bajo, habiendo, pues, un alto grado de inequidad que ha mejorado ligeramente entre 2020 y 2025 (INSTITUTO DE ACTUARIOS ESPAÑOLES, *Factor de Equidad Actuarial del sistema contributivo de pensiones de jubilación español, op. cit.*, pp. 5 y 6; e, INSTITUTO DE ACTUARIOS ESPAÑOLES, *Actualización del Factor de Equidad Actuarial del sistema contributivo de pensiones de jubilación español (2025), op. cit.*, p. 11).

289 Véase la página 76 del *Informe de Evaluación y Reformas del Pacto de Toledo* del año 2020.

Precisamente, en el capítulo anterior, se ha visto, a propósito de los informes del Instituto de Actuarios Españoles, que en el sistema español de pensiones de jubilación se recibe más de lo que se aporta al sistema, dándose un desequilibrio financiero a favor del pensionista. Por otro lado, el principio de contributividad no es incompatible con la solidaridad del sistema que se refleja, entre otros aspectos[290], en la existencia de pensiones mínimas, de forma que aquellos que no contribuyen suficientemente y/o carecen de recursos económicos pueden acceder a una prestación económica adecuada. Esto último lleva a hablar del principio de suficiencia, que no sólo está recogido en el art. 2 del TRLGSS, sino que se consagra en el art. 50 de la Constitución al establecerse el mandato a los poderes públicos de asegurar «*la suficiencia económica a los ciudadanos durante la tercera edad*». Se trata, pues, de que la persona pueda seguir manteniendo un poder adquisitivo similar al que tenía cuando estaba en activo y que le permita tener una vida digna durante la vejez.

Dado que las tendencias en el gasto público en pensiones apuntan a una senda creciente, sobre todo por el aumento del número de pensionistas, en este último capítulo se pretenden formular propuestas tanto por la vía de los gastos como de los ingresos. Pues, si bien es cierto que las proyecciones del Ministerio de Inclusión, Seguridad Social y Migraciones estiman un gasto neto promedio para el período 2022-2050 por debajo del 13,3% del PIB, son varias las voces que apuntan a la insuficiencia de las medidas implementadas entre 2021 y 2023 para

[290] El hecho de que nuestro sistema sea un sistema de reparto implica hablar del principio de solidaridad desde la perspectiva intergeneracional, dado que las pensiones presentes se financian mediante las aportaciones de los actuales trabajadores.

mantener el gasto por debajo de ese umbral[291]. Destaca, en este sentido, el informe sobre envejecimiento de la Comisión Europea, así como el informe de finales de marzo de 2025 elaborado por la AIReF, donde si bien no se superaría el umbral establecido se espera que la presión del gasto en pensiones sea mayor.

Ahora bien, más allá incluso de tales previsiones, lo que es evidente, como se ha puesto de manifiesto en el capítulo tercero, es que, debido a la evolución demográfica de la sociedad española, la población que va alcanzar la edad de jubilación y por tanto va a percibir una prestación por esta contingencia seguirá aumentando hasta prácticamente el año 2050. No compensándose ello con un aumento de la población activa, aunque se prevea una buena tasa de empleo, pues dadas las bajas tasas de natalidad desde la década de 1980 la población en edad de trabajar es, en proporción, menos numerosa que la que cabe esperar se jubile en los próximos años. Por consiguiente, la necesidad de dar una respuesta desde la previsión social durante la vejez exige estudiar medidas, por la vía de los ingresos, que permitan cubrir tales necesidades, así como fórmulas que permitan contener el gasto del sistema. Es, asimismo, necesario reforzar el modelo de previsión social complementaria, impulsando el acceso a los sistemas de empleo y mejorando la gestión de los mecanismos de ahorro individual.

---

291 Por ejemplo, Jiménez y Viola advierten de que el futuro del sistema de pensiones resulta incierto al encontrarse en una situación de creciente desequilibrio, no ofreciendo las reformas operadas entre 2021 y 2023 una solución (JIMÉNEZ, S. y VIOLA, A., «El futuro del sistema de pensiones: demografía, mercado de trabajo y reformas», *op. cit.*, p. 30).

I. EL DISEÑO DEL SISTEMA PÚBLICO DE PENSIONES POR LA VÍA DEL GASTO

Para poder reflexionar sobre posibles medidas que coadyuven a contener el gasto público en pensiones, es necesario determinar qué tamaño se aspira a que tenga el mismo. Dicho de otro modo, la asunción de un determinado nivel de gasto público destinado a cubrir las pensiones. De forma muy sencilla podría decirse que el tamaño del sistema viene condicionado por el número de pensionistas y por el importe de las prestaciones. Mientras que el primero depende del factor demográfico, en el segundo influye cómo se calcula el importe de la pensión y especialmente su revalorización periódica.

Conforme al *Informe Económico y Financiero* de los Presupuestos Generales del Estado para 2023, la Seguridad Social contó con un presupuesto de 204.220 millones de euros por la totalidad de sus operaciones, suponiendo un incremento del 12,8% con respecto al presupuesto del año anterior[292]. La principal razón de este crecimiento del gasto en el Presupuesto de la Seguridad Social del año 2023 se debe a la revalorización de las pensiones con el fin de garantizar su poder adquisitivo. Como se ha mencionado al introducir este capítulo, el gasto presupuestado para la política de pensiones en ese año ascendió a 190.687 millones de euros, por lo que representa una parte importante del Presupuesto de la Seguridad Social. El 95,2% del Presupuesto de la Seguridad Social en 2023 se destinó al capítulo de transferencias corrientes, donde se integran las prestaciones ante las distintas contingencias: pensiones contributivas y no contributivas, la incapacidad temporal, las prestaciones por nacimiento y cuidado del menor, el riesgo durante el em-

---

292 Véase SECRETARÍA DE ESTADO DE PRESUPUESTOS Y GASTOS, *Informe Económico y Financiero. Presupuestos Generales del Estado para 2023*, pp. 590-599.

barazo, etc. El crédito consignado en ese año a las pensiones contributivas era de 166.777 millones de euros, siendo las pensiones de jubilación las más importantes cuantitativamente, pues ascendieron a 120.054 millones de euros, suponiendo un 72% del total de las pensiones.

Si atendemos al Presupuesto de la Seguridad Social aprobado para 2025 –y que supone una prórroga del ejercicio anterior–[293], el gasto presupuestado en concepto de pensiones (lo que incluye las distintas contingencias, tanto en modalidad contributiva como no contributiva) asciende a 169.582.905,52 millones de euros, correspondiendo 119.615.190 millones de euros a pensiones por jubilación (en los distintos regímenes y solamente en la modalidad contributiva).

Puede verse, pues, que el tamaño del sistema de pensiones, y en particular el nivel de gasto en pensiones contributivas por jubilación, es especialmente significativo dentro de la acción protectora de la Seguridad Social y, por ende, del Estado de Bienestar. De hecho, la revalorización de las pensiones no es solamente una de las principales causas del crecimiento del gasto en pensiones sino del aumento del propio Presupuesto de la Seguridad Social. A partir de la Ley 21/2021, que reintroduce la revalorización de las pensiones conforme al IPC, se observa un claro incremento de las pensiones al revalorizarse al 2,5% en 2022, al 8,5% en 2023, al 3,8% en 2024 y al 2,8% en 2025.

Tiene igualmente incidencia en el tamaño del sistema la evolución de las pensiones mínima y máxima, y de otros complementos como el relativo a la brecha de género que en 2025

---

293 Información disponible en la página web oficial de la Seguridad Social: https://www.seg-social.es/wps/portal/wss/internet/EstadisticasPresupuestosEstudios/PresupuestosEstudios/48546/fb432b63-94e9-4133-8812-e86826d4fcdb#TI20254V01SSS (acceso: 29 mayo 2025).

se ha fijado en 35,90 euros mensuales al sumarle un 5% adicional al porcentaje general de revalorización.

1.1. Alinear la edad efectiva de jubilación con la edad legalmente prevista como principal medida en la contención del gasto del sistema

Se ha visto en este trabajo que la edad efectiva de jubilación dista bastante de la edad que legalmente se ha previsto para acceder a la jubilación. Es más, no fue hasta el año 2023 que la edad media de jubilación superó por primera vez los 65 años –al situarse en 65,1 años–. Y ello, a pesar de que ésta ha sido la edad de jubilación que ha permanecido prácticamente inalterada desde que se fijó en 1919. En el momento actual, con la implantación gradual de la edad de jubilación a los 67 años que introdujo la Ley 27/2011, la edad ordinaria de jubilación es de 66 años y 8 meses, o bien a los 65 años si se acredita un período de cotización de, al menos, 38 años y 3 meses.

Como consecuencia de la citada Ley de 2011, concluido el período de implantación progresiva, la edad ordinaria de jubilación se situará en los 67 años a partir de 2027 (o bien en 65 años si se acredita un período de cotización de, al menos, 38 años y 6 meses). En otras palabras, desde que en enero de 2013 entrase en vigor dicha ley, se ha ido produciendo una paulatina ampliación de la vida laboral, con el consiguiente retraso en el acceso a la pensión y su impacto en la edad efectiva de jubilación. Por ejemplo, esta elevación de la edad ordinaria de jubilación es una de las causas que para el Instituto de Actuarios Españoles ha contribuido a mejorar ligeramente la equidad entre los jubilados de 2020 y 2025[294].

---

[294] INSTITUTO DE ACTUARIOS ESPAÑOLES, *Actualización del Factor de Equidad Actuarial del sistema contributivo de pensiones de jubilación*

Podría plantearse volver a elevar la edad ordinaria de jubilación en aras de la sostenibilidad financiera del sistema. Precisamente con este objetivo, AGUILAR SEGADO propone que la edad legal de jubilación en España pueda retrasarse en un futuro a los 74 años[295]. Por su parte, en el marco del Proyecto de la Función Pública de la Administración del Estado, publicado en el Boletín Oficial de las Cortes Generales en julio de 2024, se está debatiendo la ampliación de la edad de jubilación. En concreto, el art. 27 de este Proyecto contempla que la jubilación forzosa se declare de oficio cuando el funcionario cumpla 65 años, pudiendo solicitar la prolongación de la permanencia en la situación de servicio activo hasta el cumplimiento de la edad máxima de 70 años[296]. Pues bien, entre las enmiendas presentadas en relación con este precepto del Proyecto y publicadas en el Boletín Oficial de las Cortes Generales en marzo de 2025, están las de varios grupos parlamentarios que proponen que la prolongación en el servicio activo pueda extenderse hasta los 72 años, en lugar de hasta los 70 años[297].

---

español (2025), op. cit., p. 2.

295 AGUILAR SEGADO, C.D., «Pensiones públicas y Derecho Financiero: efectos del Real Decreto-ley 2/2023 sobre los ingresos y el gasto público», *Documentos de Trabajo*, núm. 2, 2024, p. 147. También en el mismo sentido se pronunciaba DÍAZ-JIMÉNEZ en una noticia de prensa publicada en 2022: https://www.larazon.es/economia/20221019/6qbflno4rjespoqukmwqf32ejy.html (acceso: 6 junio 2025).

296 La redacción dada al art. 27 de este Proyecto es muy similar al actual y vigente art. 67 del Texto Refundido de la Ley del Estatuto Básico del Empleado Público.

297 Por ejemplo, el *Grupo Parlamentario Junts per Catalunya* justifica esta enmienda en los problemas de envejecimiento que tiene la Administración Pública, así como en las dificultades para proveerse de personal capacitado y con experiencia. Asimismo, considera que la posibilidad de permanecer en el servicio activo hasta los 72 años es más congruente con otros colectivos, como Notarios o Magistrados, que ya tienen reconocida esta posibilidad. Además, de permitir con

Al igual que en España, en muchos otros países de nuestro entorno, en las próximas décadas, va a seguir aumentando el número de personas que alcancen la edad de jubilación y que, por tanto, se retiren del mercado laboral. Sin embargo, los bajos niveles de natalidad no van a permitir que dicha situación quede compensada con un crecimiento de la población activa. Como ya se ha dicho, la población en edad de trabajar va a ser menos numerosa que la que se jubile. Puede, incluso, que en algunos países llegue un determinado momento en el que sean más las personas que abandonen el mercado laboral por jubilación que las que se incorporen al mismo. Esta situación hace que la posibilidad de seguir ampliando la edad ordinaria de jubilación siga estando "encima de la mesa" en varios países europeos. Por ejemplo, recientemente, en Dinamarca, su Parlamento ha acordado volver a retrasar la edad de jubilación. Concretamente, en este país, de manera periódica se va revisando la edad pensionable conforme evoluciona la esperanza de vida. De esta forma, desde 2022 la edad de jubilación se sitúa en los 67 años, habiéndose aprobado ahora que a partir de 2040 haya que tener 70 años para acceder al retiro laboral[298]. La decisión del Parlamento Danés ha estado motivada por el impacto que en la economía va a tener el envejecimiento de la población, producido por el descenso de la natalidad y el aumento de la longevidad.

---

esta modificación que se tramiten menos altas de pensiones de jubilación en el tope máximo más alto, liberando gasto de los Presupuestos Generales del Estado y del Sistema Público de Pensiones.

[298] Esta ampliación se haría de forma gradual, jubilándose en 2030 con 68 años, en 2035 con 69 años y a partir de 2040 con 70 años. Información extraída de la noticia publicada por la *BBC News* en: https://www.bbc.com/mundo/articles/c5ye7yrw300o (acceso: 3 junio 2025).

El Fondo Monetario Internacional (FMI), en su informe de abril de 2025 sobre la *Perspectiva de la Economía Mundial*[299], prevé que el envejecimiento de la población tenga un "efecto depresor" en la economía mundial, por lo que, entre otras reformas, propone ampliar la edad legal de jubilación. En concreto, considera que puede extenderse hasta los 70 años dado que la capacidad cognitiva que tenía una persona a los 53 años en el año 2000 es la misma que tenía una persona en el año 2022 a los 70 años[300]. Por tanto, esta propuesta va en la línea de "aprovechar" las capacidades cognitivas en la tercera edad para extender la edad de jubilación, evitando al mismo tiempo el impacto del envejecimiento en la economía. En este mismo sentido, se pronunció en su momento, el Comité de las Regiones en su Dictamen sobre el llamado Libro Blanco de las Pensiones, al respaldar el objetivo de la Comisión Europea de «elevar la edad de jubilación en consonancia con el incremento de la esperanza de vida cuando sea conveniente»[301].

Aunque la esperanza de vida y los años vividos sin limitación van a seguir en España una senda creciente que puede permitir replantearse la ampliación de la vida laboral, no considero que la propuesta deba ser retrasar (nuevamente) la edad legal de jubilación. Coincido con el FMI en que el envejecimiento de la población debe verse como una oportunidad para fomentar

---

299 Disponible en: https://www.imf.org/es/Publications/WEO/Issues/2025/04/22/world-economic-outlook-april-2025 (acceso: 3 junio 2025).

300 Por ejemplo, el periódico *Independent*, bajo el lema de que los "70 son los nuevos 50" recoge esta conclusión a la que llega el FMI. Noticia disponible en: https://www.independent.co.uk/news/uk/home-news/baby-boomers-work-retirement-imf-b2735244.html (acceso: 3 junio 2025).

301 Dictamen del Comité de las Regiones – Libro Blanco – *Agenda para unas pensiones adecuadas, seguras y sostenibles* (2012/C 391/02), DOUE de 18 de diciembre de 2012.

la participación de las personas mayores en el mercado laboral (además de estimular la llamada “economía plateada”), de forma que éste pueda seguir beneficiándose de las capacidades, conocimientos y experiencia adquirida de los más mayores. Se trata, pues, de fomentar el envejecimiento activo y saludable. Ahora bien, a mi juicio, esto no implica *per se* la ampliación de la edad de jubilación. Dicho de otra forma, el fomento del envejecimiento activo no es sinónimo de extender la edad ordinaria de jubilación *sine die* para garantizar la sostenibilidad del sistema. Por el contrario, se trata de buscar fórmulas que permitan la continuidad en la vida laboral de aquéllos que, una vez alcanzada la edad legal de jubilación, quieran permanecer en activo, y sin que ello restrinja oportunidades de los más jóvenes de incorporarse al mercado laboral. Así, el hecho de que en España el 95,5% de los años de esperanza de vida vividos vayan a ser sin limitación, no debe suponer que directamente se extienda la vida laboral mientras la longevidad vaya acompañada de años saludables.

En cambio, sí considero que la edad de jubilación efectiva ha de alinearse con la edad de jubilación prevista legalmente. La edad media de jubilación en marzo de 2025 ha sido de 65,1 años (en el RGSS), siendo 66 años y 8 meses la edad exigida en 2025 para aquellos que tienen menos de 38 años y 3 meses cotizados. A mi juicio, elevar la edad ordinaria de jubilación no tendría un impacto real si la edad efectiva de jubilación sigue por debajo. En otras palabras, aumentar la edad ordinaria de jubilación sin que vaya acompañada de un incremento de la edad efectiva de jubilación carecería de sentido[302]. Por tanto,

---

302 De hecho, aunque la edad de jubilación en el momento presente se sitúa en los 66 años y 8 meses, como consecuencia de la aplicación progresiva de la extensión de la edad ordinaria a 67 años introducida por la Ley 27/2011, la realidad es que la franja de edad con más jubilaciones sigue produciéndose a los 65 años –como se ha visto al final del tercer capítulo–.

la propuesta debería ser que la edad ordinaria y la edad efectiva estén alineadas de forma que no haya distinción entre una y otra.

De hecho, esta propuesta va en línea con las recomendaciones de los Acuerdos del Pacto de Toledo, donde la Comisión de Seguimiento, en su Informe de 2020, considera que «la edad de salida efectiva del mercado de trabajo debe aproximarse tanto como sea posible a la edad ordinaria de jubilación legalmente establecida»[303]. Y esto ha quedado precisamente reflejado en las reformas del Componente 30 del Plan de Recuperación. Además, la Comisión Europea en su *Informe sobre Envejecimiento 2024* ha indicado que el aumento de la presión sobre el gasto público en pensiones que se prevé para las próximas décadas se vería parcialmente compensado por el aumento de la edad efectiva de jubilación, así como por los incentivos para retrasar la edad de jubilación[304]. Es respecto a esto último donde, a mi juicio, sí tiene cabida una reflexión sobre la posible ampliación de la vida laboral en el marco del envejecimiento activo, lo que exigiría articular auténticos incentivos al efecto, sin que al mismo tiempo se descuiden las políticas de fomento del empleo joven. Pues, de hecho, la situación de los jóvenes en el mercado laboral es uno de los factores que puede favorecer la creación de desigualdades generacionales, afectando a la emancipación y a la tasa de fecundidad. En este mismo sentido, AGUILAR SEGADO reconoce que ampliar la edad de jubilación puede ser un grave error en aras de garantizar el relevo generacional en los puestos de trabajo, con el consiguiente retraso en la cotización de los jóvenes y también en la natalidad[305].

---

303 Véase la página 67 del *Informe de Evaluación y Reformas del Pacto de Toledo* del año 2020.

304 EUROPEAN COMMISSION, *2024 Ageing Report…, op. cit.*, p. 49.

305 AGUILAR SEGADO, C.D., *Financiación y tributación del sistema de pensiones en España, op. cit.*, p. 261.

Por tanto, para alinear la edad efectiva y la edad legal de jubilación en aras de una mejor situación financiera del sistema, el régimen de jubilación anticipada y el de jubilación tardía resultan clave. Aspecto éste en el que también ha incidido el FMI en su informe de abril de 2025 sobre la *Perspectiva de la Economía Mundial*, donde reconoce que la configuración de incentivos para permanecer en activo y la posibilidad de una jubilación gradual contribuirían a alinear la edad ordinaria y la edad efectiva de jubilación.

Como se ha visto, la Ley 21/2021 busca fomentar la permanencia de los trabajadores en activo. Según señalaba la AIReF en 2023, el impacto sobre la edad efectiva de jubilación dependerá del porcentaje de personas que decidan retrasar su jubilación por la reforma aprobada, siendo de dos décimas si el porcentaje de personas que retrasase su jubilación aumentara hasta un 10% y de 1,3 si aumentase hasta un 55% del total[306]. En este mismo sentido, en su informe de marzo de 2025, la AIReF comenta cuáles son los cambios en el comportamiento de las personas que se están dando y que influyen en el aumento de la edad efectiva de jubilación de 64,7 años en 2021 a los 65,2 actuales. Por un lado, las personas que anticipan su jubilación, han reducido el número de meses que anticipan, y aquéllos que obtienen la pensión máxima, han dejado de anticipar su jubilación. Por otro lado, el número de personas que demoran su jubilación se ha duplicado[307].

Como se ha indicado anteriormente, la Ley 21/2021 ha revisado los coeficientes reductores y el régimen de la jubilación anticipada. En atención al último informe de la AIReF, esta revisión de los coeficientes reductores parece que está teniendo

---

[306] AIReF, «El impacto de las reformas del sistema de pensiones entre 2021 y 2023», *Documento técnico*, núm. 2, 2023, p. 13.

[307] AIReF, «Informe de Evaluación de la Regla de Gasto de Pensiones», *op. cit.*, pp. 26-27.

su impacto en reducir el número de meses que se anticipa la jubilación. Pero, no sólo eso, sino que, si se atiende a los datos publicados por la Seguridad Social[308], parece que desde 2022 (año en que entró en vigor la Ley 21/2021) se ha ido reduciendo el número de jubilaciones anticipadas voluntarias. Así, en el año 2022 accedieron a la jubilación anticipada voluntaria 57.520 personas, en el año 2023 lo hicieron 54.032 personas y fueron 52.616 las que anticiparon su jubilación de manera voluntaria en el año 2024. Probablemente, todavía sea pronto para confirmar esta tendencia en la reducción del número de jubilaciones anticipadas por voluntad del interesado, pero lo cierto es que estos datos deben valorarse positivamente pues contribuyen, aunque sea tímidamente, a alinear la edad efectiva con la edad ordinaria de jubilación.

Como decíamos, lo que ha verificado la AIReF en su informe de marzo de 2025 es que quienes deciden jubilarse anticipadamente lo hacen con menor antelación. Podría decirse que aquí la revisión de los coeficientes reductores del art. 208 del TRLGSS efectuada por la Ley 21/2021 ha tenido una influencia significativa. En efecto, los coeficientes reductores van incrementando cuanto mayor es el tiempo entre el acceso a la jubilación y el tiempo que le resta al trabajador para alcanzar la edad ordinaria, por lo que cuanto más adelante su jubilación mayor será el importe de la prestación que se reduzca. Antes de la reforma, también se contemplaban coeficientes que reducían el importe de la pensión, pero estos se aplicaban por cada trimestre que le faltase al trabajador para cumplir la edad legal de jubilación, mientras que tras la reforma estos coeficientes reductores se aplican por cada mes que le falte para alcanzar dicha edad. Así, una persona que, habiendo cotizado

---

308 Información extraída del sitio web de la Seguridad Social sobre la *Evolución de las altas iniciales de jubilación por modalidades* para el período 2021-2025.

menos de 38 años y 6 meses, decide anticipar su jubilación dos años, aplicaba antes de la reforma un coeficiente del 2% por cada trimestre de adelanto (esto es, en total una reducción del 16%), mientras que en la actualidad el coeficiente reductor por adelantar la jubilación 24 meses es del 21%[309].

Como puede verse, tanto antes como después de la reforma, para la aplicación de estos coeficientes reductores se tienen en cuenta los años efectivamente cotizados. De esta forma, las carreras de cotización más largas aplican porcentajes de reducción inferiores a los que aplican aquéllos que cuentan con un período de cotización menor, aunque el tiempo de adelanto de la jubilación sea el mismo[310]. En este sentido, el Instituto de Actuarios Españoles, en su informe publicado en 2020, considera que estas "penalizaciones" por adelantar la edad de jubilación con respecto a la legalmente prevista deberían calcularse de forma actuarialmente neutral –a excepción del género– sin hacerlas depender de los años cotizados[311]. Téngase en cuen-

309 Por ejemplo, la AIReF estimaba en 2023, como consecuencia de estos cambios en los coeficientes reductores, que aquellas personas que anticipaban 24 meses su jubilación ahora la anticiparán sólo 21 meses para evitar el empeoramiento del castigo correspondiente (AIReF, «El impacto de las reformas del sistema de pensiones entre 2021 y 2023», *op. cit.*, p. 12). Conforme al vigente art. 208.2 del TRLGSS, el coeficiente reductor va desde el 10% al 12,57% en función del período cotizado en el momento de anticipar y acceder a la jubilación.

310 Por ejemplo, si un trabajador decide adelantar la jubilación 21 meses aplicará un coeficiente reductor del 12,57% si ha cotizado menos de 38 años y 6 meses, mientras que el coeficiente será del 10% si su período de cotización es igual o superior a los 44 años y 6 meses. En cambio, si el adelanto es de 6 meses, en el primer caso el coeficiente reductor será de 4% y en el segundo caso de 3,45%.

311 INSTITUTO DE ACTUARIOS ESPAÑOLES, *Factor de Equidad Actuarial del sistema contributivo de pensiones de jubilación español*, *op. cit.*, p. 33.

ta que, para poder jubilarse anticipadamente, el art. 208 del TRLGSS requiere que se acredite un período mínimo de cotización efectiva de 35 años y, a partir de ahí, se han configurado hasta cuatro tramos de períodos de cotización que implican la aplicación de unos u otros coeficientes reductores.

En lo que se refiere a la decisión de acceder a la pensión de jubilación a una edad superior de la edad legalmente establecida influirán los incentivos regulados en el art. 210.2 del TRLGSS. En particular, y como ya se ha dicho en este trabajo, se ha pasado de un único incentivo basado en un porcentaje adicional por cada año completo cotizado a permitir al interesado optar entre dos posibles incentivos, o una combinación de estos. El primer incentivo consiste en un porcentaje de subida del 4% que se aplica a la pensión después del "tope", en su caso. La segunda posibilidad es un pago único que se recibe en el momento de la jubilación, siendo determinada su cuantía en función de los años cotizados. En la encuesta realizada por el Ministerio de Inclusión, Seguridad Social y Migraciones sobre los incentivos para retrasar la jubilación se observa una gran aceptación a recibir una cuantía fija en el momento de la jubilación frente a un incremento de la pensión[312]. Se está optando, así, por no tener un aumento de la pensión que dure en el tiempo[313], sino un único pago al inicio. Según las estimaciones realizadas por la AIReF en 2023, esto conllevará una ligera reducción de la pensión media que será efectiva en 2040[314]. Y como consecuencia de esa disminución de la pensión media

312 Los datos de esta encuesta se han reflejado en la *Memoria del Análisis de Impacto Normativo de la Ley 21/2021,* disponible en el portal de la transparencia de la Administración General del Estado.

313 La *Memoria del Análisis de Impacto Normativo de la Ley 21/2021* señala que la cuantía fija es actuarialmente inferior al 4% de aumento de la pensión.

314 AIReF, «El impacto de las reformas del sistema de pensiones entre 2021 y 2023», *op. cit.*, p. 12.

cabría esperar un ligera bajada de la tasa de sustitución de las pensiones con su consiguiente reflejo en la presión sobre el gasto público en pensiones.

La AIReF considera que el impacto de esta reforma operada por la Ley 21/2021 en materia de incentivos para retrasar la edad de jubilación será que un 30% de personas que decidan jubilarse lo harán demorándola 3 años, o hasta cumplir los 68 años[315]. En atención a los datos publicados por el INSS, se observa desde 2022, año en el que entró en vigor la reforma de la Ley 21/2021, un aumento de las jubilaciones demoradas, especialmente en el año 2024. En concreto, en 2022 fueron 10.174 personas las que demoraron su jubilación, haciéndolo 13.228 personas en 2023 y 18.264 personas en 2024. Por tanto, desde que entró en vigor la reforma de la jubilación demorada operada por la Ley 21/2021, las jubilaciones tardías se han casi duplicado (como, de hecho, afirmaba la AIReF en su informe de finales de marzo de 2025). Parece que en el año 2025 esta tendencia seguirá la misma senda, pues con los datos acumulados hasta el mes de abril de 2025, son ya 7.409 las personas que han accedido tardíamente a la jubilación.

Ahora bien, el impacto en esta decisión de retrasar la jubilación podría variar tras la reforma operada por el Real Decreto-ley 11/2024, de 23 de diciembre, sobre el art. 210.2 del TRLGSS, y que ha entrado en vigor el 1 de abril de 2025. Esta modificación supone una mejora en los incentivos por retrasar la jubilación, pues permite a aquellos que retrasan un año el acceso a la jubilación computar períodos superiores a seis meses e inferiores a un año a efectos de los incentivos. De esta forma, se está haciendo más atractiva la jubilación tardía, tratando, así, de evitar como decía el Instituto de Actuarios Es-

315 AIReF, «Informe de Evaluación de la Regla de Gasto de Pensiones», *op. cit.*, p. 27. Anteriormente, en AIReF, «El impacto de las reformas del sistema de pensiones entre 2021 y 2023», *op. cit.*, p. 13.

pañoles en 2020 que la prolongación de la vida laboral sea un "mal negocio"[316].

Por tanto, las reformas que se han operado en el régimen de la jubilación anticipada y en el régimen de la jubilación tardía parecen ir en el buen camino. Primero, porque los coeficientes reductores por adelantar el momento de la jubilación y las bonificaciones por retrasarla parecen estar mejor calibradas que antes de la reforma llevada a cabo por la Ley 21/2021. Esto no solamente contribuye a que la edad efectiva se acerque a la edad legalmente prevista, sino también, como ha señalado el Instituto de Actuarios Españoles en su informe de 2025, a mejorar la equidad entre los pensionistas[317]. Segundo, y muy relacionado con lo anterior, la jubilación anticipada debe, en mi opinión, resultar un supuesto "residual" al que accede un número reducido de personas, las cuales han de contar además con largas trayectorias de cotización, de forma que, en aras del principio de contributividad, haya un equilibrio financiero entre lo aportado al sistema y lo recibido del mismo. Dicho de otro modo, si se produce en estos casos un desequilibrio financiero debe ser síntoma de que el régimen de jubilación anticipada no está funcionando como, lo que debe ser, algo excepcional. Así, los coeficientes reductores deben conseguir que la jubilación anticipada sea vista como un auténtico "desincentivo" por la disminución en la prestación que se recibirá, salvo que se cuente con un período de cotización lo suficientemente alto que compense la aplicación de dichos coeficientes reductores.

---

[316] Véase INSTITUTO DE ACTUARIOS ESPAÑOLES, *Factor de Equidad Actuarial del sistema contributivo de pensiones de jubilación español, op. cit.*, p. 32.

[317] INSTITUTO DE ACTUARIOS ESPAÑOLES, *Actualización del Factor de Equidad Actuarial del sistema contributivo de pensiones de jubilación español (2025), op. cit.*, p. 10.

Se ha visto anteriormente que las pensiones medias más altas no corresponden con las que se obtienen a la edad ordinaria de jubilación, lo cual no debe verse como algo negativo si las prestaciones que se obtienen en los casos de jubilación anticipada responden a largas carreras laborales. Esto es, que a pesar de aplicar un coeficiente que reduce la cuantía de la pensión inicialmente prevista, su impacto quede compensado por los años efectivamente cotizados. Pues, en tales casos, no habrá un desequilibrio financiero a la luz del principio de contributividad. Por el contrario, si no fuese así, el régimen de jubilación anticipada requeriría de una mayor reflexión y revisión que permita mejorar las debilidades que pudieran estar afectando a la sostenibilidad financiera, por no coadyuvar a aumentar la edad efectivad de jubilación, así como por su posible incidencia en la equidad entre los pensionistas.

Tercero, la reforma operada por la Ley 21/2021 parece estar consiguiendo su propósito de hacer más atractiva la jubilación tardía, dado que se observa un aumento del número de personas que deciden retrasar el acceso a su jubilación, especialmente –como ya se ha visto– en el año 2024. De hecho, como ya se ha dicho, en 2020, y según el informe del Instituto de Actuarios Españoles, no había incentivos para prolongar la vida laboral más allá de los 64 o los 65 años. Sin embargo, con las previsiones más actualizadas de la AIReF, la revisión de los incentivos para demorar la jubilación podría conllevar a que un número importante de personas decidan retrasarla hasta los 68 años. Evidentemente, la decisión de ampliar voluntariamente la vida laboral no solamente va a venir motivada porque estos incentivos resulten eficientes en su propósito, sino porque la persona quiera seguir en activo en atención a sus capacidades cognitivas y estado de salud[318]. Por tanto, la calidad

---

[318] El Libro Blanco de las Pensiones, elaborado por la Comisión Europea en 2012, señala que ofrecer mejores oportunidades para perma-

de vida de las personas que superan la edad ordinaria de jubilación va a seguir necesitando de robustos sistemas de salud y asistenciales. De esta forma, encontrándose en una situación saludable, la voluntad de seguir en el mercado laboral, no solamente resulta "premiada" con una mejora del importe de su pensión (de hecho, si los incentivos son realmente eficientes coadyuvarán en la toma de dicha decisión), sino que los conocimientos y experiencia adquirida por ese *senior* seguirán al servicio del sector trabajo.

Con lo anterior, estamos, pues, fomentando el envejecimiento activo de nuestra sociedad, y especialmente entre las mujeres. Pues, dada la mayor esperanza de vida de las mujeres, cabe esperar que este colectivo mantenga durante más años sus capacidades cognitivas, lo que le permitiría permanecer en activo más tiempo. Pero no solamente ello, sino que muy probablemente éste sea el colectivo más interesado en ampliar voluntariamente su vida laboral para compensar las posibles interrupciones que haya podido tener, y también para mejorar el importe de su pensión[319]. Ahora bien, esto no significa que superar la brecha de género en las pensiones pase únicamente porque las mujeres continúen en el mercado laboral tras superar la edad ordinaria de jubilación, sino que han de articularse otras medidas que vayan eficientemente dirigidas a ese objetivo. En otras palabras, estimular el envejecimiento activo puede

---

necer en el mercado de trabajo incluye la adaptación de los lugares de trabajo, el fomento del aprendizaje a lo largo de la vida, o la adopción de medidas que contribuyan al envejecimiento saludable, entre otras (COM(2012) 55 final, *Libro Blanco: Agenda para unas pensiones adecuadas, seguras y sostenibles*, Bruselas, 16 de febrero de 2012, p. 8).

[319] En esta misma línea, en su informe de abril de 2025 sobre la *Perspectiva de la Economía Mundial*, el FMI pone el foco en el estímulo del envejecimiento saludable que fomente la participación de las personas mayores y de las mujeres en la fuerza laboral.

favorecer especialmente a las mujeres, al mismo tiempo que se fomentan otras medidas para corregir la brecha de género en las pensiones (como la posibilidad de elegir años dentro del período de cómputo o mejorando la integración de las lagunas de cotización). Así, y si volvemos a los datos publicados por el INSS, aunque el porcentaje de hombres que demora su jubilación es mayor al porcentaje de mujeres que deciden ampliar su vida laboral, lo cierto es que esa diferencia va recortándose poco a poco con los años. Por ejemplo, en el año 2016, de las personas que demoraron su jubilación, el 39,7% fueron mujeres y el 60,2% hombres. En cambio, en el año 2024, el 43,8% han sido mujeres y el 56,2% hombres[320].

Hablar de envejecimiento activo es igualmente hacer referencia a la llamada jubilación activa, cuya regulación se encuentra en el art. 214 del TRLGSS, habiendo la Ley 21/2021 revisado el régimen de compatibilidad de la pensión con los ingresos provenientes de una actividad profesional. La principal novedad, como se ha comentado, es que la compatibilidad entre la percepción de la pensión y la realización de un trabajo (ya sea por cuenta ajena o por cuenta propia) queda condicionada al transcurso de al menos un año desde el cumplimiento de la edad ordinaria de jubilación. Para MELÉNDEZ MORILLO-VELARDE, el hecho de que el trabajador deba esperar un año después de haber cumplido la edad ordinaria de jubilación para acceder a la modalidad de jubilación activa es un elemen-

320 Estos datos se refieren al RGSS y están disponibles en el sitio web de la Seguridad Social en el informe sobre la *Evolución de las altas iniciales de jubilación por modalidades* para el período 2021-2025.

to desincentivador[321]. Es decir, que no incentiva la utilización de este régimen[322].

Ahora bien, según la *Memoria del Análisis de Impacto Normativo de la Ley 21/2021*, precisamente la introducción de este nuevo requisito supone un ahorro anual para el sistema equivalente a la nómina de las altas del año. En efecto, supone retrasar al menos un año las altas en el sistema, percibiendo después un porcentaje del importe de la pensión (entre el 45% y el 100% según los años de demora en el acceso a dicha pensión[323]) en tanto en cuanto se mantenga la compatibilidad con el trabajo desarrollado. Además, tras la modificación del art. 210.2 del TRLGSS por el Real Decreto-ley 11/2024 la percepción del complemento económico que prevé dicho precepto –cualquiera que sea la modalidad escogida– es compatible con el acceso a la jubilación activa regulada en el art. 214 del TRLGSS[324]. De esta forma, no solamente quienes retrasen su jubilación, sino también aquéllos que la compatibilicen con el desempeño

---

321 MELÉNDEZ MORILLO-VELARDE, L., *La compatibilidad entre jubilación y trabajo. Modalidades de jubilación: parcial, flexible, activa,* Derecho del Trabajo y Seguridad Social – Boletín Oficial del Estado, 2023 (versión digital).

322 Para esta misma autora, tampoco ayuda a fomentar la jubilación activa el hecho de que el contrato de trabajo deba extinguirse voluntariamente sin derecho a indemnización alguna.

323 Estos porcentajes de compatibilidad han sido establecidos por el Real Decreto-ley 11/2024, de 23 de diciembre, pues con la reforma operada por la Ley 21/2021 se contemplaba la compatibilidad del 50% únicamente. De esta forma, el porcentaje de compatibilidad del importe de la pensión con el trabajo puede ser mayor cuanto más se demore el acceso a la jubilación, alcanzando el 100% si el acceso a la pensión de jubilación se demora cinco o más años.

324 No lo es, en cambio, con los supuestos de jubilación parcial ni con la jubilación flexible del art. 213.1 del TRLGSS, ni tampoco con los supuestos de acceso a la jubilación desde una situación asimilada al alta.

de un trabajo se beneficiarán de tales incentivos. Ahora bien, mientras se mantenga la situación de jubilación activa no se generará incremento alguno del complemento. Así, por ejemplo, una persona que demore el acceso a la pensión de jubilación tres años, podrá percibir el 65% del importe de la pensión mientras continua con su actividad laboral. Y, una vez concluido el período de jubilación activa, podrá entonces beneficiarse de los incentivos por demorar la jubilación que contempla el art. 210.2 del TRLGSS.

La *Memoria del Análisis de Impacto Normativo de la Ley 21/2021* ya apuntaba al mayor atractivo de la jubilación activa con respecto a la jubilación demorada[325], por lo que el hecho de que tras la reforma del Real Decreto-ley 11/2024 el porcentaje de pensión compatible con el trabajo pueda alcanzar el 100% unido a la percepción del incentivo por retrasar la jubilación, puede conllevar a que el número de personas que decida acceder a la jubilación activa aumente todavía más[326]. En este sentido, GARCÍA DÍAZ considera que estas nuevas medidas podrían generar un mayor coste para el sistema de pensiones al añadir el complemento económico por diferimiento de la jubilación. De modo que si aumenta el número de personas que hagan uso de esta modalidad, podría aumentar en términos agrega-

---

325 Téngase en cuenta que esta Memoria fue elaborada antes de aprobarse el Real Decreto-ley 11/2024 por lo que los efectos de esta ulterior reforma no han podido ser contemplados en aquélla.

326 GALA DURÁN considera que este Real Decreto-ley de diciembre de 2024 apuesta por alargar la vida laboral y por la compatibilidad de la pensión con el trabajo, pero que choca con una realidad social en la que la lógica sigue siendo la de jubilarse lo antes posible y donde, a su juicio, las medidas para la jubilación anticipada siguen siendo atractivas (GALA DURÁN, C., «El Real Decreto-ley 11/2024: una apuesta por la jubilación gradual y la compatibilidad entre trabajo y pensión», en *Los Briefs de la Asociación Española de Derecho del Trabajo y de la Seguridad Social. Las claves de 2024*, Ed. Cinca, 2025, p. 520).

dos el gasto futuro en pensiones[327]. Ciertamente, aquéllos que accedían al régimen de jubilación activa, retrasando para ello un año el acceso a la pensión de jubilación, no percibían el complemento económico por dicho retraso. Sin embargo, desde el 1 de abril de 2025, momento en que han entrado en vigor las nuevas medidas del Real Decreto-ley 11/2024, la prestación económica futura que se perciba una vez se deje de compatibilizar la actividad laboral con la pensión se verá incrementada por el complemento económico del art. 210.2 del TRLGSS.

Evidentemente, la suma del complemento económico a la pensión de jubilación inicialmente reconocida supondrá un aumento de la prestación que puede tener algún impacto en el gasto futuro en pensiones. No obstante, recuérdese que mientras se sigue desarrollando la actividad laboral, no se percibe dicho complemento, por lo que hay un diferimiento en su percepción; algo que no ocurre para los que demoran la jubilación sin compatibilizarla con el desarrollo de un trabajo. Dicho de otro modo, dos personas que retrasen tres años el acceso a su pensión de jubilación, permaneciendo una de ellas en situación de jubilación activa y la otra no, supondrá que la primera está percibiendo el 65% del importe de la prestación, sin generar incremento alguno por el complemento económico, mientras que el otro pensionista percibirá el 100% de la pensión reconocida, incrementada en el complemento económico. Por tanto, para aquél que se encuentra en situación de jubilación activa, hay un diferimiento en la percepción total del importe de la prestación inicialmente reconocida, incrementada por el incentivo que supone haber demorado la jubilación, con su

---

327 GARCÍA DÍAZ, M.A., «Nota sobre el acuerdo social sobre la jubilación demorada, jubilación anticipada y uso de los recursos de las Mutuas Colaboradoras para el tratamiento de las personas con baja laboral», *Apuntes 2024/25 Fedea*, 2024, p. 3.

consiguiente traslación en términos de ahorro para el sistema mientras se mantenga la compatibilidad de trabajo y pensión.

Asimismo, no ha de olvidarse que la persona que permanece en situación de jubilación activa, mientras la misma se mantenga, sigue aportando al sistema mediante cotizaciones sociales (aunque tenga la condición de pensionista a todos los efectos)[328]; y, como apunta el art. 214.4 del TRLGSS, sin que esas aportaciones den lugar a un incremento del porcentaje aplicable a la base reguladora de la pensión reconocida, ni incrementen el complemento económico de demora que le corresponda. Por otro lado, en mi opinión, a la luz del principio de equidad intrageneracional, la configuración de un complemento económico por demorar la jubilación debe reconocerse a todos aquellos pensionistas que decidan retrasar el acceso a la pensión, ya sea porque simplemente acceden tardíamente o porque al retrasarla la combinan con el desarrollo de una actividad laboral.

Conforme a la Encuesta de Población Activa (*Labour force survey, EU-LFS*) realizada en 2023 por Eurostat[329], el 13% de

---

[328] En el sitio web de la Seguridad Social se establece que estas cotizaciones serán por incapacidad temporal y por contingencias profesionales, además de quedar sujetos a una cotización especial de solidaridad del 9% sobre la base de cotización por contingencias comunes, que en los regímenes de trabajadores por cuenta ajena se distribuirá entre empresario (7%) y trabajador (2%).
Por otro lado, como apunta MELÉNDEZ MORILLO-VELARDE, el hecho de que la persona sea reconocida como pensionista lleva asociados determinados beneficios como el derecho a la asistencia sanitaria, la obtención de medicamentos a precios reducidos o el acceso a beneficios sociales [MELÉNDEZ MORILLO-VELARDE, L., *La compatibilidad entre jubilación y trabajo. Modalidades de jubilación: parcial, flexible, activa, op. cit.* (versión digital)].

[329] Los resultados de esta encuesta se publicaron en diciembre de 2024 y están disponibles en: https://ec.europa.eu/eurostat/web/pro-

los ciudadanos europeos continuó trabajando durante los seis primeros meses tras acceder a la pensión de jubilación. Los países bálticos registraron los mayores porcentajes de personas que continuaron en activo tras su jubilación: con un 54,9% en Estonia, un 44,2% en Letonia y un 43,7% en Lituania. España fue uno de los países de la UE donde se registró un porcentaje más bajo de pensionistas en activo (4,9%). Esta Encuesta recoge también cuáles fueron las razones por las que decidieron continuar trabajando después de acceder a la pensión de jubilación, destacando el poder seguir disfrutando de la actividad laboral y de sentirse productivo, o bien por razones de necesidad económica. Cabe destacar que en Dinamarca, Holanda o Italia el seguir disfrutando del trabajo fue la principal razón para la mayoría de las personas que decidieron mantenerse en activo después de la jubilación, mientras que en España ésta fue la razón por la que menos personas escogieron permanecer en activo tras haber accedido a la pensión de jubilación. En España, fueron otras razones, como el deseo de mantener la integración social o el atractivo económico del trabajo, las que llevaron a tomar la decisión de compatibilizar la pensión con el desarrollo de una actividad laboral.

Como se ha dicho antes, y aunque en 2023 España fuese uno de los países de la UE donde menos personas continuaron trabajando después de acceder a la pensión de jubilación, la última reforma llevada a cabo, que ha empezado a aplicarse en abril de 2025, podría contribuir a que el régimen del art. 214 del TRLGSS relativo a la pensión de jubilación activa sea más atractivo. Ahora bien, como también se ha dicho antes, si bien este régimen o el de la jubilación tardía han de ser vistos desde una perspectiva positiva en términos de ahorro para el sistema y por favorecer un envejecimiento activo, no deben reducirse las oportunidades para las generaciones más jóvenes de acce-

---

ducts-eurostat-news/w/ddn-20241209-1 (acceso: 8 junio 2025).

der al mercado laboral y, por tanto, de empezar a cotizar de cara a asegurar su futura pensión.

En consecuencia, estas medidas que contribuyen a alinear la edad efectiva con la edad ordinaria de jubilación y, por ende, a dotar de una mayor sostenibilidad al sistema en el medio-largo plazo, deben combinarse con medidas que favorezcan el empleo joven. Ciertamente, y si las previsiones actuales se mantienen, el hecho de prolongar la vida laboral de los más mayores no debería tener un impacto significativo en la entrada al mercado laboral. Esto es, si en efecto la población activa va a ser proporcionalmente menos numerosa que la población jubilada, es porque el número de incorporaciones al mercado de trabajo no va a ser lo suficientemente alto, haciendo preciso retrasar la salida del mercado laboral para mantener una población activa que, en cierto modo, permita seguir sustentando el sistema. En cualquier caso, y dada la dependencia que el actual sistema tiene de la población activa, la necesidad de contar con una población activa suficiente, requiere articular medidas tanto en la salida del mercado de trabajo como en su entrada[330]. En este sentido, puede pensarse no sólo en evitar que las empresas reduzcan sus plantillas como consecuencia de mantener en activo a una persona que supera la edad legal de jubilación[331], sino también en medidas que eviten que la natalidad se vea desincentivada como consecuencia de un acceso

---

330 De hecho, el Comité de las Regiones ya señalaba en su Dictamen de 2012 sobre el Libro Banco de las Pensiones la importancia de elevar el empleo en todos los grupos de edad, mejorando las condiciones para un acceso más temprano de los jóvenes, las mujeres y los inmigrantes en el mercado laboral.

331 Por ejemplo, la Ley 24/1997 recogía, en su art. 12, la posibilidad de que el Gobierno pudiese otorgar desgravaciones, o deducciones de cotizaciones sociales, en aquellos supuestos en que el trabajador optase por permanecer en activo una vez alcanzada la edad ordinaria de jubilación.

tardío al mercado laboral (o condiciones laborales precarias), tales como mejorar los permisos de maternidad y paternidad, así como la conciliación personal, familiar y laboral.

1.2. Una reflexión sobre la fórmula de actualización periódica de las pensiones que garantice la suficiencia económica sin afectar a la sostenibilidad del sistema

Como se ha dicho en reiteradas ocasiones a lo largo de este trabajo, nuestra Constitución prevé, en su artículo 50, que las pensiones sean adecuadas y que se actualicen periódicamente para garantizar la suficiencia económica durante la vejez. Así, la percepción de una pensión adecuada permite garantizar la suficiencia económica durante la tercera edad. Esa percepción de una prestación adecuada va, lógicamente, dirigida a cubrir las situaciones de necesidad que se generan al alcanzar una determinada edad. Como ha señalado el Tribunal Constitucional en sus sentencias de 21 de mayo y 21 de julio de 1987, esas

---

Por otro lado, cabe apuntar que antes de la reforma operada por la Ley 21/2021, el art. 214.6 del TRLGSS recogía una serie de condiciones que debían cumplir aquellas empresas en las que un trabajador iba a acogerse a la jubilación activa, tales como que no se hubieran adoptado decisiones extintivas improcedentes en los seis meses anteriores a la compatibilidad entre pensión y trabajo, o que una vez iniciada dicha compatibilidad, la empresa mantuviera el nivel de empleo existente. El objetivo de estos requisitos no era otro, como señala MELÉNDEZ MORILLO-VELARDE, que el de evitar que las empresas tuviesen en activo a jubilados con obligaciones reducidas de cotización en detrimento de trabajadores ordinarios [MELÉNDEZ MORILLO-VELARDE, L., *La compatibilidad entre jubilación y trabajo. Modalidades de jubilación: parcial, flexible, activa, op. cit.* (versión digital)]. Tras la reforma operada por la Ley 21/2021 los requisitos que se establecen para acceder al régimen de la jubilación activa son solamente para el pensionista que compatibiliza su prestación con el desarrollo de un trabajo.

situaciones de necesidad habrán de determinarse en atención a las circunstancias sociales y económicas de cada momento, dado que se trata de administrar medios económicos limitados para un gran número de necesidades sociales. Ha señalado también el Tribunal Constitucional, en su sentencia de 8 de junio de 2015, que la revalorización de las pensiones es el mecanismo que permite al trabajador que pasa a la situación de jubilación mantener su poder adquisitivo, de forma que con los años y el incremento del coste de la vida las pensiones inicialmente reconocidas no pierdan su esencia, asegurando un nivel de protección frente al riesgo de pobreza y frente a (posibles) situaciones de desigualdad en la vejez.

Dicho lo anterior, es importante recalcar que este mandato constitucional de asegurar la suficiencia y mantener un adecuado nivel de protección durante la vejez no exige que todas las prestaciones deban revalorizarse anualmente, ni cuál debe ser el alcance de la actualización o la cuantía en la que se incrementen, ni siquiera determina la periodicidad con la que debe llevarse a cabo la actualización. En otras palabras, el art. 50 de la CE solamente exige garantizar la suficiencia económica pero no la vía por la que ésta deba asegurarse. Por tanto, y teniendo siempre presente este mandato constitucional, las circunstancias socioeconómicas de cada momento y las necesidades de los diversos grupos sociales (las cuales habrán de ponderarse) deberán ir marcando cómo cumplir con dicho mandato, poniendo esto en relación con los recursos públicos disponibles.

Puede decirse que prácticamente hasta la reforma operada por la Ley 21/2021 que deroga el IRP y recupera la actualización de las pensiones en función de la inflación del ejercicio anterior, se había asistido a una pérdida de poder adquisitivo de los pensionistas como consecuencia de la "congelación" de las pensiones en los años 2011 a 2013 y de su "semicongelación" por la aplicación desde 2014 de ese índice de revalorización[332]. En consecuencia, tras la reforma de 2021, matizada por la operada en 2023, la vuelta al mecanismo del IPC como fórmula de revalorización se alinea con el mandato del art. 50 de la Constitución, pues, al permitir la recuperación del poder adquisitivo de las pensiones y adecuarlo al coste de la vida, se garantiza su suficiencia económica. En este sentido, CONDE-RUIZ y DÍAZ MENDOZA consideran que todas las pensiones deben revalorizase teniendo en cuenta el coste de la vida en situaciones económicas donde la tasa de inflación permanece estable, porque de no hacerlo así se estaría afectando a la contributividad del sistema de pensiones[333].

Además, para evitar situaciones en las que pueda producirse una pérdida del poder adquisitivo de las pensiones, aumentando el riesgo de pobreza y de desigualdades en la tercera edad, la disposición adicional trigésima novena del TRLGSS, introducida por la Ley 21/2021, pretende hacer un seguimiento de la revalorización de las pensiones. En concreto, cada cinco años, en el marco del diálogo social, se evaluarán los efectos de la revalorización anual conforme al IPC. Así, en caso de que se observe alguna desviación, se hará una propuesta que permita mantener el poder adquisitivo de las pensiones.

En mi opinión, esta revisión periódica, pensada para evitar que las pensiones pierdan su esencia con los años, debe servir también para que la forma de actualización de las pensiones se ponga en relación con las circunstancias de cada momento

---

[332] Téngase en cuenta que entre 2018 y 2021 se suspendió la aplicación del IRP por considerarse que estaba afectando negativamente al poder adquisitivo de las pensiones.

[333] CONDE-RUIZ, J.I. y DÍAZ MENDOZA, M., «Una Propuesta de Revalorización de las Pensiones más justa para los más Vulnerables y para los Jóvenes», *Apuntes 2022/25 Fedea*, 2022, p. 1.

dado que los recursos no son infinitos[334]. Por tanto, si bien la suficiencia económica en la tercera edad ha de garantizarse en todo momento en aras del mandato constitucional, la fórmula de actualización, o su alcance, podrían variar para ajustarse a la realidad de cada momento. Así, siguiendo a CONDE-RUIZ y DÍAZ MENDOZA, una subida automática conforme al IPC de todas las pensiones puede ser dañina para la economía en situaciones donde la inflación esté disparada, por lo que en su lugar proponen que la subida vaya en función de la cuantía de la pensión[335]. De esta forma, la subida sería mayor para aquellos pensionistas que reciben una prestación económica más baja y que, por tanto, en un escenario con la inflación y los precios disparados, estarían en una situación de mayor vulnerabilidad. Por el contrario, el incremento de las pensiones máximas sería inferior. Se trataría, por tanto, de seguir actualizando las pensiones, porque de no hacerlo se correría el riesgo de que perdieran poder adquisitivo, especialmente tratándose de una situación de inflación descontrolada, pero que la forma de revalorizarlas no fuese la misma para todas las pensiones. En otras palabras, todas las pensiones resultarían actualizadas, pero lo harían de forma diferente para adaptarse a las circunstancias socioeconómicas de ese momento.

---

334 Por ejemplo, y como se ha visto en el primer capítulo, la Ley 24/1972 y la Ley General de la Seguridad Social de 1974 se referían a diferentes factores que podían tenerse en cuenta para revalorizar las pensiones, tales como la elevación del nivel medio de los salarios, el índice del coste de la vida, la evolución general de la economía o las posibilidades económicas del sistema. Pues bien, estos factores podrían utilizarse para determinar la forma de actualizar las pensiones en aquellos momentos en los que hacerlo conforme al IPC no vaya en línea con las circunstancias socioeconómicas que concurran.

335 CONDE-RUIZ, J.I. y DÍAZ MENDOZA, M., «Una Propuesta de Revalorización de las Pensiones más justa para los más Vulnerables y para los Jóvenes», *op. cit.*, p. 2.

Así, en efecto, pueden valorarse formas excepcionales de garantizar la suficiencia de las pensiones en momentos donde las circunstancias económicas sean excepcionales, pero sin que las pensiones dejen de actualizarse y sin que esas formas excepcionales puedan suponer un retroceso en el poder adquisitivo de las pensiones (como ha ocurrido en el pasado con el IRP). La posibilidad de articular una fórmula distinta de revalorización en atención a un determinado contexto económico (como el incremento de la inflación o ante la necesidad de contener el gasto del sistema) no solamente lo sería en términos de sostenibilidad financiera, sino también a la luz de los principios de equidad intrageneracional –es decir, equidad entre pensionistas– y de equidad intergeneracional –esto es, con respecto a los asalariados, cuyo poder adquisitivo suele verse afectado en momentos donde la inflación se dispara–.

De este modo, y como ya he expresado anteriormente en esta obra, ante un escenario en el que la presión sobre el gasto público en pensiones aumente (que, de hecho, es la previsión tanto de la AIReF como de la Comisión Europea), no deberá descuidarse el principio de suficiencia económica que consagra el art. 50 de la Constitución, pero tampoco deberá olvidarse el objetivo de asegurar la sostenibilidad financiera del sistema en el medio-largo plazo. Aunque pueden verse como aspectos distintos, pues la sostenibilidad del sistema obedece a una cuestión estructural que depende de más factores, la fórmula que se emplee para actualizar y mantener pensiones adecuadas es uno de los elementos del sistema, en tanto en cuanto la suficiencia económica es uno de sus pilares al mismo tiempo que el importe de las prestaciones condiciona –como se veía antes– el tamaño del sistema. Debe haber, pues, un equilibrio entre asegurar la suficiencia económica y la sostenibilidad del sistema, de la cual también depende que pueda garantizarse el mantenimiento del poder adquisitivo de las pensiones[336].

II. EL DISEÑO DEL SISTEMA PÚBLICO DE PENSIONES POR LA VÍA DEL INGRESO

El Presupuesto de ingresos a la Seguridad Social para 2023 contó básicamente con las cotizaciones sociales, financiando con ellas el 74,5% de sus créditos para atender las actuaciones del sistema de previsión social. A esto ha de añadirse las aportaciones del Estado por un volumen global de 38.918 millones de euros, correspondiendo 19.888 millones de euros a transferencias del Estado a la Seguridad Social en cumplimiento con la primera recomendación del Informe del año 2020 en el marco del Pacto de Toledo[337]. Por tanto, las cotizaciones sociales, con un volumen en 2023 de 152.075 millones de euros y un crecimiento del 11,5% con respecto al año anterior, continuaron siendo la principal fuente de financiación del sistema.

Si atendemos al Presupuesto de la Seguridad Social aprobado para 2025, se observa que los importes no han variado desde el 2023 –último año, hasta la fecha, en que se aprobó un presupuesto para el ejercicio en curso–. Así, las cotizaciones siguen siendo la principal fuente de ingresos para hacer frente a las necesidades de previsión social que debe cubrir el sistema, con un volumen de 152.075 millones de euros. A ello,

---

[336] En esta misma línea, en el ya citado informe del FMI sobre la *Perspectiva de la Economía Mundial*, se hace hincapié en la necesidad de que la reforma de los sistemas de pensiones guarde el equilibrio entre su sostenibilidad y una adecuada protección para mitigar las situaciones de pobreza y desigualdad en la vejez.

[337] SECRETARÍA DE ESTADO DE PRESUPUESTOS Y GASTOS, *Informe Económico y Financiero. Presupuestos Generales del Estado para 2023*, pp. 593-594.

se han de sumar los 19.888 millones de euros en concepto de transferencias del Estado a la Seguridad Social para financiar los complementos por mínimos de pensiones, las pensiones no contributivas de jubilación e invalidez y otras prestaciones como el ingreso mínimo vital, así como para dar cumplimiento a la recomendación primera del Pacto de Toledo 2020, financiando el complemento por brecha de género del art. 60 del TRLGSS, la integración de lagunas o las reducciones en la cotización a la Seguridad Social, *inter alia.*

El *Informe Económico y Financiero de los Presupuestos Generales del Estado para 2023* achaca el crecimiento de las cotizaciones sociales a la elevación de las bases máximas de cotización y al marco del crecimiento económico[338]. Ya se ha visto en el tercer capítulo de esta obra como el crecimiento de la productividad influye en la senda del gasto público en pensiones, de forma que a mayor crecimiento de los salarios y de la productividad, la tasa de sustitución disminuye y así también lo hace el gasto en pensiones.

La cuestión, pues, que surge es si las cotizaciones sociales van a ser suficientes para seguir cubriendo las prestaciones económicas de los nuevos pensionistas, cuyo número va a seguir aumentando en las próximas décadas por la jubilación de los "baby boomers". Como señalaba el Informe del Pacto de Toledo de 1995, el importe de las cotizaciones sociales depende del número de cotizantes, la base media de cotización y el tipo de cotización[339]. La previsión es que haya una buena tasa de empleo en los próximos años, es decir, un porcentaje alto de la población activa tendrá un empleo y, por tanto, estará cotizando. Ahora bien, la población activa va a seguir disminuyendo

---

[338] Ídem, pp. 606-607.

[339] Informe de la ponencia para el análisis de los problemas estructurales del sistema de la Seguridad Social y de las principales reformas que deberán acometerse (abril 1995), p. 10.

en proporción a la población jubilada, de forma que, como se ha dicho anteriormente, en el año 2050 habrá menos de dos adultos en edad de trabajar por cada persona mayor –cuando en la actualidad hay unos tres adultos en edad laboral–. Por consiguiente, el número de cotizantes va a ir disminuyendo, aunque se mantengan altas tasas de empleo porque la población entre 16 y 64 años va a ser proporcionalmente inferior a la población mayor de 65 años.

2.1. El refuerzo del principio de contributividad

Como se ha dicho en varias ocasiones, nuestro sistema de pensiones se asienta en el principio de contributividad, de forma que haya una proporción entre el esfuerzo de cotización que se realiza durante la vida laboral y la pensión que se percibirá en el momento de la jubilación. En efecto, este nivel de protección, basado en la contributividad, constituye el núcleo del sistema, el cual –como es sabido– coexiste con un nivel universal y de carácter asistencial, no contributivo, que va dirigido a aquellos ciudadanos que no tienen recursos mínimos y cuya protección deviene necesaria.

Por otro lado, y como también se ha visto, el sistema español de pensiones se basa en el principio de reparto, lo que significa que las pensiones son financiadas a partir de las cuotas que van aportando al sistema las personas en edad de trabajar. Se apoya, pues, en la solidaridad intergeneracional, al financiarse las pensiones de los actuales pensionistas a partir de las cotizaciones sociales de quienes en este momento están trabajando. Esto difiere de un sistema basado en la capitalización en el que cada uno contribuye para obtener sus propias prestaciones en el momento de acceder a la jubilación. En este tipo de sistemas, aquellos que no contribuyen y que carecen de recursos mínimos, no quedarían cubiertos por el mismo, lo cual en España resultaría impensable por entrar en colisión con el principio de solidaridad[340]. En esencia, este principio se materializa en la existencia de un nivel de protección no contributivo, pero también en ciertos aspectos del nivel contributivo, como la existencia de pensiones mínimas o la relación no lineal entre la base de cotización y la pensión máxima.

Pues bien, como se ha visto al final del tercer capítulo, nuestro sistema de pensiones se califica como "generoso" dado que todo el mundo obtiene más de lo que aporta, lo que produce un desequilibrio financiero a favor del pensionista al recibir más de lo que ha contribuido al sistema. Esa falta de equilibrio entre lo aportado y recibido se pone de manifiesto en el hecho de que la necesidad de reforzar la contributividad del sistema ha sido una constante en la historia de la Seguridad Social (especialmente, la más reciente). Por ejemplo, con la Ley 27/2011 se pretendía lograr una mayor proporcionalidad entre lo que se aporta al sistema y lo que de éste se recibe, al mismo tiempo que se conseguía dotar al sistema de una mayor equidad. Pero también, en el marco del Pacto de Toledo, el refuerzo del carácter contributivo del sistema ha estado presente en todos sus informes, desde 1995 hasta la actualidad.

En aras de este objetivo de reforzar la contributividad puede, en mi opinión, reflexionarse en dos sentidos. Por un lado, sobre la posibilidad de revisar los tipos de cotización que, aunque con las últimas reformas no se han modificado, han subido de manera efectiva al introducir algunas medidas como el MEI o la cotización adicional de solidaridad. Esta clase de medidas permite no sólo conseguir un mayor equilibrio financiero en-

340 De hecho, y como se ha visto en el primer capítulo, los inicios de la previsión social en España van ligados al carácter profesional y contributivo del sistema, habiendo evolucionado desde entonces hacia un sistema donde se reconoce y consolida un nivel de protección universal. Por tanto, pensar en un sistema de capitalización sería, en mi opinión, involucionar en la previsión social.

tre lo que se aporta y lo que se recibe (al ser mayor el esfuerzo durante la etapa laboral), sino incrementar los recursos de los que dispone el sistema (como, de hecho, está ocurriendo con tales medidas). Ahora bien, un aumento de la carga financiera en las cohortes más jóvenes debe observarse a la luz del principio de equidad intergeneracional. Por otro lado, pueden explorarse otras formas de configurar nuestro actual sistema de pensiones, sin descuidar el principio de solidaridad. Por ello, se dedica el subapartado 2.1.2. al llamado sistema de cuentas nocionales, que incrementa la contributividad al mejorar la relación entre lo aportado y recibido del sistema, y que actualmente se ha implantado en algunos países europeos, como Suecia[341].

2.1.1. Una nueva revisión de los tipos de cotización

Se ha visto que el factor demográfico tiene especial incidencia en el incremento del gasto del sistema público de pensiones, siendo dos los retos que se deben afrontar, uno de carácter estructural y otro coyuntural. Por una parte, el constante y progresivo aumento de la esperanza de vida pone a prueba el sistema. Como apuntaba en 2021 la Federación Internacional de Administradoras de Fondos de Pensiones (FIAP), en sus inicios, los sistemas de pensiones contaban con bastantes recursos por ser elevado el número de trabajadores en activo y reducido el número de pensionistas, al estar próximas la edad de jubilación y las expectativas de vida, por lo que los jubilados

---

341 Apunta DEVESA CARPIO que la razón para los países que han implementado este sistema basado en cuentas nocionales está en solventar problemas de sostenibilidad, contributividad, equidad, suficiencia y eficiencia del sistema público de pensiones (DEVESA CARPIO, J.E., «Los sistemas de cuentas nocionales individuales: aspectos teóricos e implicaciones para España», *Revista de Trabajo y Seguridad Social. CEF*, núm. 442, 2020, p. 66).

podían obtener pensiones generosas[342]. Sin embargo, con el incremento de la esperanza de vida, la cual va a seguir una tendencia al alza, las presiones sobre el sistema se acentúan, planteando así un reto estructural. Por otra parte, a ese aumento de la esperanza de vida, se une que tras una importante subida de la natalidad, ha habido una fuerte caída en el número de nacimientos desde la década de los ochenta. Por consiguiente, se plantea un reto coyuntural debido al desequilibrio hasta el año 2050 entre el tamaño de las generaciones que acceden a la jubilación (los "baby boomers") y las que están en edad de trabajar.

Así, en un escenario, como el que se proyecta para los próximos años, en el que a pesar de que se prevén buenos niveles de empleo, el número de cotizantes disminuirá como consecuencia de ser proporcionalmente inferior la población en edad de trabajar que la población jubilada, podría volver a ponerse el foco en la revisión de los tipos de cotización. Dicho de otra forma, para hacer frente a las necesidades del sistema, en su parte contributiva, esto requiere bien de un alto número de cotizantes que permita cubrir las prestaciones de los pensionistas, o bien siendo pocos los cotizantes aumentar la carga del sistema entre ellos para poder financiar las pensiones. Esto último supondría aumentar la carga sobre el factor trabajo y las generaciones más jóvenes, con la consiguiente afectación a la equidad intergeneracional.

De hecho, las reformas operadas entre 2021 y 2023 han ido en esta línea a partir de la introducción en enero de 2023 del MEI como cotización adicional finalista, con una aplicación progresiva hasta 2050, y una cuota de solidaridad que ha empezado a aplicarse de manera gradual en enero de 2025, y que se aplica a aquéllos que superen el importe de la base máxima

---

342 FIAP, «El Sistema de Cuentas Nocionales: Análisis y Experiencia Internacional», *Nota de Pensiones FIAP*, núm. 52, 2021, p. 2.

de cotización. Asimismo, conforme al nuevo tercer apartado del art. 19 del TRLGSS se regula la actualización anual de las bases de cotización en un porcentaje igual al establecido para la revalorización de las pensiones contributivas de forma que las bases máximas de cotización se van a ir incrementando. Por consiguiente, se ha producido un aumento del tipo efectivo de cotización que afecta principalmente a las masas salariales que se encuentran por encima de la base máxima de cotización.

Según el informe de la AIReF publicado el 31 de marzo de 2025, con estas tres medidas que se han adoptado para fortalecer los ingresos del sistema, ya ha habido un incremento en términos del PIB; y, la previsión es que contribuyan a aumentar los recursos del sistema hasta 2050. Concretamente, el impacto promedio 2022-2050 del MEI, de la evolución de las bases máximas de cotización y de la cotización adicional de solidaridad va a ser de ocho décimas de PIB[343]. De manera similar, el informe de la Comisión Europea de junio de 2025 sobre fiscalidad, destaca a España como uno de los países de la UE donde se espera un mayor incremento de los ingresos del sistema de pensiones como consecuencia del aumento de las cotizaciones sociales[344]. Aun así, y como después se verá, será necesario que España, al igual que otros Estados miembros, recurra a ingresos tributarios para hacer frente al aumento del gasto en pensiones.

Por ahora, no parece contemplarse una revisión de estas medidas, las cuales se traducirían en una nueva subida de los tipos efectivos de cotización que ya no afectarían solamente a las masas salariales situadas por encima de la base máxima de

---

343 AIReF, «Informe de Evaluación de la Regla de Gasto de Pensiones», *op. cit.*, pp. 34-35.

344 EUROPEAN COMMISSION, *Annual report on taxation 2025 – Review of taxation policies in EU Member States*, Publication Office of the European Union, 2025, p. 29.

cotización, sino que si, por ejemplo, se aumentase la cuota del MEI, ello tendría también su incidencia sobre las masas salariales que se encuentran por debajo de la base máxima de cotización. Pues, recuérdese que, mientras la cuota de solidaridad y la evolución de las bases máximas de cotización afecta a las masas salariales situadas por encima de éstas, la cuota del MEI se aplica en todos los regímenes y en todos los supuestos en los que se cotice por la contingencia de jubilación.

Es importante también recalcar, como indican DEVESA CARPIO *et al.*, que si bien es cierto que un incremento del tipo de cotización tendría una repercusión sobre la sostenibilidad del sistema, mejorando su situación desde la perspectiva del equilibrio financiero al aumentar sus recursos, esta subida de los tipos de cotización no se trasladaría a la cuantía de la pensión que en el futuro recibiría ese cotizante[345]. Como es sabido, nuestro sistema toma en consideración las bases de cotización y no las cotizaciones realmente efectuadas para determinar la cuantía de la prestación. De este modo, los actuales trabajadores en activo podrían ver como sus tipos efectivos de cotización son más elevados en proporción a la carga que en su momento asumieron los actuales pensionistas, afectando así a la equidad intergeneracional. Por tanto, en caso de contemplarse una subida de tipos cotización, debe guardarse un equilibrio entre generaciones para evitar que la equidad pueda verse afectada. Además, y como bien apunta AGUILAR SEGADO, no ha de olvidarse que aquellos que se encuentran en edad de trabajar no solamente financian las pensiones contributivas de jubilación a partir de sus cotizaciones sociales, sino que con sus ingresos

---

[345] DEVESA CARPIO, J.E. *et. al.*, «La implantación de un Sistema de cuentas nocionales en España: Efectos sobre el sistema de seguridad social», *Instituto Santa Lucía,* 2017, pp. 8-9.

(vía impuestos) están financiando los complementos necesarios para alcanzar la pensión mínima[346].

En relación con esto último, en virtud del principio de separación de fuentes, una serie de conceptos deben ser financiados por el Estado de manera permanente a través de los Presupuestos Generales del Estado. Pues bien, aunque según la AIReF, las transferencias del Estado a la Seguridad Social han crecido 1,3 puntos del PIB desde 2020, no todo el incremento de estas transferencias supone un fortalecimiento de los ingresos del sistema público de pensiones[347]. De hecho, el impacto promedio 2022-2050 estimado por la AIReF con respecto a estas transferencias (0,2% del PIB) es inferior al impacto del MEI (0,4% del PIB) o de la evolución de las bases máximas de cotización (0,3% del PIB)[348].

Otra de las medidas por la vía de los ingresos que se ha articulado es el nuevo sistema de cotización a la Seguridad Social de los trabajadores autónomos, que ha entrado en vigor en enero de 2023, contemplándose varias etapas hasta el año 2032. Se pretende que sus cotizaciones estén alineadas con sus ingresos reales, confiriendo una protección social equiparable entre el régimen para los trabajadores por cuenta ajena y el de los trabajadores por cuenta propia. La AIReF, en 2023, estimaba el impacto de esta medida en un aumento de las cotizaciones sociales por la obligación de pagar por la cantidad ingresada, por un lado, y en un aumento de los ingresos por

---

346 AGUILAR SEGADO, C.D., *Financiación y tributación del sistema de pensiones en España*, *op. cit.*, p. 258.

347 AIReF, «Informe de Evaluación de la Regla de Gasto de Pensiones», *op. cit.*, pp. 36-37.

348 Véase el cuadro 8 que aparece en AIReF, «Informe de Evaluación de la Regla de Gasto de Pensiones», *op. cit.*, p. 34.

IRPF al emerger la economía oculta, por otro[349]. En su informe más reciente, de finales de marzo de 2025, señala que el impacto sobre la recaudación del RETA ha sido neutro en el primer período transitorio 2023-2025, y que es necesario ver cómo se concreta la implementación del siguiente período transitorio 2026-2031[350]. Como se ha señalado en el segundo capítulo de este trabajo, el Real Decreto-ley 13/2022 establece que antes del 1 de enero de 2026 se ha de determinar el calendario de aplicación del nuevo sistema de cotización por ingresos reales, contemplando el despliegue de la escala de tramos de ingresos y bases de cotización a lo largo del siguiente período, con un máximo de seis años. Por tanto, y si bien la previsión es que haya un aumento tanto de cotizaciones sociales como de ingresos tributarios cuando la reforma se haya implementado completamente a partir de 2032, ha de esperarse a ver cómo va a ser su impacto hasta dicha fecha.

Para el Banco de España, el conjunto de los cambios normativos introducidos entre 2021 y 2023 suponen mayores obligaciones de gasto a largo plazo, que no han sido plenamente compensadas por el lado de los ingresos[351]. En otras palabras, si bien se ha incrementado el tipo efectivo de las cotizaciones sociales a través de las tres medidas comentadas anteriormente, ello no parece ser suficiente. De hecho, acabamos de ver que las cotizaciones sociales, a pesar de su crecimiento, solamente cubrieron en 2023 el 74,5% del Presupuesto total y, como en el año 2025 el volumen de cotizaciones se mantiene, cabe esperar que no se cubra con ellas la totalidad de los créditos

---

349 AIReF, «El impacto de las reformas del sistema de pensiones entre 2021 y 2023», *op. cit.*, p. 20.

350 AIReF, «Informe de Evaluación de la Regla de Gasto de Pensiones», *op. cit.*, p. 36.

351 BANCO DE ESPAÑA, *Informe Anual 2023* (publicado en abril 2024), p. 24.

para atender las actuaciones del sistema de previsión social. Evidentemente, también habrá que atender a la evolución de esas tres medidas dado que su implementación se ha regulado de forma gradual.

2.1.2. La posibilidad de transitar hacia un sistema de pensiones de jubilación basado en cuentas nocionales

Como se ha dicho, nuestro sistema de pensiones es un sistema de reparto de prestación definida, en el que cada uno recibe en función de lo que aporta, y en el que la pensión que se recibirá en el momento de producirse la contingencia vendrá predeterminada, en general, por el número de años cotizados y los salarios percibidos (bases de cotización).

Por su parte, un sistema de cuentas nocionales sigue siendo un sistema financiero de reparto, pero la diferencia principal con el actual sistema español de pensiones radica en que es un sistema de aportación definida. De esta forma, y como explican DEVESA CARPIO *et al.*[352], en esta clase de sistemas, las cotizaciones de los que se encuentran trabajando siguen estando destinadas a financiar las prestaciones de los actuales pensionistas. La pensión que le corresponderá a cada persona vendrá determinada por las cotizaciones efectivamente realizadas a lo largo de toda su trayectoria laboral y por los rendimientos teóricos (o ficticios) que se hayan generado hasta el momento de la jubilación. Es importante resaltar que, a diferencia de nuestro actual sistema de pensiones donde se tienen en cuenta las bases de cotización, aquí lo que se toma como referencia son las cotizaciones realmente efectuadas, por lo que su número puede ser bastante elevado si corresponde con una larga carre-

---

352 DEVESA CARPIO, J.E. *et. al.*, «La implantación de un Sistema de cuentas nocionales en España: Efectos sobre el sistema de seguridad social», *op. cit.*, p. 8.

ra laboral. Por ello, primero se calculará el fondo acumulado y luego se utilizará un factor de conversión que lo transforme –ese fondo– en la cuantía que le corresponda. Ahora bien, y a diferencia de lo que ocurre en un sistema de capitalización, los cotizantes no tienen sus aportaciones en un fondo propio ni son depositadas en una cuenta[353].

Suecia es uno de los países europeos que, ante las dificultades estructurales que los tradicionales sistemas de reparto pueden plantear, implementó, a finales de la década de los noventa, un sistema de pensiones basado en cuentas nocionales, teniendo además un importante reconocimiento a nivel internacional por su sostenibilidad y transparencia[354]. Este sistema se caracteriza por ser multipilar al mezclar elementos de un sistema de capitalización y uno de reparto basado en cuentas nocionales. En concreto, tiene tres partes, siendo el primero de reparto basado en cuentas nocionales y los otros dos –uno obligatorio y otro voluntario– son de capitalización[355]. Una pri-

---

353 En términos similares, la Federación Internacional de Administradoras de Fondos de Pensiones (FIAP) señala que en un sistema basado en cuentas nocionales no se genera una acumulación real de fondos, sino que se anotan las cotizaciones sociales de cada trabajador en unas cuentas individuales ficticias, sirviendo éstas como guía para calcular su pensión en atención al capital acumulado nocional sobre el que se aplicará un factor de conversión. En: FIAP, «El Sistema de Cuentas Nocionales: Análisis y Experiencia Internacional», *op. cit.*, p. 4.

354 AGUILAR SEGADO, C.D., *Financiación y tributación del sistema de pensiones en España, op. cit.*, p. 243; FIAP, «El Sistema de Cuentas Nocionales: Análisis y Experiencia Internacional», *op. cit.*, p. 6; DEVESA CARPIO, J.E. *et. al.*, «La implantación de un Sistema de cuentas nocionales en España: Efectos sobre el sistema de seguridad social», *op. cit.*, p. 16.

355 DEVESA CARPIO, J.E. *et. al.*, «La implantación de un Sistema de cuentas nocionales en España: Efectos sobre el sistema de seguridad social», *op. cit.*, p. 16.

mera parte articulada a través de cuentas nocionales donde el 16% de la base de cotización del trabajador (es decir, de sus ingresos pensionables, donde estaría el salario, pero también otros ingresos como los procedentes de sus actividades empresariales) se anota en esa cuenta "ficticia" de forma que pueda saber cuánto está aportando y en cuánto quedaría su pensión. La segunda parte, o segundo pilar del sistema, es de naturaleza obligatoria, destinando el 2,5% de la base de cotización del trabajador a una cuenta individual de capitalización. Esto es, se aporta el meritado porcentaje a un sistema de pensiones privado y, en caso de no asignarse a ninguno, se hace por defecto a un fondo de pensiones administrado por la Agencia de Pensiones de Suecia, pero que se invierte en los mercados financieros a través del sector privado. Finalmente, el tercer pilar, también de capitalización, no es obligatorio, sino que es voluntario realizar aportaciones a planes de pensiones. Ahora bien, el 90% de los trabajadores suele aportar un 4,5% de media de su salario base[356].

Por otra parte, y como se apuntaba, destaca el sistema de pensiones sueco por su transparencia, dado que a través del balance actuarial anual del sistema y del denominado "sobre naranja" ("*Orange kuvert*"), que recibe cada persona, el trabajador puede conocer la información de su posible pensión futura[357].

---

356 CASTELLANOS, E., «El sistema de pensiones sueco», *Noticia de Bolsas y Mercados Españoles,* 31 de enero de 2025. Disponible en: https://www.bolsasymercados.es/es/sala-de-comunicacion/noticias/2025/el-sistema-de-pensiones-sueco.html (acceso: 22 junio 2025). PENSIONS MYNDIGHETEN, «El sistema de pensiones sueco», 12 de septiembre de 2023. Disponible en: https://www.pensionsmyndigheten.se/other-languages/espanol-spanska/espanol-spanska/su-pension-consta-de-varias-partes (acceso: 22 junio 2025).

357 AGUILAR SEGADO, C.D., *Financiación y tributación del sistema de pensiones en España, op. cit.*, p. 244; FIAP, «El Sistema de Cuentas Nocionales: Análisis y Experiencia Internacional», *op. cit.*, p. 6; DEVESA

De este modo, y como su pensión se calculará en atención al saldo acumulado nocional, es decir, en función de lo aportado al sistema, puede decidir, a partir de los 61 años, en qué momento acceder a la jubilación[358].

Esto último puede contribuir a que se fomente la ampliación de la carrera laboral, dado que un mayor número de cotizaciones se traduce en un mayor importe de la prestación que vaya a percibirse[359]. Esto va, de hecho, muy unido a la transparencia, dado que aun no tratándose de cuentas reales es posible conocer la cuantía ficticia que la persona tiene acumulada.

Devesa Carpio *et al.* señalan, en su estudio realizado en 2017, otros aspectos positivos o ventajas de estos sistemas de reparto basados en cuentas nocionales[360]. Así, además de la mayor transparencia por lo que acaba de mencionarse, estos sistemas aumentan la equidad actuarial, dado que las prestaciones que recibirá cada persona se determinan a partir de sus aportaciones. Se evita, de esta forma, y como se apuntaba en los meritados informes del Instituto de Actuarios Españoles, que el importe de la pensión sea más generoso que la cuantía que se ha aportado a lo largo de la vida laboral al sistema.

CARPIO, J.E. *et. al.*, «La implantación de un Sistema de cuentas nocionales en España: Efectos sobre el sistema de seguridad social», *op. cit.*, p. 21.

358 En el sistema sueco la edad de jubilación es flexible, pudiendo decidir libremente cuando jubilarse a partir de la edad mínima de 61 años y sin límite máximo, aunque a partir de los 67 años no se reciben beneficios adicionales (DEVESA CARPIO, J.E. *et. al.*, «La implantación de un Sistema de cuentas nocionales en España: Efectos sobre el sistema de seguridad social», *op. cit.*, p. 18).

359 FIAP, «El Sistema de Cuentas Nocionales: Análisis y Experiencia Internacional», *op. cit.*, p. 6.

360 DEVESA CARPIO, J.E. *et. al.*, «La implantación de un Sistema de cuentas nocionales en España: Efectos sobre el sistema de seguridad social», *op. cit.*, pp. 9-10.

Por tanto, otro de los aspectos positivos de estos sistemas es el incremento de la contributividad, dada esa relación entre aportaciones y prestaciones. Y, en esencia, ese mayor esfuerzo durante la trayectoria laboral se transforma en unas pensiones proporcionalmente más altas.

Siguiendo con las ventajas que DEVESA CARPIO *et al.* recogen en su estudio, cabe destacar la mejora de la equidad intergeneracional e intrageneracional. Por un lado, consideran que, mientras en un sistema de reparto tradicional como el nuestro puede ser necesario cambiar los parámetros para hacer frente a desequilibrios financieros (tales como aumentar la edad de jubilación, endurecer los requisitos para su acceso, incrementar los tipos de cotización o disminuir el importe de la prestación)[361], en un sistema basado en cuentas nocionales no han de cambiarse (en principio) las "reglas de juego" y, por tanto, las distintas cohortes tienen un tanto interno de rendimiento similar. Por otro lado, y en lo que a la equidad intrageneracional se refiere, su aumento en un sistema de cuentas nocionales viene determinado por el hecho de que retrasar o no el acceso a la jubilación de las personas de una misma generación responde a un criterio actuarial (mayor número de cotizaciones, mayor cuantía de la pensión), y no porque el adelanto de la jubilación se penalice o su retraso se premie.

Ese equilibrio financiero entre las aportaciones y las prestaciones lleva también a hablar de sostenibilidad actuarial, lo que como indican DEVESA CARPIO *et al.* no tiene porqué garantizar

---

[361] La FIAP también pone de manifiesto como en los sistemas de reparto es necesario revisar los parámetros y como tales cambios no son suficientes para conseguir la sostenibilidad financiera en un contexto en el que la población sigue envejeciendo (FIAP, «El Sistema de Cuentas Nocionales: Análisis y Experiencia Internacional», *op. cit.*, p. 2).

la sostenibilidad financiera del sistema[362]. No ha de olvidarse que las cuentas nocionales se basan en un sistema de reparto, por lo que las prestaciones por jubilación de cada año se financian con las aportaciones que entran en el sistema ese mismo año. Por tanto, podrían darse situaciones con déficits de caja en un determinado ejercicio, lo cual se paliaría –al igual que en un sistema de reparto tradicional– mediante mecanismos de ajuste automático.

Atendiendo a las ventajas que anteriormente se han apuntado, es lógico que pueda explorarse la posibilidad de transitar hacia esta clase de sistemas que, si bien siguen basándose en el reparto, consiguen un mayor equilibrio entre lo aportado y lo recibido del sistema. Por ejemplo, AGUILAR SEGADO considera que debería promoverse la creación de un sistema de cuentas nocionales en España de forma que se proporcione seguridad en relación con el poder adquisitivo de los pensionistas de acuerdo con sus aportaciones durante su vida laboral, aunque no logren el mínimo en sus cotizaciones[363]. Como se ha dicho ya en este trabajo, el mantenimiento del poder adquisitivo de las pensiones permite dar cumplimiento al principio de suficiencia económica consagrado en el art. 50 de la CE. Por tanto, el sistema de pensiones que se articule en España no puede ni debe descuidar su observancia. En este sentido, coincido con DEVESA CARPIO *et al.* que, precisamente, en aras de cumplir con dicho principio, el cual se encuentra estrechamente ligado con el principio de solidaridad, la transición hacia un sistema de cuentas nocionales requiere de un amplio estudio antes de

---

[362] DEVESA CARPIO, J.E. *et. al.*, «La implantación de un Sistema de cuentas nocionales en España: Efectos sobre el sistema de seguridad social», *op. cit.*, p. 10.

[363] AGUILAR SEGADO, C.D., *Financiación y tributación del sistema de pensiones en España, op. cit.*, p. 262.

su posible adopción[364]. Dicho de otra forma, no se albergan dudas de que con las cuentas nocionales se mejora el equilibrio financiero entre lo aportado y recibido del sistema (en comparación con el actual sistema de pensiones español donde todo el mundo recibe más de lo que contribuye). Pero no puede afirmarse, sin más, que con un sistema de este tipo quedaría garantizada la suficiencia económica de las pensiones.

Así, y si bien es cierto que las prestaciones económicas estarían en línea con las cotizaciones efectivamente realizadas, podría ser que en muchos casos esas prestaciones fueran proporcionalmente inferiores a las que se generan con el actual sistema y que, por consiguiente, no se garantizase su suficiencia. Ante esta situación, DEVESA CARPIO *et al.* proponen una adecuada política de pensiones mínimas[365]. De este modo, y como ocurre actualmente en el sistema de pensiones español, se aseguraría que todos, con independencia de si han contribuido en mayor o menor medida, reciban una pensión mínima que les permita afrontar sus necesidades durante la tercera edad. Por ejemplo, en Suecia, si bien el principal pilar del sistema se basa en cuentas nocionales, se garantiza una pensión mínima que cubra las necesidades básicas de una persona tras su jubilación. De esta manera, si al jubilarse la persona no tiene una pensión contributiva o su cuantía es muy baja, tiene derecho a una pensión mínima garantizada siempre y cuando haya alcanzado los 66 años y haya vivido en Suecia, al menos, cuarenta años desde que alcanzó la edad de 16 años. En caso de que hubiese residido en Suecia durante menos tiempo, el

---

364 DEVESA CARPIO, J.E. *et. al.*, «La implantación de un Sistema de cuentas nocionales en España: Efectos sobre el sistema de seguridad social», *op. cit.*, p. 10.

365 Ídem, pp. 10, 49 y 64.

importe de la pensión mínima garantizada será inferior pues se reduce en una cuarentava parte por cada año menos[366].

En el supuesto de que el sistema de pensiones español transitase hacia uno basado en cuentas nocionales deberían contemplarse complementos mínimos de las pensiones de forma que se garantice la suficiencia económica durante la tercera edad, y tales complementos, en virtud del principio de separación de fuentes, deberían financiarse con cargo a la imposición general, a través de los Presupuestos Generales del Estado (como, de hecho, ocurre en Suecia con la pensión mínima garantizada).

En atención a todo lo anterior, a pesar de las virtudes o elementos positivos que pueden encontrarse en un sistema de reparto de cuentas nocionales de aportación definida, la realidad es que no deviene una "panacea". En mi opinión, y como se ha indicado desde el apartado introductorio de esta obra, el sistema de pensiones español ha de asentarse en la sostenibilidad financiera, la suficiencia económica y la equidad de las pensiones. Las distintas reformas y medidas que se han ido implementando desde los inicios de la previsión social en España han ido perfilando estos tres pilares, aunque con ciertas deficiencias. Pues bien, a mi juicio, si bien un sistema de cuentas nocionales permitiría –en los términos que se han dicho– garantizar la equidad tanto intergeneracional como intrageneracional, y podría también dar cumplimiento al principio de suficiencia económica siempre que se articulasen complementos mínimos, prestaciones no contributivas y asistenciales, no parece que permitiera superar ciertas dificultades estructurales. En

---

366 PENSIONS MYNDIGHETEN, «Pensión mínima garantizada en caso de bajos ingresos», 9 de febrero de 2023. Disponible en: https://www.pensionsmyndigheten.se/other-languages/espanol-spanska/espanol-spanska/pension-de-garantia-para-las-personas-de-bajos-ingresos (acceso: 22 junio 2025).

esencia, al seguir siendo un sistema de reparto, y en previsión del progresivo envejecimiento de la población en las próximas décadas, la sostenibilidad financiera del sistema pasaría, al igual que en el actual sistema de pensiones, por la realización de ciertos ajustes que garanticen el equilibrio financiero entre los ingresos y gastos del sistema[367].

En cualquier caso, lo que está claro, como apuntan DEVESA CARPIO *et al.*, es que si se articulase una transición de un sistema a otro podrían darse desequilibrios entre distintos grupos de edad, por lo que sería necesario analizar diferentes modelos y sus consecuencias[368]. Quizás, en el momento presente, en el que se han llevado a cabo varias reformas de calado en el sistema de pensiones español (como ampliar la edad de jubilación, modificar ciertos requisitos para su acceso o volver a cambiar la fórmula de actualización de las pensiones), puede ser más prudente observar y medir el impacto de tales reformas para ir efectuando ajustes que garanticen cierta estabilidad y seguridad en el medio-largo plazo, en lugar de plantear una modificación bastante significativa del sistema que tampoco resolvería todos sus problemas.

---

367 La FIAP, de hecho, se plantea si estos sistemas basados en cuentas nocionales serán capaces de mantener los parámetros que utilizan para conceder los beneficios del sistema cuando las presiones demográficas den su golpe más duro (FIAP, «El Sistema de Cuentas Nocionales: Análisis y Experiencia Internacional», *op. cit.*, p. 8)

368 DEVESA CARPIO, J.E. *et. al.*, «La implantación de un Sistema de cuentas nocionales en España: Efectos sobre el sistema de seguridad social», *op. cit.*, pp. 10 y 36.

2.2. *Otras posibles vías para allegar recursos adicionales al sistema: la imposición directa e indirecta*

Como se ha dicho, no parece que las cotizaciones sociales vayan a ser suficientes para seguir cubriendo las prestaciones económicas de los nuevos pensionistas, dada la previsión de que su número aumente como consecuencia de la jubilación de los "baby boomers" al mismo tiempo que la población en edad de trabajar va a ser proporcionalmente inferior. Por tanto, habrá que explorar otras fuentes de financiación que permitan afrontar las necesidades de protección social durante la tercera edad. En este sentido, como ya se ha mencionado en esta obra, la recomendación "*cero*" del Informe del Pacto de Toledo de 2020 hace hincapié en que las prestaciones de naturaleza contributiva, en atención al principio de separación de fuentes, queden cubiertas por las cotizaciones sociales, pero matiza que puede ser necesario acudir a recursos adicionales, basados en la imposición general, para asegurar la sostenibilidad del sistema y la suficiencia de sus prestaciones.

Como es lógico, destinar ingresos tributarios para cubrir el gasto en pensiones supone aumentar la presión sobre el sistema impositivo, e incluso puede afectar a otras necesidades públicas al detraer recursos para hacer frente a las mayores obligaciones de gasto del sistema de pensiones[369]. Aquí, será esencial atender al principio de asignación equitativa de los recursos públicos consagrado como el principio de justicia material del gasto público en el art. 31.2 de nuestra Carta Magna, y que conlleva que los poderes públicos deban asignar los recursos públicos a aquellas necesidades que en cada momento

[369] La Comisión Europea es también consciente de esta situación, lo cual podría afectar a partidas de gasto cruciales en los próximos años como defensa, competitividad o vivienda (EUROPEAN COMMISSION, *Annual report on taxation 2025 – Review of taxation policies in EU Member States*, *op. cit.*, p. 12).

histórico se consideren merecedoras de ser financiadas por la colectividad[370]. Así, y siguiendo a BAYONA DE PEROGORDO, la equidad en la asignación de los recursos públicos precisa de, al menos, tres exigencias. Primero, se debe procurar una satisfacción mínima de las necesidades públicas. En esencia, en el momento en que diversas necesidades son consideradas como merecedoras de satisfacción mediante el empleo de fondos públicos deben tener garantizado, en aras de la equidad, un nivel mínimo de satisfacción. En segundo lugar, debe procurarse que no se produzcan discriminaciones de unas necesidades respecto de otras, así como en diversas situaciones en relación con una misma necesidad pública. Por último, la interdicción de la arbitrariedad[371].

Precisamente, el informe anual sobre fiscalidad de la Comisión Europea, publicado a finales de junio de 2025, hace referencia al aumento de la presión sobre los sistemas fiscales de los Estados miembros como consecuencia del envejecimiento de la población, dado el incremento del gasto y la reducción de la mano de obra. Por lo que, ante este escenario, considera que los Estados miembros deberán destinar cada vez una mayor parte de sus ingresos tributarios al gasto en pensiones si la presión fiscal actual se mantiene constante. Concretamente, España será uno de los países miembros que más incremento del gasto en pensiones experimente, alcanzando su pico en el año 2051 con un 17,3% del PIB. Es, por ello, que la Comisión estima que deberá destinar una media del 41% de sus ingresos tributarios al pago de las pensiones públicas de aquí al año 2050. Por consiguiente, el hecho de que España sea uno de los

---

370 NAVARRO FAURE, A., *Aspectos jurídico-financieros del Déficit Público. Especial referencia al déficit autonómico*, Generalitat Valenciana, Conselleria d'Economia i Hisenda, Valencia, 1993, p. 209.

371 BAYONA DE PEROGORDO, J.J., *El Derecho de los Gastos Públicos*, *op. cit.*, p. 167.

países que, según las proyecciones, alcance su pico de gasto en pensiones alrededor de ese año, puede ser una oportunidad para adelantar reformas fiscales que mejoren la sostenibilidad de sus finanzas públicas a largo plazo, sobre todo teniendo en cuenta que su recaudación tributaria se encuentra por debajo de la media de la Unión Europea[372]. En la misma línea, el Comité de Personas Expertas para la Reforma Tributaria señala, en el Libro Blanco elaborado en 2022, la necesidad de adaptar el sistema tributario a las exigencias de transformación de la actividad económica al mismo tiempo que se aseguran los recursos para el buen funcionamiento de los servicios públicos fundamentales, como las pensiones, mediante una adecuada financiación que proceda del sistema tributario[373].

A pesar de las previsiones del aumento del gasto, motivadas sustancialmente por el factor demográfico, el citado informe de la Comisión Europea también prevé un incremento de los ingresos del sistema de pensiones español, como consecuencia principalmente de la subida de las cotizaciones sociales (de hecho, como se ha visto, ha habido un aumento de su tipo efectivo a partir de las últimas reformas) y, en menor medida, por una subida de los impuestos sobre la renta[374]. Es importante señalar, como ya se ha ido comentando en páginas anteriores de este trabajo, que esa subida de los ingresos del sistema debido al aumento del tipo efectivo de las cotizaciones (constatada por organismos como la AIReF) no va a resultar suficiente para compensar la mayor presión sobre el gasto en pensiones. Es, por ello, que habrá que recurrir a recursos provenientes de

---

372 EUROPEAN COMMISSION, *Annual report on taxation 2025 – Review of taxation policies in EU Member States, op. cit.*, pp. 23-25.

373 Comité de personas expertas, *Libro Blanco sobre la Reforma Tributaria*, Instituto de Estudios Fiscales, 2022, p. 17.

374 EUROPEAN COMMISSION, *Annual report on taxation 2025 – Review of taxation policies in EU Member States, op. cit.*, p. 29.

la imposición general para poder seguir cumpliendo con los compromisos de las pensiones.

Así, dentro del ordenamiento jurídico-tributario pueden explorarse diferentes opciones que contribuyan a asegurar la sostenibilidad del sistema tanto desde la imposición directa como indirecta[375]. Por ejemplo, GUTIÉRREZ BENGOECHEA plantea la posibilidad de articular un sobregravamen finalista en el IRPF a través de la escala de gravamen progresiva que se aplicaría a la base imponible general. Como señala este autor, en caso de fijarse un gravamen finalista de este tipo, debería hacerse de forma que contribuyeran aquéllos cuya base imponible general del IRPF superase la pensión máxima que anualmente se establezca para evitar que se produzcan detracciones de algunos pensionistas para pagar a otros pensionistas[376].

Con respecto a esta propuesta de incorporar un sobregravamen finalista en el IRPF para allegar recursos adicionales al sistema de pensiones español, en mi opinión, cabe hacer dos consideraciones. Primero, aunque el crecimiento del gasto en pensiones va a ser proporcionalmente mayor a la recaudación tributaria, lo que conlleva explorar reformas fiscales para hacer frente a esas mayores obligaciones de gasto en pensiones sin detraer recursos de otras partidas de gasto igualmente esenciales para nuestro Estado de Bienestar, precisamente las subidas impositivas (y de cotizaciones) que se han experimentado hasta la fecha ya han recaído sobre el factor trabajo. Por otra parte, y como ya se ha mencionado, no ha de olvidarse que la recaudación tributaria ya va destinada a cubrir parte de las actuaciones del sistema de previsión social, concretamente la

---

375 En efecto, y como en sendas ocasiones he escuchado pronunciarse a SOLER ROCH, el gasto es el objetivo y el impuesto es el vehículo.

376 GUTIÉRREZ BENGOECHEA, M., «El pago de las pensiones públicas de jubilación a las generaciones prolijas: propuestas jurídicas y económicas», Nueva Fiscalidad, núm. 4, 2017, p. 148.

parte no contributiva del sistema en virtud del principio de separación de fuentes. Por tanto, la población en edad de trabajar no solamente asume el gasto en pensiones de naturaleza contributiva a través de sus cotizaciones sociales, sino que también recae sobre los trabajadores parte de la carga financiera del nivel asistencial del sistema.

La Comisión Europea, en el mencionado informe de junio de 2025, señala que en España la fuerte creación de empleo, combinada con el aumento de las cotizaciones sociales y la decisión de no indexar los tramos del IRPF durante la crisis inflacionista, han aumentado los ingresos por impuestos al trabajo[377]. En concreto, y como puede verse en el Libro Blanco sobre la Reforma Tributaria de 2022, el IRPF figura a la cabeza de nuestro sistema fiscal en términos de recaudación, siendo los perceptores de rentas del trabajo los que representan ampliamente al contribuyente mayoritario de este impuesto. Asimismo, los rendimientos medios declarados por esta categoría de rentas casi doblan el importe medio de la siguiente fuente de renta, que corresponde con la procedente de actividades económicas[378].

De este modo, la inclusión de un sobregravamen finalista en el IRPF volvería a poner el foco en el factor trabajo, aumentando la carga financiera del sistema de pensiones que ya recae sobre las personas en edad de trabajar y afectando, pues, a la equidad intergeneracional. A este respecto, el Libro Blanco sobre la Reforma Tributaria de 2022 hace referencia a la brecha generacional y al incremento de la pobreza y vulnerabilidad económica entre los jóvenes. Concretamente, además de la situación de los jóvenes en el mercado laboral, puede contri-

---

377 EUROPEAN COMMISSION, *Annual report on taxation 2025 – Review of taxation policies in EU Member States, op. cit.*, p. 40.

378 Comité de personas expertas, *Libro Blanco sobre la Reforma Tributaria, op. cit.*, pp. 130-131.

buir al aumento de las diferencias generacionales la capacidad protectora del sistema de prestaciones e impuestos para las diferentes cohortes de edad. Así, éste redistribuye más entre los hogares mayores que entre los de los más jóvenes, como consecuencia del peso redistributivo que tienen las pensiones contributivas de jubilación; pero también la capacidad redistributiva del IRPF es menor entre los hogares más jóvenes que entre los hogares mayores[379].

Por ende, en las reformas del ordenamiento jurídico-tributario que vayan a acometerse para asegurar la sostenibilidad de las finanzas públicas a largo plazo no puede dejar de observarse la equidad intergeneracional, pues de otro modo en esa búsqueda del equilibrio financiero entre los ingresos y los gastos públicos se podría estar afectando el bienestar de las próximas generaciones (bien porque disminuyan sus futuras prestaciones o bien porque aumente la carga financiera que deban soportar).

Junto a la anterior consideración, puede en segundo lugar mencionarse el principio de no afectación de los tributos a un fin específico. Esto implica que todos los ingresos públicos se destinen a financiar el gasto público sin que haya una asignación específica. De hecho, según VILA TIERNO, GUTIÉRREZ BENGOECHEA y BENÍTEZ LLAMAZARES al recomendar el Pacto de Toledo que pudiera acudirse a la imposición general para cubrir las mayores obligaciones de gasto en pensiones ya se pensó en la creación de figuras impositivas, con carácter finalista, dirigidas a financiar el déficit público de la Seguridad Social, como el Impuesto sobre Determinados Servicios Digitales[380]. Coincido con estos autores en que la introducción de

---

379 Ídem, pp. 117-123.

380 Aunque en la Ley 4/2020, de 15 de octubre, del Impuesto sobre Determinados Servicios Digitales nada se dice acerca del destino de la recaudación, los autores citados señalan que en el Proyecto de

figuras impositivas con carácter finalista contradeciría el principio de no afectación[381].

Por tanto, no parece que la respuesta deba ser la creación *ad hoc* de figuras impositivas para hacer frente a la mayor presión del gasto en pensiones, sino efectuar reformas en el sistema tributario que permitan aumentar la recaudación para asumir los mayores compromisos en pensiones sin que ello suponga la detracción de ingresos para el buen funcionamiento de otros servicios públicos fundamentales, como la sanidad o la educación. En este sentido, y con el fin de mejorar el potencial de la función recaudatoria del IRPF[382], lo que sí podría considerarse es el ensanchamiento de su base imponible suprimiendo aquellas exenciones, reducciones o deducciones cuyo mantenimiento no esté justificado.

Como señala el Comité de Personas Expertas en el Libro Blanco sobre la Reforma Tributaria de 2022, estos beneficios fiscales suponen una quiebra de los principios de generalidad e igualdad que rigen la materia tributaria, minorando la recaudación y afectando a la suficiencia del sistema tributario, por lo que deben responder a un fin de interés general que justifique su implementación[383]. Dicho de otro modo, debe revisarse que

---

Ley regulador de este impuesto se hacía una referencia al objetivo de financiar las pensiones públicas con su recaudación.

381 VILA TIERNO, F., GUTIÉRREZ BENGOECHEA, M. y BENÍTEZ LLAMAZARES, N., «Suficiencia y sostenibilidad en el marco de la Ley 21/2021. Especial atención al mecanismo de equidad intergeneracional», *Revista de Trabajo y Seguridad Social. CEF*, núm. 467, 2022, pp. 124-125.

382 Como bien se apunta en el Libro Blanco sobre la Reforma Tributaria, son dos las funciones básicas del IRPF: recaudatoria y redistributiva (Comité de personas expertas, *Libro Blanco sobre la Reforma Tributaria, op. cit.*, p. 132).

383 Comité de personas expertas, *Libro Blanco sobre la Reforma Tributaria, op. cit.*, pp. 132-134.

todos estos beneficios fiscales que minoran la recaudación en el ámbito del IRPF están lo suficientemente fundamentados de forma que se justifique dicha pérdida recaudatoria, así como esa quiebra de principios de justicia tributaria. Como apunta la STC 214/1994, de 14 de julio, nada impide que el legislador pueda «*declarar la exoneración de determinadas rentas cuando exista la oportuna justificación*». Ahora bien, estas ventajas fiscales, que suponen una excepción al deber de contribuir del art. 31.1 de la CE, deben responder a «*criterios económicos o sociales orientados al cumplimiento de fines o a la satisfacción de intereses públicos que la Constitución preconiza o garantiza*» (STC 37/1987, de 26 de marzo), esto es, deben tener su fundamento en la consecución de fines extrafiscales amparados constitucionalmente (STC 134/1996, de 22 de julio).

Igualmente, considero que no solamente deben revisarse los actuales beneficios fiscales conferidos en el marco del IRPF respecto de su justificación o fundamento, sino también a la luz del principio de proporcionalidad. En efecto, la quiebra de los principios de generalidad e igualdad consagrados en el art. 31.1 de la CE han de producirse en términos de proporcionalidad. Esto significa que no solamente la existencia de un fin extrafiscal justifica que se "exceptúen" los principios constitucionales que rigen la materia tributaria, sino que la forma de configurar una concreta medida ha de estar encaminada a la consecución del fin que ha justificado su introducción.

Por ejemplo, el art. 33.4.b) de la Ley del Impuesto sobre la Renta de las Personas Físicas (en adelante LIRPF) contempla la exención de la ganancia patrimonial con ocasión de la transmisión de su vivienda habitual por mayores de 65 años. Como bien apunta RUIZ DE VELASCO PUNÍN, la finalidad de este beneficio fiscal es el de aliviar la carga fiscal derivada de la transmisión de la vivienda en un momento en que el contribuyente puede necesitar disponer de ella para obtener recursos económicos con los que hacer frente a esa situación de necesidad vinculada con la edad. Ahora bien, y como también apunta esta autora, la loable finalidad perseguida por el legislador no justifica la exención de toda ganancia patrimonial sea cual sea su cuantía, debiendo toparse el importe máximo de la ganancia que puede beneficiarse de esta exención con el fin de evitar que dicho beneficio resulte excesivo y desproporcionado[384]. También en virtud de la proporcionalidad de la medida con el fin extrafiscal que en cada caso se persiga, en el Libro Blanco sobre la Reforma Tributaria se propone que esta exención quede condicionada a un determinado nivel de renta y patrimonio del contribuyente[385]. En esencia, si lo que justifica esta exención es la situación de especial vulnerabilidad en la que puede encontrarse una persona durante la vejez, la misma debe configurarse de forma que dicha finalidad no se vea desvirtuada.

Desde la perspectiva de la imposición indirecta pueden también explorarse algunas opciones, respecto de las cuales son igualmente aplicables, en mi opinión, varias de las consideraciones hechas a propósito de la imposición directa. Esto es, no se trata de crear figuras impositivas específicas para hacer frente a la mayor presión del gasto público en pensiones, pero lo que sí puede valorarse es la creación o modificación de impuestos para mejorar la función recaudatoria de nuestro ordenamiento jurídico-tributario, mejorando la sostenibilidad a largo plazo. Asimismo, habrá de observarse la equidad intergeneracional en las reformas que en este ámbito se efectúen. Por ejemplo, las reformas llevadas a cabo en materia de tipos impositivos en el Impuesto sobre el Valor Añadido (IVA) entre los años 2008 y 2012 supusieron, según el Libro Blanco sobre

---

384 RUIZ DE VELASCO PUNÍN, C., «Los cuidados de larga duración en el Impuesto sobre la Renta de las Personas Físicas» en VVAA: *La fiscalidad del envejecimiento*, Aranzadi, 2023, pp. 277 y 282.

385 Comité de personas expertas, *Libro Blanco sobre la Reforma Tributaria, op. cit.*, p. 135.

la Reforma Tributaria, una mayor reducción de la renta disponible después de impuestos indirectos para las cohortes más jóvenes que para las cohortes de mayor edad[386].

Por un lado, cabría contemplar la supresión gradual de los tipos impositivos reducidos en el IVA. En la comparativa internacional que realiza la AIReF sobre la cuantía del beneficio fiscal de tipos reducidos, se pone de manifiesto que España es uno de los países que más beneficio fiscal tiene, casi un punto de PIB por encima de la media europea, lo que supone una brecha de recaudación en torno a 12.000 millones de euros con respecto a la media europea (aunque esta cifra se ve afectada por el tipo máximo que establezca cada país). La explicación a esta elevada importancia cuantitativa del beneficio fiscal y de los bajos tipos implícitos es que España grava una significativa proporción del gasto a tipos reducidos bajos. Así, mientras un 32% de su gasto se grava a tipos reducidos, la cesta de consumo a tipos reducidos en países como Alemania solamente alcanza el 18%[387].

Esto va en línea con lo publicado a finales de junio de 2025 por la Comisión Europea en su informe sobre fiscalidad, donde se señala que España es uno de los cuatro Estados miembros de la UE cuya recaudación por impuestos al consumo no alcanza el 25% del total de su recaudación tributaria[388].

Esta propuesta de suprimir gradualmente los tipos reducidos ya se formulaba en el Libro Blanco sobre la Reforma Tributaria de 2022. En concreto, el Comité de Personas Expertas estima que, si se eliminan los tipos reducidos y se mantiene el

---

386 Ídem, p. 121.

387 AIReF, *Evaluación del Gasto Público 2019. Estudio Beneficios Fiscales, op. cit.*, pp. 157-158.

388 EUROPEAN COMMISSION, *Annual report on taxation 2025 – Review of taxation policies in EU Member States, op. cit.*, pp. 38.

tipo general del 21%, la recaudación del IVA incrementaría en 27.100 millones de euros. En cambio, si se optara por mantener constante la recaudación, el tipo general podría reducirse hasta aproximadamente el 15%. El Comité considera que esta reforma consistente en la eliminación de tipos reducidos no puede llevarse a cabo de forma inmediata y propone la elevación gradual del tipo reducido y del superreducido hasta converger al tipo general que se decida establecer. En cualquier caso, y en tanto en cuanto la recuperación económica sigue consolidándose, el Comité recomienda la revisión del listado de operaciones a las que se aplica el tipo reducido, para excluir del mismo aquellas para las que el beneficio no parece justificado. Por ejemplo, y en línea con las políticas de la UE en materia de salud y medio ambiente, podrían gravarse las entregas de alimentos procesados al tipo general del 21% en lugar de al tipo reducido del 10%[389].

Otra posible respuesta desde el sistema tributario para asegurar la financiación de las pensiones en las próximas décadas es acudir a la tributación ambiental. De hecho, y como advertía en 2022 la Comisión Europea, los impuestos ambientales en España están por debajo de la media de la Unión Europea[390]. Ahora bien, que haya margen para aumentar la recaudación tributaria en este ámbito, no significa que puedan crearse figuras tributarias "a la ligera" y que no estén en línea con los principios de justicia tributaria y con el principio de quien contamina paga. Como se apunta en el Libro Blanco sobre la Reforma Tributaria de 2022, el problema de la fiscalidad ambiental en España no es solamente una cuestión cuantitativa, sino también de la baja calidad en el diseño de muchas figuras tributarias. En efecto, no

---

389 Comité de personas expertas, *Libro Blanco sobre la Reforma Tributaria, op. cit.*, pp. 162-163.

390 SWD (2022) 256 final, *Revisión de la aplicación de la política medioambiental 2022. Informe sobre España*, p. 51.

se cubren numerosos problemas ambientales, sectores o actividades contaminantes, y tampoco los tipos impositivos reflejan adecuadamente los impactos ambientales de ciertas emisiones o productos, por lo que no se incentiva adecuadamente a un cambio de comportamiento, frustrándose así los objetivos extrafiscales de protección ambiental y de la salud[391]. Por ende, y en línea con la recomendación que hacía la Comisión Europea en su informe de finales de junio de 2025, la mayor presión a la que se verá sometido el sistema tributario español como consecuencia del aumento del gasto público en pensiones en las próximas décadas, es una oportunidad para acometer las reformas fiscales necesarias que no solamente contribuyan a mejorar su capacidad recaudatoria para garantizar los distintos servicios públicos fundamentales de nuestro Estado de Bienestar, sino que también coadyuven a la consecución de objetivos extrafiscales amparados en valores constitucionales, como la protección del medio ambiente o de la salud.

III. EL DISEÑO DE MEDIDAS FISCALES EFICIENTES EN LA PROMOCIÓN DE LOS SISTEMAS DE PREVISIÓN SOCIAL COMPLEMENTARIA

El patrimonio total de los Fondos de Pensiones en España (considerando tanto planes individuales como planes de empleo) representaba a finales de 2023 el 8,4% del PIB nacional, muy inferior al 87,1% que representaba en media ponderada para el conjunto de los países de la OCDE[392]. Por tanto, hay un amplio margen para aumentar la inversión en estos instru-

391 Comité de personas expertas, *Libro Blanco sobre la Reforma Tributaria, op. cit.*, p. 221.

392 Observatorio INVERCO, *Informe Observatorio Inverco 2023: La inversión en Planes de Pensiones Individuales por CCAA y provincias*, 2024, p. 5.

mentos de ahorro de forma que se conviertan en auténticos sistemas complementarios de previsión social, coadyuvando así a mantener el poder adquisitivo durante la vejez en línea con el principio de suficiencia económica. De hecho, en documentos recientes de la Unión Europea, como el *Informe Draghi* o el *Informe Letta*, se constata el subdesarrollo de los fondos de pensiones, y como éstos son más pequeños y desempeñan un papel menos importante que en otras economías más avanzadas[393]. En concreto, el *Informe Draghi* señala que en 2022 el nivel de activos de pensiones en la UE representaba solamente el 32% de su PIB mientras que en Estados Unidos representaba el 142% de su PIB o el 100% del PIB del Reino Unido. Por tanto, en la UE, los activos de pensiones se concentran solamente en unos pocos Estados miembros (como Dinamarca, Holanda o Suecia), donde los sistemas privados de pensiones se han desarrollado en mayor medida[394].

Como se ha visto, la reforma de los planes de pensiones operada por la Ley 12/2022 se ha centrado, básicamente, en fomentar los planes de pensiones de empleo, confiriéndoles un tratamiento fiscal preferente. Sin embargo, como apunta el Observatorio INVERCO en su informe de octubre de 2024, este impulso a los planes de pensiones de empleo no ha tenido todavía el efecto deseado, pues en 2023 los planes individuales han seguido siendo más relevantes, tanto en el número de cuentas de partícipes como en el patrimonio acumulado, y ello

---

393 DRAGHI REPORT, *The future of European competitiveness. Part A: A competitiveness strategy for Europe*, 2024, p. 64; LETTA, E., *Much more than a market – Speed, Security and Solidarity. Empowering the Single Market to deliver a sustainable future and prosperity for all EU Citizens*, abril 2024, p. 30.

394 DRAGHI REPORT, *The future of European competitiveness. Part A: A competitiveness strategy for Europe, op. cit.*, p. 64.

a pesar de haber reducido los límites de las aportaciones financieras a estos instrumentos de ahorro individual[395].

Aunque el Informe del Pacto de Toledo y el Plan de Recuperación ponían sobre la mesa la necesidad de potenciar la previsión social complementaria en el marco de la negociación colectiva, y por ende se busca que en los convenios colectivos se incluyan compromisos por pensiones a favor de los trabajadores, debiendo, pues, las empresas negociar estos sistemas de previsión social de empleo, lo cierto es que no existe obligación de que el convenio colectivo lo incluya. De ahí que el legislador haya introducido medidas que sirvan de estímulo a las empresas para promover un plan de pensiones de este tipo, como la reducción en las cuotas a la Seguridad Social (aunque, como se ha comentado antes, sus límites pueden condicionar la cuantía de las contribuciones empresariales) o la deducción en cuota en el Impuesto sobre Sociedades. Medidas que, por ahora, no parecen haber surtido efecto con la consecuencia de que el número de planes de pensiones de empleo, y el patrimonio acumulado en los mismos, sigue siendo insuficiente en aras de contribuir a complementar la futura pensión pública que recibirán quienes actualmente están trabajando. Precisamente, en el Dictamen del Comité de las Regiones sobre el Libro Blanco de las Pensiones ya se hacía referencia a las pensiones de empleo como complemento de las pensiones públicas. Concretamente, este Dictamen considera que la combinación de ambas debe ser suficiente para ofrecer a los ciudadanos la posibilidad de mantener un nivel de vida adecuado tras la jubilación[396].

---

395 Observatorio INVERCO, *Informe Observatorio Inverco 2023: La inversión en Planes de Pensiones Individuales por CCAA y provincias*, 2024, p. 1.

396 Dictamen del Comité de las Regiones – Libro Blanco – *Agenda para unas pensiones adecuadas, seguras y sostenibles* (2012/C 391/02),

Con esta reforma se consolida la tendencia de conferir un tratamiento diferenciado entre los planes de pensiones de empleo (PPE) y los planes de pensiones individuales (PPI) mediante el establecimiento de un límite inferior en el caso de las aportaciones realizadas en la segunda modalidad. Por consiguiente, el límite que se establece en la reducción en la base imponible del IRPF es significativamente inferior cuando se trata de aportaciones realizadas a los PPI que a los PPE[397]. Esta reducción en la base imponible del IRPF ha sido hasta ahora el principal incentivo fiscal para fomentar la contratación de planes de pensiones, si bien su eficiencia en el objetivo de fomentar el ahorro previsional a largo plazo resulta bastante cuestionable.

En particular, el art. 51.1 de la LIRPF permite al contribuyente minorar su base imponible (general) respecto de las aportaciones y contribuciones realizadas a un plan de pensiones constituido a su favor[398]. La llamada reducción del régimen general convive con reducciones específicas que se aplican respecto de las aportaciones realizadas a favor de determinados colectivos: (i) el cónyuge del contribuyente cuando no obten-

---

DOUE de 18 de diciembre de 2012.

397 Ha de señalarse que el interés en potenciar los planes del sistema de empleo es previo a la Ley 12/2022, pues ya la Ley de Presupuestos Generales del Estado para el año 2021 supuso un primer paso en la diferenciación en el tratamiento de los instrumentos de previsión social empresarial y los de previsión individual. Por primera vez se estableció un límite más favorable a los planes de pensiones de empleo, al fijarse un límite general de 2.000€ anuales que se incrementaba en 8.000€ cuando el aumento procedía de contribuciones empresariales.

398 La reducción por aportaciones y contribuciones a sistemas de previsión social del art. 51 de la LIRPF no se refiere solamente a los planes de pensiones –en los cuales se centra este apartado– sino también a mutualidades de previsión social, planes de previsión asegurados o seguros de dependencia, *inter alia*.

ga rendimientos netos del trabajo o de actividades económicas, o los mismos sean inferiores a 8.000 euros (art. 51.7 de la LIRPF); (ii) personas con discapacidad y patrimonios protegidos de personas con discapacidad (arts. 53 y 54 de la LIRPF); y, (iii) deportistas profesionales (DA 11.ª de la LIRPF).

La reforma operada por la Ley 12/2022 modifica el límite de la reducción respecto de las aportaciones a planes de pensiones de empleo e introduce un nuevo límite en relación con las aportaciones a planes de pensiones constituidos a favor de trabajadores autónomos. Igualmente, se ha equiparado el tratamiento fiscal de los productos paneuropeos de pensiones individuales al de los planes de pensiones[399]. En relación con el primer cambio normativo, el límite general de 1.500 euros que fijó la Ley de Presupuestos Generales del Estado para el año 2022 se mantiene, pero se prevé incrementarlo en 8.500 euros cuando ese aumento provenga de las contribuciones empresariales, o de aportaciones que haga el trabajador a ese mismo instrumento por importe igual o inferior a las cantidades que resulten de la tabla recogida al final del segundo capítulo de esta obra.

Así pues, el contribuyente puede reducir su base imponible en las aportaciones y contribuciones a planes de pensiones, teniendo como límite máximo la menor cuantía entre el importe fijo de 1.500 euros (o, en su caso, el incrementado en 8.500 euros) o el 30% de los rendimientos netos del trabajo (y de

---

[399] En efecto, la DA 52.ª de la LIRPF establece que a los productos paneuropeos de pensiones individuales regulados en el Reglamento (UE) 2019/1238 les resulta aplicable el tratamiento que la normativa del IRPF prevé para los planes de pensiones. Esto significa que se aplican los mismos límites previstos en el art. 52 de la LIRPF y que las prestaciones que perciban los beneficiarios tendrán la consideración de rendimientos de trabajo, no estando sujetas al Impuesto sobre Sucesiones y Donaciones.

actividades económicas). El hecho de que el límite de la reducción venga marcado por un porcentaje de la renta que percibe el trabajador significa que cuanto mayor sea aquella, mayor podría ser el importe de la reducción. Sin embargo, en la práctica, el límite a la reducción que operará será el de la cuantía fija, y que viene a coincidir con las aportaciones máximas que pueden realizarse a estos instrumentos conforme al art. 5.3 del TRLRPFP[400]. En Irlanda, por ejemplo, el límite al beneficio fiscal viene determinado en atención a la edad y a la renta que percibe anualmente el trabajador. En concreto, el límite del beneficio fiscal va aumentando conforme lo va haciendo la edad del contribuyente, y supone máximos superiores a los límites previstos en la normativa española[401]. En relación con esto último, puede traerse a colación una de las conclusiones a las que llega la AIReF en su estudio de 2020, y es que, aunque resulta difícil apreciar una tendencia clara, en aquellos países donde la ventaja fiscal es mayor, se observan mayores niveles de ahorro complementario (lógicamente han de tenerse en cuenta otras variables, como la tasa de reemplazo)[402].

No obstante, articular un sistema como el irlandés, en el que se tiene en cuenta la edad para fijar el límite, no pare-

---

400 En esta misma línea, el IEE establece que dados los límites absolutos actualmente vigentes (de 1.500 euros), la aplicación de los límites proporcionales es prácticamente inexistente, es decir, los primeros anulan el potencial de los segundos (Instituto de Estudios Económicos, *Por una mejora de los incentivos fiscales a los planes de pensiones. Análisis comparado de la tributación actual del segundo y tercer pilar en Europa*, *op. cit.*, p. 15).

401 Sobre el incentivo fiscal en Irlanda puede verse el sitio web de la *Irish Tax and Customs*, disponible en: https://www.revenue.ie/en/jobs-and-pensions/pension/relief/index.aspx (acceso: 24 junio 2025).

402 AIReF, *Evaluación del Gasto Público 2019. Estudio Beneficios Fiscales*, *op. cit.*, p. 59.

ce adecuarse a nuestra realidad. La AIReF en su estudio de 2020 concluye que la mayoría de los beneficiarios y del coste de la reducción del IRPF se sitúan en la edad de los 45 a los 64 años[403]. También los datos de 2017 del Observatorio INVERCO señalaban esta franja de edad como aquélla en la que más planes de pensiones se concentran. Por tanto, el acceso a planes de pensiones y, en consecuencia, el mayor disfrute del beneficio fiscal se produce en edades más próximas a la jubilación. Si el objetivo es que los jóvenes accedan de forma más eficaz a estos instrumentos de ahorro, es decir, que desde el mismo momento en que se incorporan al mercado laboral, empiecen a realizar aportaciones a un plan de pensiones, no parece adecuado establecer porcentajes o cuantías inferiores de reducción conforme menor es la edad del partícipe. Por tanto, en mi opinión, y aunque algunos estudios apuesten por incrementar los límites conforme se aproxima la edad de jubilación[404], debe descartarse la introducción (nuevamente) de límites en función de la edad.

En segundo lugar, y en relación con las aportaciones a PPES de trabajadores por cuenta propia, se crea un nuevo límite a la reducción en la base imponible del IRPF por aportaciones y contribuciones a sistemas de previsión social, adicional al límite general de 1.500 euros anuales. En particular, ese límite general se incrementa en 4.250 euros respecto de las aportaciones a planes de pensiones constituidos a favor de trabajadores por cuenta propia (art. 52.1.2.º LIRPF). Es decir, el importe de la reducción tendrá como límite la menor cuantía entre este

---

403 Ídem, p. 62.

404 El IEE apuesta por incrementar los límites a las aportaciones que generan derecho a aplicar la reducción en la base imponible conforme se aproxima la edad de jubilación (Instituto de Estudios Económicos, *Por una mejora de los incentivos fiscales a los planes de pensiones. Análisis comparado de la tributación actual del segundo y tercer pilar en Europa, op. cit.*, p. 40).

importe fijo que se ve incrementado y el límite proporcional que resulte de aplicar el 30% a los rendimientos netos de actividades económicas. Al igual que en el caso de los trabajadores por cuenta ajena, difícilmente en la práctica se aplicará el límite porcentual.

Normalmente, los trabajadores por cuenta propia no han accedido a planes del sistema de empleo, por lo que los planes de pensiones individuales han sido el principal vehículo para complementar su pensión. Por consiguiente, el sustancial descenso en los límites a las aportaciones podía afectar de especial manera a este colectivo (en el cual, como se ha visto, un 36% no alcanza la pensión pública mínima), quedando ahora "compensado" con la creación de una modalidad específica de PPES que conlleva un límite incrementado en las aportaciones y, por tanto, en la reducción en el IRPF. Se busca, así, favorecer el ahorro previsional de los trabajadores por cuenta propia. Por supuesto, ello va a depender de que esta modalidad de planes de pensiones se promueva por las asociaciones o federaciones de trabajadores autónomos, por sindicatos, por colegios profesionales o por mutualidades de previsión social. Según los datos del Observatorio INVERCO, con fecha de enero de 2024, casi veinte PPEE de trabajadores autónomos se han registrado en la Dirección General de Seguros y Fondos de Pensiones, previéndose que sigan aumentando y, por ende, contribuyendo a complementar la futura pensión de los más de tres millones de trabajadores por cuenta propia que existen en España[405].

Si bien considero que debe darse un auténtico impulso a los planes de pensiones de empleo con el fin de que los traba-

---

[405] Estos datos del Observatorio INVERCO se publicaron en enero de 2024 y se encuentran disponibles en: https://www.queelahorroteacompane.es/los-autonomos-pueden-aportar-5-750-euros-planes-pensiones-desde-2023/ (acceso: 24 junio 2025).

jadores, especialmente aquellos con rentas más bajas, complementen su futura pensión de jubilación, ello no tiene porqué llevar aparejado un debilitamiento del denominado "tercer pilar". Al final, y en atención a lo visto con anterioridad a partir del Informe del Observatorio INVERCO y del *Informe Draghi*, lo importante es fomentar el ahorro previsional como forma de complementar la pensión pública, coadyuvando a que los ciudadanos dispongan de recursos suficientes para cubrir sus necesidades tras la jubilación. De hecho, el Informe del Pacto de Toledo y el Plan de Recuperación abogaban por hacer la gestión de estos planes individuales más transparente, lo cual no significa reducir el límite de la aportación financiera que puede efectuarse a estos instrumentos, sino articular fórmulas encaminadas a esa gestión transparente y a una protección de los ahorros invertidos. Así, y como ocurre en otros países de nuestro entorno, podrían seguir confiriéndose incentivos fiscales lo suficientemente atractivos también para los instrumentos de ahorro individuales[406], sobre todo en tanto en cuanto se desarrollan y consolidan los sistemas de empleo. En este sentido, el *Informe Letta* considera que el éxito de cualquier plan de ahorro a largo plazo va a depender de los incentivos fiscales que cada Estado miembro ofrezca[407].

Por ahora, y a pesar de que esta reducción en el IRPF se ha constituido como el principal incentivo fiscal en el fomento de los planes de pensiones, la realidad es que no ha demostrado ser eficiente en el aumento del ahorro previsional. En relación con esto, pueden apuntarse dos ideas extraídas del estudio que

---

406 En la misma línea, puede verse: Instituto de Estudios Económicos, *Por una mejora de los incentivos fiscales a los planes de pensiones. Análisis comparado de la tributación actual del segundo y tercer pilar en Europa, op. cit.*, p. 8.

407 LETTA, E., *Much more than a market – Speed, Security and Solidarity. Empowering the Single Market to deliver a sustainable future and prosperity for all EU Citizens, op. cit.*, p. 30.

publicó en 2020 la AIReF. La primera es que la ventaja fiscal se concentra en las rentas altas debido a su mayor tenencia de activos financieros y a la mayor capacidad de ahorro a largo plazo. Y la segunda es que, en el momento de la jubilación, el tamaño medio de las carteras en planes de pensiones es el más pequeño entre todos los instrumentos de ahorro (incluso entre las rentas altas)[408].

Esto permite hablar de un cierto efecto regresivo, pues si lo que se quiere es estimular el ahorro a largo plazo, pero las rentas bajas no acceden a este beneficio fiscal, cuando probablemente sean ellas las que mayor necesidad tengan de complementar la pensión que reciban en el momento de la jubilación, significa que el incentivo no está cumpliendo su objetivo de fomento. En otras palabras, no puede decirse que esta reducción fiscal tenga un efecto incentivador hacia el ahorro previsional si precisamente aquellos que ya tienen una mayor capacidad de ahorro a largo plazo son los que invierten en estos instrumentos, y lo hacen no tanto por la necesidad de complementar su pensión, sino por la posibilidad de obtener una ventaja fiscal –esto es, por minorar su carga tributaria–, algo que no pueden hacer las rentas bajas[409].

Precisamente la Ley 12/2022 pretende que las rentas medias y bajas accedan a estos instrumentos de ahorro previsional. En mi opinión, la consecución de este objetivo depende de que el acceso a la modalidad de empleo se generalice en los diferentes sectores de la economía de forma que los trabajadores por cuenta ajena, especialmente los de las PYMEs –las

---

408 AIReF, *Evaluación del Gasto Público 2019. Estudio Beneficios Fiscales, op. cit.*, pp. 61 y 65.

409 También la AIReF concluye que este beneficio fiscal tiene carácter regresivo desde el punto de vista de la desigualdad al focalizarse en rentas altas (AIReF, *Evaluación del Gasto Público 2019. Estudio Beneficios Fiscales, op. cit.*, p. 79).

cuales representan la práctica totalidad del tejido empresarial español–, accedan en mayor medida (de lo que se viene haciendo hasta ahora) a esta modalidad de plan de pensiones. Pues, si no acceden a esta modalidad no se benefician de esa mayor reducción en la base imponible del IRPF. Dicho de otro modo, una vez el trabajador accede a un plan de pensiones de empleo, porque su empresa lo ha promovido, es evidente que le va a resultar más ventajoso hacer aportaciones (teniendo en cuenta las cuantías máximas) a ese instrumento que a un plan de pensiones individual del que pudiera ser partícipe. No obstante, el primer paso es conseguir que las empresas promuevan estos planes de pensiones de empleo. Y, como se ha dicho al inicio de este apartado, no existe obligación de que los convenios colectivos incluyan compromisos por pensiones a favor de los trabajadores.

Por otra parte, ha de tenerse en cuenta que esta reducción en la base imponible del IRPF se confiere en el momento en el que se realizan las aportaciones a esos planes de ahorro, siendo normalmente aportaciones pequeñas e irregulares. AIReF pone como ejemplo los datos del año 2016, en el cual un 58% de los partícipes aportaron menos de 1.000 euros, y solamente un 8% aportaron más de 4.000 euros[410]. Estas cuantías estaban bastante lejos de la aportación financiera máxima de 8.000 euros y, por ende, del límite de la reducción en la base imponible que operaban en ese momento. Sin embargo, si bien el límite a las aportaciones se ha ido reduciendo para los PPI, siendo en la actualidad de 1.500 euros anuales por partícipe y, por tanto, éste es también el límite para la reducción en el IRPF, en el año 2023, han sido estos instrumentos individuales (en comparación con los PPE) donde mayor ahorro se ha concentrado

---

410 AIReF, *Evaluación del Gasto Público 2019. Estudio Beneficios Fiscales*, *op. cit.*, p. 64.

(en total, más de 1.500 millones de euros), con un patrimonio medio acumulado por cuenta de partícipe de 11.573 euros[411].

Con esta reducción se produce, pues, un diferimiento de la tributación dado que no es hasta el momento del rescate del plan de pensiones –ya sea como renta, como capital o de forma mixta– que esas rentas tributarán en el IRPF como rendimientos del trabajo. Por tanto, y como apunta la AIReF, el mayor o menor atractivo de este beneficio fiscal vendrá determinado por la evolución del tipo marginal a lo largo del ciclo vital[412]. Para Lucas Durán ese diferimiento conlleva un ahorro fiscal tanto por el retraso del ingreso tributario como porque se aplican unos tipos de gravamen marginales más reducidos en la edad de jubilación, y añade que el ahorro fiscal será mayor cuanto más elevadas sean las rentas percibidas en el período laboral[413].

Este sistema en el que no se gravan las aportaciones ni los rendimientos, pero sí las prestaciones, se denomina *Exempt-Exempt-Taxed* (EET) y es el que se aplica en la mayoría de los países[414]. Ahora bien, en algunos países que siguen este sistema se ha contemplado también algún beneficio fiscal en el

---

411 Observatorio INVERCO, *Informe Observatorio Inverco 2023: La inversión en Planes de Pensiones Individuales por CCAA y provincias*, 2024, pp. 1 y 4.

412 AIReF, *Evaluación del Gasto Público 2019. Estudio Beneficios Fiscales, op. cit.*, p. 48.

413 LUCAS DURÁN, M., «Medidas fiscales para la protección de personas mayores», en GREGORACI FERNÁNDEZ, B. y VELASCO CABALLERO, F. (dirs.): *El Derecho de las sociedades envejecidas*, Anuario de la Facultad de Derecho de la Universidad Autónoma de Madrid 25, 2021, p. 359.

414 OECD, *Financial incentives for funded private pension plans*, OECD Publishing, Paris, 2021, p. 5.

momento de rescatar el plan de pensiones[415]. Algo que no se prevé en España desde 2007, a excepción del régimen transitorio de la disposición transitoria duodécima de la LIRPF[416], que permite seguir aplicando una reducción del 40% respecto de la parte de las prestaciones (percibidas como capital) que se correspondan con aportaciones realizadas hasta el 31 de diciembre de 2006.

El IEE en su informe de octubre de 2022 considera que no es solo que no se confiera ninguna ventaja fiscal en el momento del rescate del plan de pensiones, sino que las prestaciones que recibe el partícipe están discriminadas con respecto a otras fuentes de renta. Por un lado, si la prestación se recibe en un único pago –esto es, en forma de capital– se integrará en la base imponible general como cualquier otro rendimiento del trabajo, y lo hará por la totalidad de su cuantía al no poder beneficiarse de la reducción del 30% regulada en el art. 18.2 de la LIRPF por rendimientos generados en un período superior a dos años o calificados reglamentariamente como obtenidos de forma notoriamente irregular. Por otro lado, el IEE señala que los rendimientos generados por el plan también tributan como renta del trabajo (es decir, aquella parte de la prestación que no se corresponde con las aportaciones realizadas), y no como renta del ahorro lo que implicaría un tipo impositivo menor[417]. De manera similar, AGUILAR SEGADO considera totalmente desproporcionado el hecho de tributar íntegramente en el IRPF

---

415 AIReF, *Evaluación del Gasto Público 2019. Estudio Beneficios Fiscales, op. cit.*, p. 57.

416 Para una referencia a este régimen transitorio, véase: GIL GARCÍA, E., «Incentivos fiscales a los mecanismos de ahorro complementarios del sistema público de pensiones» en VVAA: *La fiscalidad del envejecimiento*, Aranzadi, 2023, pp. 262 y ss.

417 Instituto de Estudios Económicos, *Por una mejora de los incentivos fiscales a los planes de pensiones. Análisis comparado de la tributación actual del segundo y tercer pilar en Europa, op. cit.*, p. 13.

como rendimientos de trabajo cuando se procede a rescatar el importe acumulado en el plan de pensiones[418].

En mi opinión, configurar instrumentos de ahorro previsional estables y atractivos resulta clave en la decisión de invertir en ellos. Evidentemente, y como decía el *Informe Letta*, la fiscalidad puede favorecer la inversión y, por consiguiente, la acumulación de patrimonio en estos instrumentos de ahorro previsional. Así, si tenemos en cuenta que los límites a las aportaciones se han visto considerablemente reducidos para los planes de pensiones individuales, los cuales siguen siendo el principal instrumento de ahorro complementario (aunque el patrimonio acumulado no sea especialmente significativo) y que la principal rentabilidad que los partícipes están encontrando para seguir invirtiendo en ellos es como consecuencia de la revalorización de las carteras, debería considerarse alguna fórmula que mejorase su fiscalidad en el momento del rescate. Podría bien considerarse alguna reducción en el momento en que la persona accede a la jubilación y solicita la percepción del importe acumulado en el plan de pensiones, o bien tratar como rentas del ahorro la parte del fondo acumulado en dicho plan que se corresponde con las rentabilidades que el propio instrumento ha generado.

Un aspecto que no ha sido objeto de reforma, y cuya revisión debería valorarse, es la reducción en la base imponible del IRPF por aportaciones a sistemas de previsión social del cónyuge, y ello podría hacerse en dos sentidos. Primero, abrir el ámbito de esta reducción a las aportaciones a planes de pensiones constituidos a favor de la pareja de hecho del contribuyente, adecuándose así algo más a la realidad familiar de la sociedad española. Segundo, podrían revisarse los límites, que se incrementaron para después rebajarlos hasta el límite actualmente

---

418 AGUILAR SEGADO, C.D., *Financiación y tributación del sistema de pensiones en España, op. cit.,*, p. 261.

vigente de 1.000 euros. Como se ha visto, el nivel de cobertura en la edad de jubilación para las mujeres es inferior al que tienen los varones[419], por lo que van a tener (por lo general) una menor capacidad de ahorro previsional a largo plazo y, en consecuencia, una mayor necesidad de complementar la pensión que vayan a recibir. Asimismo, esto va en línea con el Informe del Pacto de Toledo del año 2020, donde se hablaba de que las personas con menores ingresos, normalmente mujeres, puedan beneficiarse de las aportaciones que hagan sus cónyuges o parejas.

Finalmente, con el objetivo de que se desarrollen planes de pensiones de empleo, además de la reducción en las cuotas a la Seguridad Social (cuyo límite, como se ha visto, puede condicionar la cuantía de las contribuciones empresariales y hacer que no se aproveche todo el potencial teórico del instrumento), se ha introducido una deducción en cuota en el art. 38 *ter* de la Ley del Impuesto sobre Sociedades (en adelante LIS). Se trata de una deducción en la cuota íntegra del 10% respecto de las contribuciones empresariales a sistemas de previsión social empresarial imputadas a favor de los trabajadores que perciban retribuciones brutas anuales inferiores a 27.000 euros[420], siempre y cuando se trate de contribuciones empresariales a planes de pensiones del sistema de empleo. Se confiere, pues, un tratamiento fiscal favorable respecto de las contribuciones empresariales realizadas a favor de planes de pensiones de tra-

---

419 Véase FERNÁNDEZ-PEINADO MARTÍNEZ, A., «La brecha de género en las pensiones y las medidas de apoyo a la conciliación de la vida laboral y familiar para reducirla» en VVAA: *La fiscalidad del envejecimiento*, Aranzadi, 2023.

420 En el caso de los trabajadores con retribuciones brutas anuales iguales o superiores a 27.000 euros, la deducción se aplicará sobre la parte proporcional de las contribuciones empresariales que correspondan a ese importe de la retribución bruta anual.

bajadores con rentas más bajas –las cuales, en general, no han accedido a estos mecanismos de ahorro privados–.

Por tanto, los cambios en la reducción en la base imponible del IRPF y esta deducción en la cuota del IS buscan mejorar la fiscalidad y, por tanto, impulsar los planes de pensiones del sistema de empleo para generalizar su contratación entre la población trabajadora, beneficiando a las rentas medias y bajas. Ahora bien, en aquellos casos en los que no se promueva un PPE –pues, no ha de olvidarse que su promoción "*queda en manos*" de la negociación colectiva–[421], la alternativa para un trabajador que quiera invertir en un instrumento de ahorro previsional será acceder (o seguir realizando aportaciones) a un PPI, en cuyo caso las aportaciones que anualmente podrá realizar serán bastante más bajas. Parece evidente que, si ya en los últimos años se venían realizando aportaciones pequeñas e irregulares, con esta disminución de la aportación financiera máxima se seguirá esta tendencia, pues tampoco la reducción fiscal va a ser especialmente atractiva y –como ya se ha dicho– se ha mostrado ineficiente en el objetivo de fomento.

Desde la perspectiva de las empresas, aunque la reducción en las cuotas a la Seguridad Social y la deducción en cuota en el IS favorecen teóricamente la promoción de planes de pensiones de empleo, no está claro que en la práctica vayan a conseguir dicho objetivo. Podría reflexionarse sobre si el refuerzo del segundo pilar de nuestro sistema de pensiones debería ir más allá de la mera configuración de incentivos fiscales para fomentarlo, y valorar su aproximación al segundo pilar del sis-

---

[421] Para el Observatorio INVERCO, la reducción en las cuotas de la Seguridad Social y la deducción en el IS son insuficientes en importe sobre todo al dejar en manos de la negociación colectiva la creación de los PPE, al tiempo que se incrementan los costes laborales. Disponible en: *http://www.observatorioinverco.com/incentivar-los-planes-pensiones-empleo/* (acceso: 24 junio 2025).

tema de pensiones sueco, el cual se erige como obligatorio destinando un porcentaje de la base de cotización del trabajador a una cuenta individual de capitalización.

Al margen de esta última reflexión, lo que está claro es que, hasta ahora, el segundo y tercer pilar no están sirviendo como complemento de un sistema cuya sostenibilidad en los próximos años pasa por explorar nuevas fórmulas que la garanticen sin dejar de dar cumplimiento al principio de suficiencia económica.

Bibliografía

AGUILAR SEGADO, C.D., *Financiación y tributación del sistema de pensiones en España*, Aranzadi, 2024.

AGUILAR SEGADO, C.D., «Pensiones públicas y Derecho Financiero: efectos del Real Decreto-ley 2/2023 sobre los ingresos y el gasto público», *Documentos de Trabajo*, núm. 2, 2024.

AIReF, *Evaluación del Gasto Público 2019. Estudio Beneficios Fiscales*, 2020.

AIReF, «El impacto de las reformas del sistema de pensiones entre 2021 y 2023», *Documento técnico*, núm. 2, 2023.

AIReF, «Informe de Evaluación de la Regla de Gasto de Pensiones», *Informe*, núm. 2, 2025.

ANGHEL, B., PUENTE, S. y RAMOS, R., «Un análisis de la incidencia del incremento de las cotizaciones sociales aprobado en 2023», *Boletín Económico del Banco de España*, 2023.

BANCO DE ESPAÑA, *La Reforma del Sistema de Pensiones en España*, 2009.

BANCO DE ESPAÑA, *Informe sobre la crisis financiera y bancaria en España, 2008-2014*, 2017.

BANCO DE ESPAÑA, *Informe Anual 2023* (publicado en abril 2024).

BARRIOS BAUDOR, G.L., «La "revisión" del Pacto de Toledo», *Temas Laborales: revista andaluza de trabajo y bienestar social*, núm. 73, 2004.

BAYONA DE PEROGORDO, J.J., *El Derecho de los Gastos Públicos*, Ministerio de Hacienda, 1991.

CASTELLANOS, E., «El sistema de pensiones sueco», *Noticia de Bolsas y Mercados Españoles*, 31 de enero de 2025.

CEINOS SUÁREZ, A.., «Seguro Obligatorio de Vejez e Invalidez (SOVI)», en GARCÍA MURCIA, J. y CASTRO AGÜELLES, M.A. (dirs.): *La Previsión Social en España: Del Instituto Nacional de Previsión al Instituto Nacional de Seguridad Social*, Ministerio de Trabajo e Inmigración, 2007.

COM (2024) 82 final: *Strengthening the EU through ambitious reforms and investments*, 21 de febrero de 2024, Bruselas.

Comité de personas expertas, *Libro Blanco sobre la Reforma Tributaria*, Instituto de Estudios Fiscales, 2022.

CONDE-RUIZ, J.I. y DÍAZ MENDOZA, M., «Una Propuesta de Revalorización de las Pensiones más justa para los más Vulnerables y para los Jóvenes», *Apuntes 2022/25 Fedea*, 2022.

CRUZ VILLALÓN, J., «Un doble aniversario», *La Revista de la Seguridad Social*, 2018.

DE LA FUENTE, A., GARCÍA DÍAZ, M.A. y SÁNCHEZ, A. R., «El Mecanismo de Equidad Intergeneracional: una disposición poco equitativa, insuficiente y confusa», *Apuntes 2022/02 Fedea*, 2022.

DE LA FUENTE, Á., «Los efectos presupuestarios de la reforma de pensiones de 2021-23: i) Las medidas del Real Decreto-ley 2/2023», *Estudios sobre la Economía Española 2023/09*, Fedea, 2023.

DEVESA CARPIO, J.E. y DOMÍNGUEZ FABIÁN, I., «Sostenibilidad, suficiencia y equidad: más allá del factor de sostenibilidad», en HERCE, J.A. (coord.): *Pensiones una reforma medular: reinventar la Seguridad Social para impulsar el bienestar y el crecimiento*, Fundación de Estudios Financieros, 2013.

DEVESA CARPIO, J.E. *et. al.*, «La implantación de un Sistema de cuentas nocionales en España: Efectos sobre el sistema de seguridad social», *Instituto Santa Lucía*, 2017.

DEVESA CARPIO, J.E., «Los sistemas de cuentas nocionales individuales: aspectos teóricos e implicaciones para España», *Revista de Trabajo y Seguridad Social. CEF*, núm. 442, 2020.

DRAGHI REPORT, *The future of European competitiveness. Part A: A competitiveness strategy for Europe*, 2024.

EUROPEAN COMMISSION, *2024 Ageing Report. Economic and Budgetary Projections for the EU Member States (2022-2070) – Country fiche for Spain*, 2024.

EUROPEAN COMMISSION, *Annual report on taxation 2025 – Review of taxation policies in EU Member States*, Publication Office of the European Union, 2025.

FERNÁNDEZ-PEINADO MARTÍNEZ, A., «La brecha de género en las pensiones y las medidas de apoyo a la conciliación de la vida laboral y familiar para reducirla» en VVAA: *La fiscalidad del envejecimiento*, Aranzadi, 2023.

FIAP, «El Sistema de Cuentas Nocionales: Análisis y Experiencia Internacional», *Nota de Pensiones FIAP*, núm. 52, 2021.

GALA DURÁN, C., «El Real Decreto-ley 11/2024: una apuesta por la jubilación gradual y la compatibilidad entre trabajo y pensión», en *Los*

Briefs de la Asociación Española de Derecho del Trabajo y de la Seguridad Social. Las claves de 2024, Ed. Cinca, 2025.

GÁLVEZ LINARES, B. y DÍAZ SÁNCHEZ DE LA NIETA, B., «La sostenibilidad del sistema de la Seguridad Social», *Revista Española de Control Externo*, vol. XXIII, núm. 67, 2021.

GARCÍA DÍAZ, M.A., «Evolución reciente y situación financiera actual del sistema público de pensiones», *Estudios sobre la Economía Española 2024/21*, Fedea, 2024.

GARCÍA DÍAZ, M.A., «Nota sobre el acuerdo social sobre la jubilación demorada, jubilación anticipada y uso de los recursos de las Mutuas Colaboradoras para el tratamiento de las personas con baja laboral», *Apuntes 2024/25 Fedea*, 2024

GARCÍA GONZÁLEZ, G., «Los inicios de la previsión social en España: responsabilidad patronal y seguro de accidentes en la Ley de Accidentes de Trabajo de 1900», *Revista Jurídica de los Derechos Sociales*, vol. 5, núm. 2, 2015.

GARCÍA MURCIA, J., «El Instituto Nacional de Previsión: estructura, competencias y organización interna», en GARCÍA MURCIA, J. y CASTRO AGÜELLES, M.A. (dirs.): *La Previsión Social en España: Del Instituto Nacional de Previsión al Instituto Nacional de Seguridad Social*, Ministerio de Trabajo e Inmigración, 2007.

GIL GARCÍA, E., «Incentivos fiscales a los mecanismos de ahorro complementarios del sistema público de pensiones» en VVAA: *La fiscalidad del envejecimiento*, Aranzadi, 2023.

GUTIÉRREZ BENGOECHEA, M., «El pago de las pensiones públicas de jubilación a las generaciones prolijas: propuestas jurídicas y económicas», Nueva Fiscalidad, núm. 4, 2017.

GOBIERNO DE ESPAÑA, *Plan de Recuperación, Transformación y Resiliencia*, 2021.

GOBIERNO DE ESPAÑA, *Plan de Recuperación, Transformación y Resiliencia – Componente 30*, 2021.

GOBIERNO DE ESPAÑA, *Informe de situación de la economía española*, 2023.

GOBIERNO DE ESPAÑA, *Informe de situación de la economía española*, 2024.

GUTIÉRREZ PÉREZ, M., *La nueva cotización al Régimen Especial de Trabajadores Autónomos y su contraste con las mutualidades alternativas*, Colección de Derecho del Trabajo y Seguridad Social del BOE, 2024.

HERNÁNDEZ DE COS, P., JIMENO, J.F. y RAMOS, R., «El sistema público de pensiones en España: situación actual, retos y alternativas de reforma», *Documentos Ocasionales – Banco de España*, núm. 1701, 2017.

INSTITUTO DE ACTUARIOS ESPAÑOLES, *Factor de Equidad Actuarial del sistema contributivo de pensiones de jubilación español.* Informe elaborado por el Grupo de Investigación del Instituto de Actuarios Españoles en Pensiones Públicas, 2020.

INSTITUTO DE ACTUARIOS ESPAÑOLES, *Actualización del Factor de Equidad Actuarial del sistema contributivo de pensiones de jubilación español (2025).* Informe elaborado por el Centro de Investigación Actuarial de España, Observatorio Actuarial de Previsión Social – Grupo de Seguridad Social, 2025.

INSTITUTO DE ESTUDIOS ECONÓMICOS, *Por una mejora de los incentivos fiscales a los planes de pensiones. Análisis comparado de la tributación actual del segundo y tercer pilar en Europa* (Opinión del IEE), 2022.

JIMÉNEZ, S. y VIOLA, A., «El futuro del sistema de pensiones: demografía, mercado de trabajo y reformas», *Estudios sobre la Economía Española 2023/15*, Fedea, 2023.

LETTA, E., *Much more than a market – Speed, Security and Solidarity. Empowering the Single Market to deliver a sustainable future and prosperity for all EU Citizens*, 2024.

LUCAS DURÁN, M., «Medidas fiscales para la protección de personas mayores», en GREGORACI FERNÁNDEZ, B. y VELASCO CABALLERO, F. (dirs.): *El Derecho de las sociedades envejecidas*, Anuario de la Facultad de Derecho de la Universidad Autónoma de Madrid 25, 2021

MALDONADO MOLINA, J.A., «La reforma de las pensiones de 2023: ¿conciliación de sostenibilidad financiera y social?», *Revista de Trabajo y Seguridad Social. CEF*, núm. 475, 2023.

MALDONADO MOLINA, J.A., «Las cuestiones prejudiciales sobre el complemento para la reducción de la brecha de género» en *Los Briefs de la Asociación Española de Derecho del Trabajo y de la Seguridad Social. Las claves de 2024*, Ed. Cinca, 2025.

MARTÍNEZ GINER, L.A., «Estado de bienestar y sostenibilidad financiera en las Comunidades Autónomas», *Revista valenciana d'estudis autonòmics*, núm. 62, 2017.

MARTÍNEZ GINER, L.A., «Los nuevos principios implícitos del gasto público veinticinco años después: los principios instrumentales», en NAVARRO FAURE, A. (dir.): *Estudios de Derecho Financiero y Tributario:*

Reflexiones sobre la obra de la profesora María Teresa Soler Roch, Tirant lo Blanch, 2021.

MELÉNDEZ MORILLO-VELARDE, L., *La compatibilidad entre jubilación y trabajo. Modalidades de jubilación: parcial, flexible, activa*, Derecho del Trabajo y Seguridad Social – Boletín Oficial del Estado, 2023.

MINISTERIO DE INCLUSIÓN, SEGURIDAD SOCIAL Y MIGRACIONES, *Proyecciones del Gasto Público en Pensiones en España*, 2023.

MINISTERIO DE INCLUSIÓN, SEGURIDAD SOCIAL Y MIGRACIONES, *Informe a las Cortes Generales sobre la evolución, actuaciones del año 2023 y situación a 31 de diciembre de 2023 del Fondo de Reserva de la Seguridad Social*, publicado el 8 de julio de 2024.

MINISTERIO DE SANIDAD, *Esperanzas de vida en España, 2021*, Madrid, 2023.

MONTSERRAT CODORNIU, J., «La crisis económica y la reforma del sistema de pensiones. Impacto en las pensiones de jubilación», *Fundación de Estudios Sociales y de Sociología Aplicada (FOESSA)*, Documento de trabajo 4.10, 2018.

MOTA LÓPEZ, R., «La política socialista de pensiones de jubilación (1982-1996): entre gradualismo y redistribución», *Panorama Social (dedicado a: Envejecimiento y pensiones: La reforma permanente)*, núm. 4, 2006.

NAVARRO FAURE, A., *Aspectos jurídico-financieros del Déficit Público. Especial referencia al déficit autonómico*, Generalitat Valenciana, Conselleria d'Economia i Hisenda, Valencia, 1993.

Observatorio INVERCO, *Informe Observatorio Inverco 2023: La inversión en Planes de Pensiones Individuales por CCAA y provincias*, 2024.

OECD, *Financial incentives for funded private pension plans*, OECD Publishing, Paris, 2021.

OECD, *Pensions at a Glance 2023: OECD and G20 Indicators*, OECD Publishing, Paris, 2023.

OECD, *Reviving Broadly Shared Productivity Growth in Spain*, OECD Publishing, Paris, 2024.

RAMOS, R., «El nuevo factor de revalorización y de sostenibilidad del sistema de pensiones español», *Boletín Económico del Banco de España*, 2014.

REGA RODRÍGUEZ, A.L., «Accidentes de trabajo», en GARCÍA MURCIA, J. y CASTRO AGÜELLES, M.A. (dirs.): *La Previsión Social en Es-*

paña: Del Instituto Nacional de Previsión al Instituto Nacional de Seguridad Social, Ministerio de Trabajo e Inmigración, 2007.

RUIZ DE VELASCO PUNÍN, C., «Los cuidados de larga duración en el Impuesto sobre la Renta de las Personas Físicas» en VVAA: *La fiscalidad del envejecimiento*, Aranzadi, 2023.

SALVADOR PÉREZ, F., «El régimen de retiro obrero», en GARCÍA MURCIA, J. y CASTRO AGÜELLES, M.A. (dirs.): *La Previsión Social en España: Del Instituto Nacional de Previsión al Instituto Nacional de Seguridad Social*, Ministerio de Trabajo e Inmigración, 2007.

SECRETARÍA DE ESTADO DE PRESUPUESTOS Y GASTOS, *Informe Económico y Financiero. Presupuestos Generales del Estado para 2023.*

SWD (2022) 256 final: *Revisión de la aplicación de la política medioambiental 2022. Informe sobre España.*

TORTUERO PLAZA, J.L. (dir.), *La reforma de la jubilación; políticas de pensiones y políticas de empleo*, Ministerio de Trabajo e Inmigración, 2009.

TRIBUNAL DE CUENTAS, *Informe de fiscalización sobre la evolución económico-financiera, patrimonial y presupuestaria del sistema de la Seguridad Social y su situación a 31 de diciembre de 2018*, 2020.

VILA TIERNO, F., GUTIÉRREZ BENGOECHEA, M. y BENÍTEZ LLAMAZARES, N., «Suficiencia y sostenibilidad en el marco de la Ley 21/2021. Especial atención al mecanismo de equidad intergeneracional», *Revista de Trabajo y Seguridad Social. CEF*, núm. 467, 2022.

ZUBIRI, I., «Las pensiones en España: situación y alternativas de reforma», *Papeles de Economía Española*, núm. 147, 2016.